부정경쟁 방지법 사례연구

김동훈 변호사 저

박영사

머 리 말

　우리나라 산업재산권 이슈는 크게 특허, 상표 및 디자인으로 나눌 수 있다. 기업의 브랜드나 상호는 상표와 관련이 있고, 아이디어나 기술은 특허와 관련이 있으며, 제조물의 외형은 디자인과 관련이 있는 식이다. 이러한 상표, 특허 및 디자인의 보호 및 침해와 관련된 사항은 상표법, 특허법 및 디자인보호법에서 의율하고 있기 때문에 상표법, 특허법 및 디자인보호법은 산업재산권 관련 법률에 있어서 가장 중요한 법률로 인식되어 오고 있다. 이러한 경향 때문인지 그동안 상표법, 특허법 및 디자인보호법은 많은 전문가들에 의해서 다양한 연구가 이루어져 왔고, 현재에도 주목할 만한 상표법, 특허법 및 디자인보호법과 관련된 논문과 저서는 꾸준히 발표 및 출간되고 있다. 이에 반해 부정경쟁방지법과 관련한 연구는 상대적으로 부족했던 것이 사실이다. 부정경쟁방지법상 부정경쟁행위가 쟁점이 되는 사건의 판결은 대부분 상표나 디자인 관련 법리를 그대로 차용하는 것에 그쳤고, 참고할 만한 부정경쟁방지법 관련 저서는 윤선희 교수님의 '부정경쟁방지법(법문사)'과 황의창 변리사님의 '부정경쟁방지 및 영업비밀보호법(세창출판사)'이 거의 전부다. 사법연수원이나 특허청에서 발간한 부정경쟁방지법 관련 서적은 다소간 미흡한 점이 있고, 서로가 서로의 것을 인용하는 바람에 출처가 분명하지 않다. 특히 부정경쟁방지법 사례 연구의 경우에는 2015년 11월 30일에 출간된 정태호 교수님의 '부정경쟁행위 특수사례연구(한국지식재산연구원)' 외에 거의 없는 실정이다.

　하지만 실제 발생하고 있는 산업재산권 관련 소송을 살펴보면, 부정경쟁 관련 이슈는 소송의 승패를 좌우하는 아주 중요한 역할을 담당하고 있다. 이는 특허법, 상표법 및 디자인법은 모두 특허청으로부터 일정한 권리를 부여받은 사람(권리자)만이 금지청구권이나 손해배상청구권 등의 위 법에서 정한 일정한 행위를 행사할 수 있도록 규정하고 있지만, 부정경쟁방지법은 등록 여부와 상관없이 타인의 부정경쟁행위를 통해 손해를 받은 자라면 누구나 부정경쟁방지법에서 정한 금지청구 등의 행위를 할 수 있기 때문이다. 또한 청구권자의 입장에서는 상표법이든 부정경쟁방지법이든 타인의 모방행위를 금지하고 그에 합당한 배상을 받으면 될 뿐 어떠한 법률상의 근거로 승소하였는지 여부는 크게 신경 쓰지 않기 때문에 상표 등의 등록권리자라 하더라도 굳이 부정경쟁 관련 이슈를 배제할 필요가 없다. 이러한 이유로 특허든, 상표든, 디자인이든 산업재산권 소송에서 부정경쟁 관련 이슈는 빠지지 않고 등장하는 편이다. 이처럼 부정경쟁 관련 이슈는 산업재산권 소송에서 상당히 중요한 '패(覇)'로 작용하고 있다. 본서는 위와 같이 산업재산권 분야에서 나름의 중요한 역할을 담당하고 있는 부정경쟁방지법의 연구가 상표법 등 다른 산업재산권 관련 법률에 비해 상대적으로 부족하다는 인식 하에서 시작되었다.

부정경쟁방지법은 크게 '부정경쟁행위'와 '영업비밀'로 나누어지는데, 본서는 '부정경쟁행위' 부분에 중점을 두었다. 우선 대법원, 법제처 및 로앤비(www.lawnb.com) 등에 게재된 부정경쟁방지법상 부정경쟁행위 관련 판례를 조사 및 수집하였고, 수집된 판례들을 이슈별로 분류한 다음, 각 판례의 중요도에 따라 등급을 나누고, 선별한 후, 본서의 사례로 삼을만한 판례를 최종 확정지었다. 본서를 기획하고 집필하였던 약 3년의 기간 동안 부정경쟁방지법은 여러 차례 개정이 있었다. 특히 부정경쟁방지법에 보충적 일반조항(제2조 제1호 차목)이 신설된 것이 가장 큰 변화 중 하나였다. 위 보충적 일반조항의 신설은 상당한 의미가 있다고 판단되어 본서의 사례 중 하나로 다룰만한 확정판례를 찾으려고 노력하였으나, 위 조항이 2014년 1월 31일부터 시행된 터라 확정판례를 찾기가 쉽지 않았고, 부득이하게도 본서는 현재 항소심 진행 중인 1심 판례를 소개하는 것에 그칠 수밖에 없었다. 이 점은 본서의 가장 아쉬운 점이며, 본 지면을 빌려 독자들에게도 죄송한 마음을 전한다.

본서를 집필하면서 필자의 학문적 부족함을 절실히 느꼈다. 유수의 전문가들의 성과물에 비하면 한없이 미천한 결과물이지만, 그럼에도 불구하고 본서가 부정경쟁방지법 연구에 일조할 수 있길 바란다.

끝으로 본서의 출간이 있기까지 많은 지원과 노력을 아끼지 않으신 박영사 조성호 이사님, 김선민 부장님, 원광대학교 법학전문대학원 정태호 교수님, 특허

청 이해평 국장님, 손용욱 과장님, 엄정웅 변호사, 그리고 사랑하는 아내 오혜림
변호사와 두 딸들에게도 감사의 마음을 전한다.

2016년 8월
대전정부청사에서
저   자

차   례

Ⅲ. 부정경쟁행위에 대한 구제

Ⅳ. 다른 법률과의 관계

Ⅴ. 한 · 일 부정경쟁방지법 비교 / 251

부정경쟁방지법의 목적

부정경쟁방지법의 목적(제1조)

사례 1 '키스트' 사건 – 부정경쟁방지법의 적용대상

Ⅰ. 기초사항

사건번호	서울고등법원 1996. 7. 5. 선고 96나7382 판결	
사 건 명	손해배상(지)	
주 문	항소 기각	
표 지	원 고	피 고
	한국과학기술원(KIST)	**키스트 엔지니어링**

Ⅱ. 사실관계

피고회사는 원고법인이 한국과학기술원으로부터 분리, 발족한 후인 1990. 7. 23. 설립되어 상호를 주식회사 '키스트 엔지니어링'이라고 등기한 이후, 압축공기 수분 제거장치인 'air-dryer'에 원고법인의 약칭을 넣은 'kist sun-drain'이라는 표장을 부착하는 등 피고회사 생산의 기계류와 화공약품 등의 제품과 그 용기와 포장에도 원고법인의 약칭이 들어있는 표장을 부착하였을 뿐만 아니라, 광고 선전물과 견적서 양식 등에 회사 명칭을 '주식회사 키스트 엔지니어링' 및 'kist engineering co., ltd'로 표시하고, 문자로는 'kist'만이 기재된 표장을 인쇄해 넣어 배포하여 오자, 원고법인은 피고회사가 'kist' 또는 '키스트'가 포함되어 있는 상호, 상표 등을 사용하는 것은 부정경쟁방지법상 금지되고 있는 부정경쟁행위라고 주장하면서 그 사용금지 등을 법원에 청구하였다.

Ⅲ. 사안의 쟁점

공익법인이 부정경쟁방지법의 보호대상이 되는 영업에 해당하는지 여부

Ⅳ. 판단의 요지

1) 통상 경업행위의 규제가 문제로 되는 것은 영리사업에 있어서이기는 하지만 사회가 복잡해지고 사업 활동이 활발해지면서 필연적으로 사회의 여러 분야에서 경쟁, 경업관계의 발생이 불가피하게 되었고, 따라서 영리를 목적으로 하지 아니하는 개인 또는 법인 기타 단체가 행하는 사업에 있어서도 그것이 널리 경제상 그의 수지계산 위에서 행하여지고 경제적 대가를 얻는 것을 목적으로 하는 사업이라면 대가취득에 의하여 수지가 맞는지, 나아가 재산을 증가시켰는지의 여부와 그 대가에 의하여 영업자가 존립하는지 여부를 불문하고 부정경쟁방지법에 의한 보호를 인정함이 상당하다고 할 것이므로, 과학, 학술, 기예의 진흥발전을 목적으로 하는 공익법인에 있어서도 그 직접의 목적은 영리 그 자체가 아니라고 하더라도 그 사업에 경제성이 인정된다면 위 법이 보호하는 영업에 해당한다고 하여야 할 것이다. 그런데 원고법인은 재단법인으로서 독립한 회계에 의하여 운영되고 있고, 사업목적 중에는 순수한 연구 외에 기술응용, 연구성과의 보급, 연구개발 또는 기술용역의 수탁사업 등 대가취득이 예상되는 사업도 포함되어 있으며 현실적으로도 지적재산권 등의 공여에 대한 반대급부로서 기술료 등 대가를 얻는 사업도 영위하고 있으므로 원고법인은 부정경쟁방지법에 규정한 영업의 주체에 해당하여 위 법에 의한 보호를 받을 수 있다 할 것이다.

2) 원고법인이나 그 전신인 위 한국과학기술연구소는 정부의 재정지원을 받는 우리나라 최고수준의 과학연구기관으로서 그 연구원은 과학도들에게 선망의 대상이 되고, 오랜 기간에 걸쳐 이룬 많은 연구업적에 의하여 그 활동이 국내외에 널리 알려지면서 일반인이나 산업계에서는 그 정식명칭보다는 오히려 약칭인 'kist' 및 '키스트'로 불려왔으므로 위 약칭은 원고법인을 표시하는 것으로 이미 국내에 널리 알려져 있으므로 원고법인의 위 약칭은 부정경쟁방지법상 금지청구권의 요건으로서의 주지성을 구비하고 있다고 할 것이다.

3) 명칭의 유사성을 판단함에 있어서는 명칭의 주요부분이 동일 또는 유사한가를 기준으로 하여 주요부분이 동일 또는 유사한 경우에는 전체로서의 명칭이 유사하다고 할 수 있는바, 피고회사의 상호 중 일부분인 '키스트' 및 피고회사가 상품표장 및 광고 등에서 사용하고 있는 'kist' 및 '키스트'는 원고법인의 위 약칭과 동일한데 'kist' 및 '키스트'는 원고법인의 영문약칭이거나 그 발음을 우리나

라 글로 그대로 표기한 것으로서 그것이 원고법인의 약칭이라는 점을 도외시한 다면 아무런 의미를 가지지 아니하므로 그만큼 식별력이 강함에 반하여, 피고회사의 명칭 '주식회사 키스트 엔지니어링' 및 'kist-engineering co., ltd' 중 나머지 부분인 '엔지니어링' 및 'engineering'은 공학 내지 공학기술이라는 의미로서 피고 회사가 경영하는 업종(동시에 원고법인이 연구하는 사업과 관련된 업종임)을 나타내는 것에 불과하여 피고회사의 거래영역에서 그 식별력이란 미미하다고 보이므로 원고 법인의 위 약칭과 피고회사의 상호 및 위 표장 등은 그 주요부분이 동일하여 유 사성이 있다고 할 것이다.

4) 피고회사는 기계설비, 기계부품 제조 및 화학 관련 약품 제조업 등 원고 법인이 수행하는 사업과 밀접한 관련이 있는 영업활동을 하고 있고, 피고회사 명 칭의 주요부분이 원고법인의 약칭과 동일하므로 피고회사가 생산, 판매하는 제품 이 원고법인으로부터 기술지원을 받는 등 원고가 어떠한 형태로든 피고의 사업 에 관여하고 있는 것이 아닌가 하는 혼동을 그 영업 분야 일반에서 일으키게 할 가능성이 충분하다고 보이고, 또한 부정경쟁방지법이 금지청구권의 성립요건으 로서 규정하고 있는 타인의 영업활동과 혼동을 일으키게 하는 행위에 해당한다 고 하기 위해서는 반드시 당해행위에 의하여 현실로 혼동의 사실이 생길 것을 필 요로 하지 아니하고 혼동의 위험성이 있으면 충분한 것이므로 피고회사가 이 사 건 유사명칭을 사용하여 하는 영업활동은 위 혼동행위에 해당한다 할 것이다.

5) 따라서 원고법인은 피고회사에 대한 부정경쟁방지법 제2조 제1호 나목, 제4조에 기하여 이 사건 유사명칭의 사용에 의한 부정경쟁행위의 금지 및 예방을 청구할 수 있다 할 것이므로, 피고는, 피고가 생산하는 유공압기기 등의 기계, 기 구 및 화공약품 등의 제품과 그 용기 및 포장지에 'kist' 또는 '키스트' 표장을 부 착하여 판매하거나, 위 표장이 부착 또는 인쇄된 선전광고물을 전시, 반포하여서 는 아니되고, 피고가 생산하는 기계 및 제품과 그 용기, 포장지 및 광고물에 부착 또는 인쇄된 위 'kist' 또는 '키스트' 표장을 폐기할 의무가 있고, 원고가 구하는 부정경쟁방지법 제4조에서 정한 부정경쟁행위 금지청구의 내용으로서 유사상호 의 변경등기의무가 있으므로 원고에게 수원지방법원 안산등기소 1990. 7. 23. 접 수 제3718호로 경료한 피고의 법인등기 중 상호 주식회사 키스트 엔지니어링 가 운데 키스트 엔지니어링 부분의 말소등기절차를 이행할 의무가 있다.

V. 검   토

부정경쟁방지법은, 국내에 널리 알려진 타인의 상표·상호 등을 부정하게 사용하는 등의 부정경쟁행위와 타인의 영업비밀을 침해하는 행위를 방지하여 건전한 거래질서를 유지하기 위하여 제정된 법률이다(법 제1조). 즉, 부정경쟁방지법은 영업활동의 주체가 그동안 노력에 의해 구축하여 온 신용 및 명성 등을 이용하여 시간적, 경제적 노력 없이 무단으로 경제적 이익을 취득하려는 타인의 부당한 거래행위를 제한하고, 이로써 영업활동 주체의 경쟁력을 높이고 건전한 거래질서를 유지하기 위해 제정된 것이다. 이러한 부정경쟁방지법의 제정 목적을 고려하여 보면, 부정경쟁방지법의 보호주체는 상법상 상인을 비롯하여 경제적 대가를 얻는 일정한 영업을 영위하는 사람 또는 법인이면 모두 포함될 수 있다. 따라서 이 사건 판례의 원고법인인 한국과학기술원은 공익법인으로서 설립 목적이 영리(營利)가 아니라 하더라도 기술거래, 기술용역 등 경제적 이익을 취득하기 위한 일정한 경제적인 이익을 취할 수 있는 사업을 하고, 독립한 회계에 의하여 운영되고 있다면, 본 법에서 보호를 받을 수 있다고 보는 것이 타당하다.

이 사건 판례 역시 "영리를 목적으로 하지 아니하는 개인 또는 법인 기타 단체가 행하는 사업에 있어서도 그것이 널리 경제상 그의 수지계산 위에서 행하여지고 경제적 대가를 얻는 것을 목적으로 하는 사업이라면 대가취득에 의하여 수지가 맞는지, 나아가 재산을 증가시켰는지의 여부와 그 대가에 의하여 영업자가 존립하는지 여부를 불문한다"고 하면서, "원고법인은 부정경쟁방지법에 규정한 영업의 주체에 해당하므로 위 법에 의한 보호를 받을 수 있다"고 하였다. 이 사건 판례와 같은 견지에서 본다면, 공익재단이나 대학기관뿐만 아니라 변호사, 의사, 만화가, 건축가도 본 법의 보호를 받을 수 있는 대상이 된다. 실제로 교육재단인 '이화여자대학교'는 원고로서 피고 '이화미디어'를 상대로 '이화'라는 영업표지의 사용을 금지하는 취지의 부정경쟁행위금지청구의 소를 제기한 바 있다(대법원 2014. 5. 16 선고 2011다77269 판결 참고). 다만 이 사건 판례의 원고법인은 경제적 이익을 취할 수 있는 거래가 실제로 행해지고 있었기 때문에 본 법의 보호주체가 될 수 있었던 것이고, 위 '이화여자대학교' 역시 교육 활동뿐만 아니라 여러 가지 영업활동을 하였기 때문에 본 법의 보호주체가 될 수 있었던 것이지, 모든 교육기관이나 공익법인이 본 법의 보호대상이 되는 것은 아니다. 한편 영업활동을 극히 제한적으로 하고 있는 정부기관이나 지자체 또한 본 법의 보호주체가 될 수 있는지 여부는 추가적인 연구 및 검토[1]가 필요한 부분이라고 본다.

이 사건 판례는 일반수요자에게 기술적 제휴 관계가 있는 것처럼 보이는 등의 거래상 어떤 특수한 관계가 있는 것으로 오인될 수 있다면 동종 영업이 아니라 하더라도 부정경쟁방지법상 부정경쟁행위가 성립될 수 있다는 취지로 판단하였는데, 이러한 판단의 견지에서 살펴보면, 예를 들어 '연세대 의과대학'이나 '한국전력(kepco)' 등의 특정 교육기관이나 법인에서 근무한 자가 '연세서초의원', '켑코사랑전자'와 같이 이전에 근무한 곳의 표지를 일요부로서 상호 등에 사용하였다면 이는 부정경쟁행위에 해당될 수 있다. 하지만 '연대 출신 서초의원'이나 '켑코 출신 설립 사랑전자'와 같이 특정기관이 연상되는 상호 다음에 '출신'이라는 단어를 부가하였을 경우에는 일반수요자에게 혼동을 야기한다고 볼 수 없기 때문에 이러한 '출신'을 밝히는 취지의 상호까지 부정경쟁행위로 인정할 수는 없다고 보는 것이 타당하다. 한편 만약 피고의 상호나 사용표지가 '키스트'가 아니라, '한국과학기술유한회사'이었다면, 이 사건 판례와 같이 피고의 행위를 부정경쟁행위로 인정할 수 있을까. 이는 '한국과학기술원' 자체가 식별력이 있는 표지에 해당되는지 여부에 따라 결론이 달라질 것이므로, 이 사건 판례와 동일한 결론에 다다를 것이라고 단정할 수는 없다.

참고로, 일본 부정경쟁방지법은 '사업자간의 공정한 경쟁 및 이에 관한 국제적 양속의 확실한 실시를 확보하기 위해 부정경쟁의 방지 및 부정경쟁에 대한 손해배상에 관한 조치 등을 강구하고, 이로써 국민경제의 건전한 발전에 기여함'을 부정경쟁방지법의 제정 목적으로 하고 있다. 일본 부정경쟁방지법은 '국제적 양속의 확실한 실시'라는 부분이 부가되어 있다는 점에서 우리 부정경쟁방지법과 다소 차이가 있다.

---

1 단정할 수는 없으나, 현재까지 정부기관이나 지자체가 타인을 상대로 부정경쟁행위금지청구의 소를 제기한 사례는 없었다. 다만 재단법인이 지자체를 상대로 부정경쟁행위금지를 구하는 소를 제기한 사례는 있다(이른바, '예술의 전당' 사건, 대법원 2009. 4. 23. 선고 2007다4899 판결 참고).

제2조 제1호 소정의 부정경쟁행위

1. 상품주체 혼동행위(제2조 제1호 가목)

가. 타인의 상품표지

사례 2 **'아프리카 유모차' 사건 – '타인'의 개념**

Ⅰ. 기초사항

사건번호	서울고법 1997. 8. 12. 선고 95나36598 판결	
사 건 명	부정경쟁행위금지등	
주 문	파기 환송(일부)	
표 지	원 고	피 고
	아프리카	아프리카

Ⅱ. 사실관계

원고는 피고가 자신의 상호인 '주식회사 한국아프리카' 중 원고 표지와 동일 또는 유사한 한글 '아프리카'라는 표현을 사용하였고, 그 제작 상품에 한글 '아프리카' 또는 영문 'Aprica'라는 표장을 사용함으로써 원고의 상품 또는 영업과 혼동을 일으키게 하는 행위를 하고 있다고 주장하면서, 원고는 부정경쟁방지법에 의하여 피고에 대하여 한글 '아프리카' 또는 영문 'Aprica' 표장의 사용금지를 청구하였다.

Ⅲ. 사안의 쟁점

부정경쟁방지법 제2조 소정의 '타인'의 개념

Ⅳ. 판단의 요지

부정경쟁방지법 제2조에서 말하는 '타인'의 개념에는 특정의 표시에 관한 상표 등 사용계약에 의하여 결속한 동 표지의 사용허락자, 사용권자 및 재사용권자의 집단과 같이 동 표지가 갖는 출처식별기능, 품질보증기능 및 고객흡입력을 보호·발전시킨다고 하는 공통의 목적 하에 결속하고 있는 것으로 평가할 수 있는 집단도 포함된다. 따라서 원고는 부정경쟁방지법 제2조 소정의 '타인'에 해당한다.

Ⅴ. 검   토

이 사건 판결은 우리 부정경쟁방지법 제2조에서는 말하는 '타인'이 누구를 말하는 것인지, 즉 부정경쟁방지법 제2조 소정의 타인의 개념에 대해서 최초로 설명한 판례라는 점에서 그 의의가 있다. 일본 역시 '아메리칸 풋볼' 사건(最判昭和 59年5月29日 昭和56年(オ) 1166号)에서 "부정경쟁방지법상 타인에는 특정의 표시에 관한 상품화 계약에 의해서 결속한 표시의 사용 허락자, 사용권자 및 재사용권자와 같이 해당 표시가 가진 출처의 식별 기능, 품질 보증 기능 및 고객 흡인력을 보호 발전시킨다는 공통의 목적 아래 단합하고 있다는 것으로 평가할 수 있는 같은 그룹도 포함된다고 해석하는 것이 상당하다"고 판시하는 등 이 사건 판결과 동일한 입장을 취하고 있는 것을 알 수 있다.

타인이란 어디까지나 상품표지의 주체를 가리키는 것이기 때문에 타인에 해당하는지 여부는 해당 상품표지의 내용과 태양, 해당 상품의 광고 선전의 규모나 내용, 품질 보증 표시의 본연의 자세 등에 비추어, 해당 상품표지가 누구의 것으로 수요자에게 인식되고 있는지 여부로 정하는 것이 타당하다. 동일한 관점에서, 상품표지 및 상품의 판매사와 제조사 중 해당 표시의 주체는 누가 될 것인지와 관련하여, 해당 상품표지 및 상품을 누가 개발했는지, 매장 등의 영업소를 이용하는 수요자들에게 누구의 것으로 인식되고 있는지 등을 고려해서 판단하는 것이 타당하다고 보는데, 통상 제조사는 판매사의 위탁을 받아 상품을 납품하는 역할을 주로 하고 있는 점, 상품의 홍보는 주로 판매사에서 주체적으로 하고 있는 점 등을 고려하여 본다면 특별한 사정이 없는 한 판매사가 해당 상품 또는 그 상품표지의 주체라고 보아야 할 것이다.

　　나아가 부정경쟁방지법 소정의 '타인'의 개념과 관련하여, 대리점(또는 프랜차이즈) 계약 종료 후 대리점의 점주들에게 사용을 허락하였던 당해 표지가 '타인'의 표지라 할 수 있는지, 또는 영업점의 분열이 있었던 이후 분점이 당해 표지의 주지성의 성립에 지대한 영향을 미쳤다면, 그 분점은 해당 표지에 대해 '타인'이 아닌 '자기'의 표지의 주체가 되는지 등은 본 사안과 더불어 생각해 볼만한 쟁점이 될 수 있다.

| 사례 3 | '대장금 캐릭터' 사건 – 캐릭터가 상품화되어 '타인의 상품표지'에 해당하기 위한 요건 |

Ⅰ. 기초사항

사건번호	대법원 2012. 3. 29. 선고 2010다20044 판결	
사 건 명	손해배상(기)	
주 문	상고 기각	
	원 고	피 고
표 지	大長今 등	대장금 헬로키티 캐릭터 등

Ⅱ. 사실관계

원고 한국방송공사는 드라마 '겨울연가'를 제작하여 2002. 1. 14.부터 같은 해 3. 19.까지, 드라마 '황진이'를 제작하여 2006. 10. 11.부터 2006. 12. 28.까지 각 방영하였고, 원고 문화방송은 드라마 '대장금'을 제작하여 2003. 9. 15.부터 2004. 3. 30.까지, 드라마 '주몽'을 제작하여 2006. 5. 15.부터 2007. 3. 6.까지 각 방영하였으며, 위 각 드라마는 국내에서 큰 호응을 얻은 이후 일본, 중국 등에 수출되어 방송됨으로써 한류 드라마 열풍을 일으키며 인기를 끌었다. 또한 원고 한국방송공사는 2004. 5.경 자회사인 소외 KBS미디어 주식회사와 사이에 콘텐츠사용 사업계약을 체결하면서, 위 원고의 콘텐츠를 사용하여 국내외에서 각종 사업을 수행할 수 있는 권한을 KBS미디어에게 부여하되, 그 저작권 등은 위 원고에게 유보하며 KBS미디어는 위 원고에게 각 사업별로 정한 요율에 따른 사용료를 지급하며, KBS미디어가 제3자에게 포괄적 사업권을 독점적으로 주는 경우에는 위 원고의 승인을 얻기로 약정하였고, 이후 KBS미디어는 '겨울연가', '황진이'에 대한 상품화사업을 진행하였다. 원고 문화방송은 2006년경 소외 주식회사 와이쥬 크리에이티브에게 드라마 '주몽' 캐릭터 상품화사업에 관한 대리권을 부여하여, 와이쥬는 원고 문화방송을 대리하여 2006. 8. 8. 원고 유성글로벌과 사이에 드라마 '주몽'의 제명, 특정로고와 부가 캐릭터에 관하여 지역을 대한민국, 지정 상품을 티셔츠, 모자, 쥬얼리 등, 계약기간을 위 계약일부터 2007. 8. 7.까지로 하는 상품화 사업계약을 체결하였고, 지정상품에 펜, 핸드폰고리 등을 순차 추가하였다.

피고 주식회사 산리오 코리아는 일본국 법인인 가부시키가이샤 산리오의 국내 법인으로 한국에서 '헬로 키티' 캐릭터에 관한 상품화권을 제3자에게 허여할 수 있는 권한을 가지고 있고, 피고 주식회사 데카리오는 2006년경부터 현재까지 피고 산리오 코리아로부터 한국에서 '헬로 키티' 캐릭터를 상품화할 수 있는 독점권을 부여받았다. 피고 데카리오는 2007. 8.경 운영을 시작한 홈페이지에서 피고 제품에 관하여 "한류 열풍의 주역인 겨울연가, 대장금, 주몽 등 특별한 캐릭터들을 상품화시켜 이미지 변신을 꾀하고 있는데, 이런 멋진 상품들을 파는 매장들은 면세점이나 관광특구 지역에서 판매가 되고 있는데 남대문의 직영매장을 비롯한 명동, 인사동, 동대문에 가면 만날 수가 있습니다"라고 설명하고, 위 홈페이지에서 핸드폰줄, 볼펜, 노트 등 상품명칭에 '겨울연가', '황진이', '장금', '주몽', '소서노'를 붙여 온라인 판매를 하였다. 이에 원고들은 드라마 '겨울연가', '황진이', '대장금', '주몽'의 저작권자거나, 그로부터 위 각 캐릭터의 상품화 사업에 관하여 승인을 받은 자들로서, 위 각 드라마에 등장하는 캐릭터, 소품 및 의상 등을 이용한 상품을 생산·판매·광고하여 위 각 캐릭터, 소품, 의상 등이 원고들의 상품표지로서 국내에서 널리 인식되어 있는데, 피고 데카리오가 그 제품에 원고들의 주지·저명한 위 각 상품표지를 사용하는 것은 부정경쟁방지법 제2조 제1호 가목에서 정한 상품주체 혼동행위로 부정경쟁행위에 해당한다는 등의 이유로 손해배상을 청구하였다.

Ⅲ. 사안의 쟁점

① 캐릭터가 상품화되어 부정경쟁방지법 제2조 제1호 가목에 규정된 '국내에 널리 인식된 타인의 상품임을 표시한 표지'가 되기 위한 요건

② 상품형태가 부정경쟁방지 및 영업비밀보호에 관한 법률 제2조 제1호 가목에 규정된 '국내에 널리 인식된 타인의 상품임을 표시한 표지'로서 보호받기 위한 요건

Ⅳ. 판단의 요지

1) 캐릭터가 상품화되어 부정경쟁방지법 제2조 제1호 가목에 규정된 '국내에 널리 인식된 타인의 상품임을 표시한 표지'가 되기 위해서는 캐릭터 자체가 국내에 널리 알려져 있는 것만으로는 부족하고, 그 캐릭터에 대한 상품화 사업이 이루어지고 이에 대한 지속적인 선전, 광고 및 품질관리 등으로 그 캐릭터가 이를 상품화할 수 있는 권리를 가진 자의 상품표지이거나 위 상품화권자와 그로부터 상품화 계약에 따라 캐릭터사용허락을 받은 사용권자 및 재사용권자 등 그 캐릭터에 관한 상품화 사업을 영위하는 집단(group)의 상품표지로서 수요자들에게 널리 인식되어 있을 것을 요한다(대법원 2005. 4. 29. 선고 2005도70 판결, 대법원 2006. 12. 22. 선고 2005도4002 판결 등 참조). 그리고 어떤 상품의 형태가 출처표시기능을 가지고 나아가 주지성까지 획득하는 경우에는 부정경쟁방지법 제2조 제1호 가목에 규정된 '국내에 널리 인식된 타인의 상품임을 표시한 표지'에 해당하여 같은 법에 의한 보호를 받을 수 있는데, 이를 위해서는 상품의 형태가 다른 유사상품과 비교하여, 수요자의 감각에 강하게 호소하는 독특한 디자인적 특징을 가지고 있는 등 일반수요자가 일견하여 특정의 영업주체의 상품이라는 것을 인식할 수 있는 정도의 식별력을 갖추고 있어야 하며, 나아가 당해 상품의 형태가 장기간에 걸쳐 특정의 영업주체의 상품으로 계속적·독점적·배타적으로 사용되거나, 또는 단기간이라도 강력한 선전·광고가 이루어짐으로써 그 상품형태가 갖는 차별적 특징이 거래자 또는 일반수요자에게 특정 출처의 상품임을 연상시킬 정도로 현저하게 개별화된 정도에 이르러야 한다(대법원 2007. 7. 13. 선고 2006도1157 판결 등 참조).

2) 원심이 드라마 '겨울연가', '황진이', '대장금', '주몽'(이하 '이 사건 각 드라마'라고 함)의 캐릭터가 그 상품화 사업에 대한 지속적인 선전, 광고 및 품질관리 등으로 이를 상품화할 수 있는 권리를 가진 자 또는 그 캐릭터에 관한 상품화 사업을 영위하는 집단의 상품표지로서 국내 수요자들에게 널리 인식되어 있다고 보기 어렵고, 또한 이 사건 각 드라마의 의상, 소품, 배경 등을 상품화한 원고들 상품의 형태도 그 상품형태가 갖는 차별적 특징이 거래자 또는 일반수요자에게 특정 출처의 상품임을 연상시킬 정도로 현저하게 개별화된 정도에 이르렀다고 보기 어렵다고 하는 이유로, 피고 데카리오의 원심판시 피고 제품의 판매행위가 부정경쟁방지법 제2조 제1호 가목에 해당하지 않는다는 취지로 판단한 것은 정

당하다.

V. 검 토

이 사건 판결은 캐릭터가 상품화되어 부정경쟁방지법 제2조 제1호 가목에 규정된 '국내에 널리 인식된 타인의 상품임을 표시한 표지'가 되기 위한 조건에 대하여 기존 판례의 태도를 확인하였다는 점에서 의의가 있다. 캐릭터 자체는 상품의 출처표시나 자타상품식별의 기능을 가지기보다는 캐릭터의 대상이 가지는 인기를 상품에 부합하여 해당 상품 자체의 광고를 선전하거나 고객을 유인하는 것이 주된 기능이라고 할 것이므로, 캐릭터 자체가 단지 상품에 이용되고 있다는 사실만으로는 부족하고 캐릭터가 상품화되어 해당 캐릭터의 상품화 사업을 영위하는 집단의 상품표지로서 수요자들에게 널리 인식되어 있을 경우 비로소 보호될 수 있을 것이다.

한편 이 사건 판결 중 "캐릭터가 상품화되어 해당 캐릭터의 상품화 사업을 영위하는 집단의 상품표지로서 수요자들에게 널리 인식되어 있을 것"이라는 의미가 캐릭터 자체의 주지성만으로는 특정 상품에 대한 주지성을 담보하지 못한다는 의미로 해석할 수 있는지 여부 및 저명한 캐릭터의 상품화에 있어서도 이 사건 판결과 동일한 법리를 적용할 수 있는지 여부 등에 대한 추가 검토가 필요해 보인다.

사례 4 '크린 랩' 사건 - 상품의 용기나 포장이 '타인의 상품표지'
에 해당하기 위한 요건

Ⅰ. 기초사항

사건번호	대법원 2001. 4. 10. 선고 98도2250 판결	
사 건 명	상표법위반(변경된 죄명 : 부정경쟁방지법위반)	
주 문	파기 환송	
표 지	피해자	피고인
	크린랩	그린랩

Ⅱ. 사실관계

피고인은 식품포장용 랩 등을 제조, 판매하는 업체인 주식회사 새론의 대표
이사인 자로서, 1994. 1. 31.경부터 같은 해 2. 8.경까지 사이에 식품포장용 필름
생지를 제조, 판매하면서 이를 국내에 널리 인식된 동종업체인 피해자 주식회사
크린랩의 상품포장과 유사한 색상 및 도안, 상표의 표시 등이 되어 있는 상자에
포장하여 판매함으로써 피고인이 제조, 판매하는 식품포장용 랩이 피해자 회사가
제조하여 판매하는 상품인 것처럼 혼동을 일으키게 하였다는 이유로 검사로부터
기소되었다.

Ⅲ. 사안의 쟁점

상품의 용기나 포장이 부정경쟁방지법 제2조 제1호 가목 소정의 '타인의 상
품임을 표시한 표지'에 해당하기 위한 요건

Ⅳ. 판단의 요지

1) 일반적으로 상품의 용기나 포장은 상품의 출처를 표시하는 기능을 가진
것은 아니고, 다만 어떤 용기나 포장의 형상과 구조 또는 문양과 색상 등이 상품
에 독특한 개성을 부여하는 수단으로 사용되고, 그것이 장기간 계속적, 독점적,

배타적으로 사용되거나 지속적인 선전광고 등에 의하여 그 형상과 구조 또는 색상 등이 갖는 차별적 특징이 거래자 또는 수요자에게 특정한 품질을 가지는 특정 출처의 상품임을 연상시킬 정도로 현저하게 개별화되기에 이른 경우에만 비로소 부정경쟁방지법 제2조 제1호 가목에서 정하는 '타인의 상품임을 표시한 표지'에 해당된다.

2) 피해자 주식회사 크린랩(이하, '피해자'라고 함)은 식품포장용 랩(WRAP)을 좌우가 긴 직육면체의 상자 모양의 포장용기에 넣어 판매하여 왔는데, 장기간 계속적, 독점적, 배타적으로 사용되고 또 지속적인 선전광고 등에 의하여 위 포장용기에 표기된 '크린랩' 또는 'CLEAN WRAP'의 문자부분은 물론 도형, 색상, 기타 외관에 나타난 차별적 특징이, 피고인이 그 상품표지를 사용하여 식품포장용 랩을 제조·판매할 당시인 1994년 1월경 이미 국내의 일반 수요자들에게 특정한 품질을 가지는 특정 출처의 상품임을 연상시킬 정도로 개별화되기에 이르러 자타상품의 식별기능을 가지게 되었다고 보여지므로, 피해자의 포장용기의 문자, 도형 등의 구성은 부정경쟁방지법 제2조 제1항 가목 소정의 '타인의 상품임을 표시하는 표지'에 해당된다.

V. 검 토

상품의 용기나 포장의 본래의 목적은 상품의 출처를 표시하는 것은 아니기 때문에 원칙적으로 상품의 용기나 포장이 바로 상품표지로서 기능한다고 볼 수는 없다. 그러나 '상품표지'란, 그 표지를 갖춘 상품이 누구로부터 나온 것인가를 알려주어 다른 출처로부터 나온 상품과 구별시켜주는 인식수단[1]을 의미하는 것이기 때문에 상품의 용기나 포장이 다른 상품과 식별할 수 있는 독특한 특징을 가지고 장기간 계속적이고 독점적으로 사용되거나 또는 그 사용이 단기간이라도 제품 형태에 대해서 강력한 선전 등이 수반되는 경우에는 상품 자체의 기능과 미관 등의 의미를 넘어서서 자타 식별 기능 또는 출처 표시 기능을 가지는 것에 이를 수 있고, 그렇기 때문에 상품의 용기나 포장 역시 타인의 상품임을 표시하는 표지에 해당될 수 있는 것이다.

일본 역시 우리나라와 동일한 취지의 판례의 태도를 보이고 있다. 일례로, '버터사탕 용기'사건(札幌地判昭和51年12月8日 昭和50年(モ) 920号)에서 일본법원은 "채

---

1 윤선희, 부정경쟁방지법, 법문사(2012), 89면.

권자의 본 상품은 버터 사탕의 용기에 스테인리스 우유 통형을 사용하는 데 있어서, 적어도 홋카이도 지방에서는 널리 인식된 것, 즉 '주지성'을 가진 상품 표시를 가지고 있던 것으로 볼 수 있다"고 판시하여 상품의 용기나 포장 역시 부정경쟁방지법상 상품표지에 해당될 수 있음을 전제로 판단한 바 있다(아래의 이미지 참조).

〈버터사탕 용기의 정면도〉

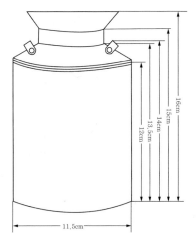

Ⅵ. 관련문헌

권택수, "상품의 용기나 포장이 구 부정경쟁방지법 제2조 제1호 (가)목 소정의 '타인의 상품임을 표시한 표지'에 해당하기 위한 요건," 대법원판례해설 37호, 법원도서관(2001. 12.)

사례 5 **'카페라떼' 사건 – 상품의 보통명칭이 상품표지에 해당되기 위한 요건**

Ⅰ. 기초사항

사건번호	대법원 2008. 9. 11. 선고 2007도10562 판결	
사 건 명	상표법위반(변경된 죄명 : 부정경쟁방지법위반)	
주 문	재항고 기각	
표 지	신청인	피신청인
	매일카페라떼	**구띠에 커피 카페라떼**

Ⅱ. 사실관계

신청인은 우유, 분유 등의 유가공품과 주스, 밀크커피 등의 음료의 제조, 판매 및 수출업을 영위하는 자로, 1997. 4.경부터 일본도토오루로부터 커피원료를 수입, 판매하고 있었고, 1999. 4. 1.경에는 일본도토오루와 도토오루커피숍 대한민국 지역 라이센스계약을 체결한 '한국도토오루커피 주식회사'(이하, '한국도토오루'라고 함)로부터 골든모카 커피추출액, 에스프레소 커피추출액, 아이스 커피추출액을 공급받아 여기에 우유를 혼합한 혼합음료를 제조한 다음, 일본도토오루로부터 위 카페라떼 상표사용에 대한 묵시적인 동의를 얻어 위 혼합음료를 빨대가 부착된 컵과 캔의 두 가지 용기의 담아 그 용기의 양면에 'Maeil' 및 '매일카페라떼'라는 상표를 부착하여 제조, 판매, 수출, 광고하였고, 커피숍 등에 고급원두커피를 공급하던 피신청인은 2000. 10.경 조제분말 커피에 'Goutiers Coffee' 및 '구띠에 커피 카페라떼'의 '떼'자의 'ㄸ' 위에 점 세 개를 찍은 상표를 부착하여 카페라떼 레귤라와 카페라떼 헤이즐넛이라는 제품을 제조, 판매하였다.

신청인의 카페라떼 제품은 출시 직후부터 국내 소비자들에 대하여 좋은 반응을 얻어 1997. 4.부터 1997. 12.까지 9,219,206,000원, 1998년도에 17,807,321,753원, 1999년도에 21,989,208,452원, 2000년도에 28,487,073,773원 등으로 그 매출이 계속 증가하여 밀크커피 시장에서 압도적 시장점유율을 차지하였고, 1997. 4.

부터 2000. 12.까지 총광고비 15,630,959,000원을 들여 TV(전국, 지방 포함, 이하 같음)에 약 4,586회, 신문에 약 150회, 잡지에 약 230회에 걸쳐 카페라떼 제품의 광고를 실시하고 포스터 30,000부, 리플렛 100,000부, 워블러 10,000부를 제작, 부착한 것을 비롯하여, 그 외에도 주요제품기사로 소개된 것이 약 40회, 히트상품으로 선정되었다는 기사가 약 33회 신문에 게재된 바 있다.

이에 신청인은 자신의 상표 카페라떼는 국내에 널리 인식되어 있다 할 것이므로 피신청인이 신청인의 카페라떼 제품과 동일·유사한 상품인 조제커피 등 커피류 제품에 위 상표와 거의 동일한 '카페라떼'의 '떼'자의 'ㄸ' 위에 점 세 개를 찍은 상표를 부착하여 판매함으로써 일반 수요자들로 하여금 신청인의 카페라떼 제품과 오인·혼동을 야기하고 있으므로, 피신청인의 위와 같은 행위는 부정경쟁방지 및 영업비밀보호에 관한 법률 제2조 제1호 가목 소정의 부정경쟁행위에 해당한다고 주장하면서 피신청인에 대하여 부정경쟁행위금지청구권을 피보전권리로 하여 가처분을 구하였다.

Ⅲ. 사안의 쟁점

'상품의 보통명칭'이 부정경쟁방지 및 영업비밀보호에 관한 법률 제2조 제1호 가목에 정하여진 상품표지에 해당되기 위한 요건

Ⅳ. 판단의 요지

1) 상품의 보통명칭이라 함은 상품의 일반적 명칭으로서 그 지정상품을 취급하는 거래계에서 그 상품을 지칭하는 것으로 실제로 사용되고 인식되어 있는 일반적인 명칭, 약칭, 속칭 등으로서 특정인의 업무에 관련된 상품이라고 인식되지 아니하는 것을 말한다(대법원 1997. 10. 10. 선고 97후594 판결, 2002. 11. 26. 선고 2001후2283 판결 등 참조). 그렇다면 채권자가 커피추출액과 우유를 혼합한 커피음료상품에 부착하여 사용한 'Cafe Latte'와 '카페라떼'라는 표장은 이탈리아식 에스프레소 커피에 우유를 넣은 커피의 한 종류를 의미하는 상품의 보통명칭에 해당한다고 봄이 상당하다.

2) 상품의 보통명칭은 자타상품의 식별력이 없으므로 보통명칭을 보통으로 사용하는 방법이 아니고 보통명칭을 조합하거나 그 글자체 등에 특수한 기교가 더하여지고 그것이 특정인에 의하여 오랫동안 사용됨으로써 거래계에서 어떤 특

정인의 상품을 표시하는 것으로서 식별력을 갖추게 된 때에 한하여 부정경쟁방지법 제2조 제1호 가목에 정하여진 '타인의 상품임을 표시한 표지'에 해당한다. 같은 취지에서, 채권자가 커피추출액과 우유를 혼합한 커피음료에 부착하여 사용한 'Cafe Latte'와 '카페라떼'라는 표장은 이탈리아식 에스프레소 커피에 우유를 넣은 커피의 보통명칭을 보통으로 사용하는 방법으로 표시한 표장에 불과하여 비록 채권자가 오랫동안 이를 사용하여 왔다고 하더라도 식별력을 갖추지 못하였으므로 부정경쟁방지법 제2조 제1호 가목에 정하여진 '타인의 상품임을 표시한 표지'에 해당하지 아니한다.

V. 검 토

이 사건 판결은 '상품의 보통명칭'이 부정경쟁방지법 제2조 제1호 가목에 정하여진 상품표지에 해당되기 위한 요건을 판시한 최초의 판결이라는 점에서 의의가 있다.

상품의 보통명칭이란 그 상품의 명칭, 약칭, 속칭, 기타 당해 상품을 취급하는 거래사회에서 그 상품을 지칭하는 것으로 실제로 사용되고 인식되어 있는 명칭을 의미하며, 상표의 관념으로부터 유추하여 단순히 일반수요자가 상품의 보통명칭으로 인식할 우려가 있다는 것만으로는 이에 해당하지 않는다. 상품의 보통명칭은 원칙적으로 상품표지로서 인정되지 아니하는데, 이는 보통명칭 자체가 식별력이 없어 상품의 출처 표시기능을 할 수 없는 것일 뿐만 아니라 경쟁업자 간의 자유로운 사용을 위하여 또는 공익상 특정인에게 독점적, 배타적인 권리를 주는 것이 바람직하지 않기 때문이다. 그렇다면 보통명칭이라 하더라도 일반인의 특별한 주의를 끌 정도로 독특한 서체·도안 및 구성으로 표시되어 있어 문자의 의미를 직감할 수 없을 정도로 도안화된 경우에는 자타상품식별력을 가지는 것이므로 타인의 상품표지에 해당한다고 보는 것이 타당하며, 이 사건 판결 역시 동일한 견해를 나타내고 있다. 이러한 사례들로, ① 신사복과 관련하여 표장 "*prämiara*"는 일반수요자가 'Premiere(최상의)'라는 불어나 영어단어를 표기한 것으로 직감할 수 없을 정도로 도형화되어 있다는 이유로 식별력을 인정한 사례 (1998후1679), ② 음악디스크와 관련하여 표장 ""는 표장의 구성 중 중앙부분의 문자가 일반인들이 'Jazz'의 필기체 표기로 직감할 수 없을 정도로 도안화되어 문자인식력을 압도한다는 이유로 식별력을 인정한 사례(2000후2569)가 있다. 또한, 보통명칭이 다른 식별력 있는 부분과 결합하여 표장 전체로서 자타상품의 식별력이 인정되는 경우 역시 타인의 상품표지로 인정될 수 있으나, 다른 식별력 있는 기호·문자·도형 등이 결합되어 있다고 하더라도 표장의 전체의 구성상 보통명칭 등이 보조적·부수적인 것에 불과하여 일반수요자가 직관적으로 보통명칭 등으로 인식할 수 있는 경우에는 결국 식별력을 갖추지 못한 것으로 보아 타인의 상품표지로 인정될 수 없다고 보는 것이 타당하다. 이때 보조적·부수적이라 함은 단순히 보통명칭 등의 부분 이외의 구성요소가 표장 전체에서 차지하는 크기의 크고 작음이 아니라 수요자에게 핵심적 요소로 인식되는지 여부로 판단하며, 상표 전체의 구성상 도형 등 다른 식별력 있는 부분이 보통명칭 등의 부분을 압도하지 못하는 경우를 포함한다. 이러한 사례로, ③ 무선용 컴퓨터와 관련하여 표장 " Wireless HD "의 경우 'HD' 부분은 왼쪽 wireless보다 다소 크고, 'H'자의 아랫부분에 파도치는 형상 또는 비상하는 새의 한쪽 날개와 같은 형상을 배치하여 그 끝단이 'D'자의 왼쪽 가운데 부분에 이르도록 구성하는 등 시각적으로 두드러져 자타상품의 식별력을 가지는 표장에 해당된다고 판단한 사례(2008허7539)가 있는 반면에, ④ 반도체와 관련하여 표장 " USB "의 경우 문자부분은 식별력이 없고, 'USB'와 '빛' 도형은 '빛과 같이 빠른 USB'를 형상화한 것으로 상품의 형상, 품질 등을 나타내어 부수적인 것에 불과하다고 판단한 사례가 있다.

나. 주 지 성

'KM재단기' 사건 – 국내에 널리 인식된 상표·상호의 의미

Ⅰ. 기초사항

사건번호	대법원 1995. 7. 14. 선고 94도399 판결	
사 건 명	부정경쟁방지법위반	
주 문	상고 기각	
표 지	피해자	피고인
	KM	**KM**

Ⅱ. 사실관계

공소외 명성물산 주식회사는 일본국 법인인 '주식회사 ケーエム재단기'가 1966년 이전부터 생산하였던 KM재단기를 수입·판매하였고, 피고인은 자신이 제작한 재단기 등에 'KM'이라는 표장을 부착·사용하였다. 공소외 명성물산 주식회사는 위 상표가 부착된 재단기를 수입 또는 조립·가공하여 국내에서 판매함과 동시에 국내 봉제업계의 전문월간지인 '봉제계'에 위 상표와 제품의 광고를 1976. 5.부터 계속하여 게재하는 등의 광고·선전 행위를 한 사실이 있는바, 검사는 이러한 행위에 대하여 부정경쟁방지법 위반을 이유로 기소하였다.

Ⅲ. 사안의 쟁점

국내에 널리 인식된 상표·상호의 의미

Ⅳ. 판단의 요지

부정경쟁방지법 제2조 제1호 가목 소정의 '국내에 널리 인식된 타인의 상호,

상표'라 함은 국내 전역에 걸쳐 모든 사람들에게 주지되어 있음을 요하는 것은 아니고, 국내의 일정한 지역적 범위 안에서 거래자 또는 수요자들 사이에 알려진 정도면 족하고, 그 상표 등의 등록 여부와 관계없다. 피고인이 제작한 재단기 등에 부착·사용한 상표 'KM'은 일본국 법인인 '주식회사 ケ―エム재단기'가 일본국에서 1966년 이전부터 재단기 등에 부착·사용하고 있었고, 공소외 명성물산주식회사가 위 상표가 부착된 재단기를 수입 또는 조립·가공하여 국내에서 판매함과 동시에 국내 봉제업계의 전문월간지인 '봉제계'에 위 상표와 제품의 광고를 1976. 5.부터 계속하여 게재하는 등 광고·선전을 하여 국내 재단기 제조업체나 거래업계에서 널리 알려진 상표인 사실을 알 수 있으므로, 피고인이 1991. 10. 27.부터 1992. 1. 9. 사이에 위 명성물산주식회사가 일본에서 수입하거나 조립·가공하여 판매하는 재단기의 상표와 오인 혼동을 일으킬 수 있는 'KM'이란 상표가 부착된 재단기를 제조·판매하여 혼동을 일으키게 하였다면, 피고인의 이러한 행위는 부정경쟁방지법 제2조 제1호 가목 소정의 부정경쟁행위에 해당한다.

Ⅴ. 검   토

이 사건 판결은 부정경쟁방지법 제2조 제1호 가목 소정의 국내에 널리 인식된 상표·상호의 의미에 대하여 구체적으로 판시하고 있다는 점에서 그 의의가 있다.

부정경쟁방지법에서의 '주지성'이란 '국내에 널리 인식된 것'을 말한다. 따라서 해외에서 널리 알려졌으나, 국내에서는 아직 알려지지 않은 상품표지는 부정경쟁방지법에서 보호받지 못한다. 그러나 '국내'란 대한민국 전역을 의미하는지, 국내의 특정 지역에서만 알려져 있다 하더라도 이에 해당될 수 있는지에 대해서는 법문언만으로는 명확하지 않다. 하지만 이 사건 판결은 "국내 전역에 걸쳐 모든 사람들에게 주지되어 있음을 요하는 것이 아니고, 국내의 일정한 지역적 범위 안에서 거래자 또는 수요자들 사이에 알려진 정도로써 족하다"고 함으로써 지역적 범위를 다소 완화해서 해석하였다. 다만, 이 사건 판결에서는 「일정한 지역적 범위 안에서 수요자 등에게 알려진 정도」라고 하였을 뿐, 일정한 지역적 범위가 구체적으로 어디까지인지를 설시한 것은 아니다. 생각하건대 지역적 범위에 대한 구체적인 결정은 당해 상품의 종류, 성질뿐만 아니라 수요계층의 분포 및 상품 판매자의 거래 방식 등을 종합적으로 고려하여 판단하여야 할 것이라고 본다.

    한편 통상 주지성은 표지의 사용방법, 사용기간, 사용지역, 매출 및 시장점
유율, 광고·선전 실적, 라이선스, 소비자의 인지도 등을 종합적으로 고려하여 판
단하는데, 인터넷이나 TV 등이 전국적으로 퍼져 있는 오늘날과 같은 현실에서
일정한 지역의 일반 수요자들에게 특정 상품표지로 알려져 있다는 이유로 주지
성의 요건을 인정받기란 쉽지 않을 것이다(물론, 지역 막걸리나 지역 소주 및 그 밖의 지
역 명물의 경우에는 특정 지역 내에서만 주지성을 획득하는 것이 가능할 것임은 당연하다).

    한편, 국내 미시판 상품의 주지성 인정 여부와 관련하여, 국내에 시판되지
않고 있는 상품이라 하더라도 수출주종상표나 외국의 유명상표 등과 같이 국내
관련 거래업계에 주지되어 있는 경우 또한 '국내에 널리 인식된 것'으로 인정함으
로써, 주지성의 인정범위를 다소 넓게 인정하는 것이 다양한 유통 구조 및 거래
방식을 취하고 있는 현실의 사정에 부합한 해석이 아닐까 생각해 본다.

사례 7   '장수돌침대' 사건 - 주지성 판단에 고려되는 자료

Ⅰ. 기초사항

사건번호	대법원 2009. 11. 12. 선고 2008도11704 판결	
사 건 명	상표법위반(인정된죄명 : 부정경쟁방지및영업비밀보호에관한법률위반)	
주 문	파기 환송	
표 지	피해자	피고인
	장수돌침대	**거북이표 장수옥돌침대**

Ⅱ. 사실관계

피고인은 2005. 2. 5.경부터 2006. 1. 초순경까지 충북 청원군 남이면 외천리 ○○○에 있는 거북이표 장수옥돌침대 청원전시장을 경영하던 자로서, 2005. 10. 경부터 2006. 1. 초순경까지 위 거북이표 장수옥돌침대 청원전시장이라는 상호로 돌침대 판매점을 운영하면서 국내에 이미 널리 인식된 돌침대 업체인 피해자 주식회사 장수산업의 상품표지인 '장수돌침대'와 유사한 '거북이표 장수옥돌침대, 제조원 주식회사 장수구들'이라는 상품표지를 부착한 돌침대를 소지하면서 위와 같이 유사한 상품표지가 부착된 돌침대 5개 시가 514만 원 상당을 손님들에게 판매함으로써 피고인이 판매하는 돌침대가 피해자가 제조·판매하는 돌침대인 것처럼 혼동을 일으키게 하는 부정경쟁행위를 하였다는 이유로 기소되었다.

☞ 항소심(청주지방법원 2008. 12. 4. 선고 2008노434 판결) : 피해자의 상품표지는 주지성을 취득하였다는 이유로 피고인들에게 부정경쟁방지법 위반 혐의 에 대하여 유죄를 선고함.

Ⅲ. 사안의 쟁점

식별력이 없거나 미약한 상표 또는 상품표지가 국내에 널리 인식되기에 이른 경우에 있어서 판단 기준 및 주지성 판단을 위한 증명자료

Ⅳ. 판단의 요지

1) 피해자의 상품표지인 '장수돌침대'가 제품의 종류를 나타내는 명칭에 불과한 '돌침대'에 오래 산다는 뜻의 일반명사인 '장수(長壽)'를 결합시킨 것으로서 식별력이 없거나 미약한 단어들로 이루어진데다가, 위와 같이 피해자의 상품표지가 널리 알려지기 전 그 중 요부로 볼 수 있는 '장수'라는 명칭이 관련 업계에서 이미 상당히 사용되고 있는 상태였다면, 그 주지성을 인정하기 위해서는 피해자의 위 상품표지를 부착한 제품이 관련 업계에서 상당한 기간 동안 압도적인 점유율을 유지하여 위 상품표지가 특정한 품질의 제품을 판매하는 주체를 연상시킬 정도로 개별화되고 우월적인 지위를 나타내는 사정이 인정되는 경우 등으로 그 기준을 엄격하게 해석 적용할 필요가 있다.

2) 그런데 이 사건에서는 피해자가 위 상품표지를 구체적으로 어떠한 형태로 사용하였는지, 위 상품표지가 부착된 제품의 종류가 얼마나 되고 그 판매량은 어느 정도인지 등이 전혀 나타나 있지 않다. 또한, 피해자는 2000년대에 들어와 매출이 증가하면서 '장수돌침대', '장수구들', '장수옥돌' 등의 상표를 비로소 출원하기 시작하였으나 이들 상표들에 대하여 주식회사 장수구들 등 관련 업체들이 선등록상표에 유사하다는 이유로 이의를 제기하여 그 등록이 무효로 된 사실, 피해자는 2001년경부터 본격적으로 제품을 광고하게 되면서 그 광고내용에서 그 무렵 등록한 '장수★★★★★ 장수돌침대★★★★★' 등의 상표를 내세워 '별 다섯 개' 부분을 자신의 제품을 구별하는 특별한 표지로 강조해온 사실을 알 수 있는바, 이에 비추어 보면 오히려 피해자는 '장수돌침대'라는 명칭을 특정한 상품표지로서라기보다는 '장수산업이 생산하는 돌침대'라는 정도의 일반적인 의미로 사용하다가 판매가 늘면서 뒤늦게 상표 등록을 시도하였으나 여의치 않게 되자 다른 업체 제품과의 구별을 위하여 '별 다섯 개' 부분을 추가한 상표를 등록하고 광고내용에서도 이 부분을 강조하게 된 것으로 볼 여지도 있다.

3) 또한 피고인의 본사인 주식회사 장수구들 측도 피해자가 돌침대를 판매할 무렵을 전후하여 돌침대를 판매해왔는데, 그 매출액과 광고비 등이 피해자에 비하여 크게 떨어지는 수준이기는 하나 돌침대의 한정된 시장규모를 감안하면 그 액수가 상당한 수준에 이르는 것으로 보이고, 그 영업내용을 보더라도 돌침대

를 제작, 개발하여 판매한 초기부터 '장수'라는 명칭이 들어간 '장수구들 돌침대' 등의 상표를 사용해왔고, 여러 유명 백화점에 입점하여 판매해왔으며, 국외 수출을 하기도 했고, TV, 신문, 전단지 등을 통하여 상당한 기간 동안 위와 같은 상표 등으로 광고를 해온 사실을 알 수 있으므로, 이에 비추어 보더라도 피해자의 위 상품표지가 특정한 품질의 제품을 판매하는 주체를 연상시킬 정도로 개별화되고 우월적인 지위를 획득한 정도에 이르렀다고 단정할 수 있는지 의문이 든다.

4) 따라서 원심으로서는 피해자가 '장수돌침대'라는 상품표지를 구체적으로 어떠한 형태로 사용하였고, 위 상품표지를 부착한 돌침대 제품의 종류 및 판매량이 어느 정도였는지, 돌침대시장에서 '장수돌침대'라는 상품표지를 사용한 제품의 점유율이 얼마나 되고 피해자 외에 '장수'라는 명칭을 사용한 상품표지를 부착한 돌침대 관련제품의 판매실태가 어떠하였는지, 피해자와 주식회사 장수구들이 매출액 및 광고비가 얼마나 되며 이들 업체의 시장에서의 인지도는 어떠한지, 그 밖에 피해자와 주식회사 장수구들의 각 광고가 어떤 내용이었는지 등에 관하여 구체적으로 심리한 후 피해자의 상품표지의 주지성 여부를 판단하였어야 할 것임에도, 이러한 심리를 다하지 않은 채 위와 같은 이유만으로 피해자의 위 상품표지에 주지성이 있다고 판단하고 말았으니, 원심판결에는 위 법률 제2조 제1호 가목의 부정경쟁행위에 관한 법리를 오해하여 판결에 영향을 미친 위법이 있다 할 것이므로, 이 점을 지적하는 상고이유의 주장은 이유 있다.

Ⅴ. 검 토

실무상 부정경쟁행위를 이유로 하는 금지청구나 손해배상청구 소송에서 원·피고 측에서 가장 첨예하게 대립하여 다투는 쟁점 중 하나가 바로 당해 상품표지가 당시 널리 인식되어 있는지 여부, 즉 주지된 상품표지인 것인지 여부이다. 이러한 주지성의 판단은 사실상 쌍방이 제출하는 증명자료에 의해 뒷받침되므로, 어떠한 자료를 이용하여 당해 상품표지가 주지성을 획득하였는지를 증명하는 것은 소송 승패를 가르는 중요한 요소 중 하나다. 이러한 점에서 이 사건 판결은 부정경쟁방지법 소정의 주지성 판단을 위해 참고가 될 수 있는 자료가 무엇인지를 상세하게 밝히고 있다는 점에서 그 의의를 찾을 수 있다.

이 사건 판결은 주지성 판단을 위한 고려요소로서, 당해 상품표지가 부착된 제품의 종류, 판매량, 점유율, 매출액, 광고비, 시장 인지도, 광고의 내용 등을 제시하고 있다. 이 사건 판결에서 제시하고 있는 위 요소들 외에도 상품의 사용기간, 사용지역, 라이선스, 이전에 유명상표임을 인정한 사례 등을 추가로 고려해볼수 있다. 광고의 경우, 신문, 잡지, 라디오, TV, 인터넷, 박람회 등의 광고가 있을것이며, 이때 전국적으로 송출되는 TV 광고는 구독자가 제한적인 신문, 잡지에비해 주지성 획득을 위한 자료로서 더 유리한 요소로 작용할 것인 반면에, 라디오 광고는 일반 수요자들에게 시각적인 영향을 줄 수 없기 때문에 주지성 인정요소로서 그 영향력은 TV나 인터넷 광고에 비해 낮을 수밖에 없다. 또한 사용기간이 길면 소비자에게 상표를 인식시킬 수 있는 기간 또한 길어지기 때문에 사용기간과 주지성은 비례한 것으로 볼 수 있다. 하지만 사용기간을 획일적으로 정해놓을 수는 없고 광고 선전을 통하여 단기간에 주지성을 획득할 수 있다는 점도고려하여 판단되어야 할 것이다. 아울러 매출액 또는 시장점유율이 높다는 것은당해 상표를 사용한 상품을 구매한 수요자가 많다는 것으로 파악될 수 있기 때문에, 매출액 또는 시장점유율이 높은 상품의 표지는 주지성이 높은 상품의 표지인것으로 볼 수 있다. 다만 상품의 가격에 따라 매출액이나 시장점유율이 달라질수 있으므로, 매출액 및 시장점유율뿐만 아니라 매출건수도 함께 고려하여야 할것이다. 그리고 라이선스가 많다는 것은 해당 상표의 사용허가를 받으려는 사람이 많다는 것이고, 이는 곧 소비자들의 수요가 많다는 것을 의미하기 때문에 라이선스 실적이 많을수록 주지성이 높은 것으로 볼 수 있다. 마지막으로, 주지상표인지 여부의 판단은 결국 소비자가 당해 상표를 어느 정도 인식하고 있느냐를결정하는 문제이므로 소비자의 인식도는 가장 확실한 증거가 될 수 있으며, 객관적인 설문조사 자료나 연구결과가 있으면 이 또한 적극 활용하여 주지성 여부를판단하여야 할 것이다. 하지만 인지도 조사는 원고 측에서 자신의 자본을 들여행하는 경우가 많기 때문에 법원은 증거로서 제출된 인지도 조사 결과가 객관적으로 신뢰할만한 수준에 있는지 여부를 면밀히 검토한 후, 이를 적용·판단하여야 할 것이며, 피고 측에서는 당해 조사 결과와 상반되는 또 다른 조사 결과를제출하는 등 당해 조사 결과의 신뢰성에 의심이 있다는 이유를 들어 원고 측이제출한 조사 결과를 부정할 수 있을 것이다.

<table>
<tr><td>사례 8</td><td colspan="2">'옥시화이트' 사건 – 주지성 획득 전 선의의 선사용권자의
부정경쟁행위 해당성</td></tr>
</table>

Ⅰ. 기초사항

사건번호	대법원 2004. 3. 25. 선고 2002다9011 판결	
사 건 명	부정경쟁행위중지	
주　　문	상고 기각	
표　　지	원고	피고
	옥시화이트	**옥시화이트**

Ⅱ. 사실관계

　　원고는 그 설립 이후부터 판결시까지 자신이 생산·판매하는 제품들의 포장에 '주식회사 옥시', '옥시' 또는 'OXY'라는 문자를 부착하는 방식으로 상호를 사용하여 왔고, 제품광고를 함에 있어서도 그 광고 문구에 '주식회사 옥시', '옥시' 또는 'OXY'라는 문자를 삽입하는 방식으로 상호를 사용하여 왔으며, 1999. 6. 30. '옥시화이터' 상표에 관하여 지정상품을 '상품류 구분 제03류 중 표백제, 세탁용유연제, 표백용소다, 표백용염'으로 하여 상표등록출원을 하여 2000. 7. 6. 상표등록번호 제04733113호로 상표권등록을 마쳤고, 1998. 10. 9. 'OXYWHITE' 상표에 관하여 지정상품을 '상품류 구분 제03류 중 표백제, 세탁용유연제, 표백용소다, 표백용염, 가루비누, 가정용석유계합성세제, 세액, 세제용클렌저, 세탁비누, 유리용세정제'로 하여 상표등록출원을 하여 2001. 3. 9. 상표등록번호 제0489306호로 상표권등록을 마쳤다. 소외 백광산업 주식회사는 1991. 3.경부터 '옥시화이트'라는 상표를 사용하여 산소계 표백제를 제조·판매하여 오다가, 1995. 12. 30. '옥시화이트 제품'의 제조·판매 및 그 생산설비 등 일체를 피고에게 양도하여, 피고가 그 이후부터 현재까지 옥시화이트 제품을 제조·판매하여 오고 있었다. 이에 원고는 피고가 상품의 출처를 표시하는 상품의 표지로서 국내의 거래자 또는 수요자들 사이에 널리 알려져 있는 원고의 상호 '주식회사 옥시'와 유사한 '옥

시화이트' 상표를 사용하여 옥시화이트 제품을 제조·판매하는 행위는 부정경쟁
방지법 제2조 제1호 가목 소정의 부정경쟁행위에 해당한다는 이유로 이 사건 침
해금지청구를 하였다.

Ⅲ. 사안의 쟁점

주지성을 획득한 상호의 존재를 모르는 선의의 선사용자의 행위도 부정경쟁
행위를 구성할 수 있는지 여부

Ⅳ. 판단의 요지

부정경쟁방지법 제2조 제1호 가목 소정의 부정경쟁행위에 있어서는 '부정경
쟁행위자의 악의' 또는 '부정경쟁행위자의 부정경쟁의 목적' 등 부정경쟁행위자의
주관적 의사를 그 요건으로 하고 있지 아니할 뿐만 아니라 부정경쟁방지법상 선
의의 선사용자의 행위를 부정경쟁행위에서 배제하는 명문의 규정이 없으므로, 가
령 원고가 그 상호에 관한 주지성을 획득하기 이전부터 피고가 원고의 상호의 존
재를 알지 못한 채 또는 부정경쟁의 목적이 없는 상태에서 '옥시화이트' 상표를
사용하여 왔다고 하더라도 원고의 상호가 주지성을 획득한 상품의 표지가 되었
고, 피고의 그 상표가 주지된 원고의 상호와 혼동될 위험이 존재한다고 인정되는
이 사건에서는 피고의 행위는 부정경쟁방지법 제2조 제1호 가목 소정의 부정경
쟁행위를 구성한다.

Ⅴ. 검 토

이 사건 판결은 특허법, 상표법과 같이 선의의 선사용자를 보호하는 규정을
명시하고 있지 않은 부정경쟁방지법에 있어서도 선의의 선사용자가 보호될 수
있는지 여부에 대해서 판단하였다는 점에서 그 의의가 있다.

이 사건 판결은 선의의 선사용자라 하더라도 부정경쟁방지법 소정의 부정경
쟁행위에 해당될 수 있다는 입장이며, 이에 대한 근거로, Ⓐ 부정경쟁방지법 제2
조 제1호 가목 소정의 부정경쟁행위에 '부정경쟁행위자의 악의' 또는 '부정경쟁행
위자의 부정경쟁의 목적' 등 부정경쟁행위자의 주관적 의사를 요건으로 하고 있
지 않은 점과 Ⓑ 부정경쟁방지법상 선의의 선사용자의 행위를 부정경쟁행위에서
배제하는 명문의 규정이 없다는 점을 들었다.

그러나 부정경쟁방지법은 경쟁의 주관적 이익보호만을 목적으로 하는 것이 아니라 공정한 거래질서를 유지함을 목적으로 하고 있는 점을 고려하여 본다면, 비록 선의의 선사용자가 '미래에 주지될' 상품표지 등을 '먼저' 사용하였다고 해서 그러한 선의의 선사용행위가 공정한 거래질서를 저해하는 행위라고 보는 것은 타당하지 않을 뿐만 아니라 부정경쟁방지법의 본래의 목적 및 취지에도 맞지 않는다고 본다.

또한 상표의 경우, 등록된 후에야 비로소 등록권자에게 상표사용금지청구 등에 관한 권리가 발생되기 때문에 등록상표에 대한 선사용권자는 상표등록 후 금지청구의 소 제기 전에 자신의 상표가 타인에 의해 등록되었음을 인지2할 수 있는 시간상의 여유가 있어 등록상표권자가 소제기 전에라도 해당 상표의 양도, 합의 등과 같은 적절한 대비를 마련할 수 있는 반면에, 미등록 상품표지에 대한 선사용자의 경우에는 판결을 통해서야 비로소 자신의 표지의 사용행위가 부정경쟁행위라는 것을 법원으로부터 확인받을 수 있는 것이므로 미등록 상품표지의 선사용자 입장에서는 등록상표의 선사용자와는 달리 소 제기 전까지 적절한 조치를 취할 수가 없다. 사정이 이러한데 이 사건 판결과 같이 당해 상품표지에 대한 선의의 선사용자가 재판 과정에서도 '선의의 선사용권 항변'이 불가하다는 것은 등록상표에 대한 선사용권자에 비해서 지나치게 불균등한 방어권를 부여하는 것이라 할 것이다. 더욱이 이처럼 미등록 상품표지의 선사용자와 등록상표의 선사용자 간에 차별을 두는 실익이 있는지도 의문이다.

또한 부정경쟁방지법상 '부정경쟁행위'의 '부정'은 사전적으로 '올바르지 못한'이라는 뜻으로서 그 자체에서 이미 '부정의 목적(주관적 의사)'을 암시하고 있다고 볼 수 있는 점을 고려하여 보면, 부정경쟁방지법상 부정경쟁행위에 있어서 '부정경쟁행위자의 악의' 또는 '부정경쟁행위자의 부정경쟁의 목적' 등 부정경쟁행위자의 주관적 의사를 요건으로 하고 있지 않다고 단정할 수도 없는 것이다.

이러한 점에서 주지성 획득 이전의 선의의 선사용자에 대해서 부정경쟁행위를 인정하는 이 사건 판결은 지나치게 법문언적 해석만을 치중한 판결이라고 본다.

한편 형사법상 (법률의 특별한 규정을 제외하면) 고의범일 경우에 한하여 처벌이 가능하므로 타인의 표지가 주지성이 획득되기 전에 선의로 먼저 사용한 자는 애

---

2 인지를 못하였다 하더라도 상표법 소정의 선사용권 항변이 가능하다.

초에 고의가 없기 때문에 부정경쟁방지법위반을 이유로 형사 처벌할 수 없을 것임은 자명할 것인데, 위와 같은 선의의 선사용자의 상품표지 사용행위가 부정경쟁행위 요건 자체를 구성하지 않는 것은 아니고 부정경쟁행위 요건 자체는 구성하지만 형법의 일반원칙에 따라 고의가 조각된다고 보아 처벌할 수 없다고 이해하는 것이 타당하다.

참고로 일본 부정경쟁방지법은 "타인의 상품 등 표시가 수요자들 사이에 널리 인식되기 전부터 그 상품 등 표시와 동일하거나 유사한 상품 등 표시를 사용하는 자 또는 그 상품 등 표시에 관련된 업무를 승계한 자가 그 상품 등 표시를 부정한 목적이 아닌데 사용하거나 그 상품 등 표시를 부정한 목적이 아닌데 사용한 상품을 양도, 인도하거나, 양도·인도를 위해 전시, 수출, 수입하거나 전기통신회선을 통하여 제공하는 행위"에 대해서는 부정경쟁행위에서 제외하고 있는데(법 제19조 제3호), 우리도 선의의 선사용자에 대해 부정경쟁행위에서 제외하는 예외규정을 둠으로써 입법적으로 해결하는 것이 필요하다고 본다.

다. 동일·유사한 표지 및 그 사용

사례 9   **'리프리놀 건강식품' 사건 – 상품표지의 유사 여부 판단 기준**

I. 기초사항

사건번호	대법원 2011. 1. 13. 선고 2008도4397 판결	
사 건 명	부정경쟁방지및영업비밀보호에관한법률위반	
주 문	상고 기각	
표 지	공소외인	피고인들
	Lipfeel, 리프트머셀	**LYPRINOL**

II. 사실관계

피고인 3은 2004년 4월경부터 2005년 12경까지 서울 광진구 광장동 소재 피고인 3의 사무실에서, 당시 인기를 끌고 있던 'LYPRINOL'과 유사한 제품을 제조·판매하기로 하고, 그 상표를 'Lipfeel'로 하고 그 글자 밑에 위 'LYPRINOL'에서 사용하는 물결문양을 그대로 사용하는 한편, ㅇㅇㅇ 등의 사이트에 위 'Lipfeel'이 공소외 1 주식회사의 특허공법인 안정화공법으로 제조된 제품이라는 내용을 게재하고 그 포장에 위 공소외 1 주식회사만이 보유하고 있는 특허번호 등을 그대로 표시하는 방법으로 'Lipfeel' 530박스를 피고인 4의 피고인 5 주식회사 등에 판매하여 'Lipfeel'에 대해 품질의 오인 등을 일으키는 선전을 하고 그와 같은 방법으로 상품을 수입·판매하는 한편, 'LYPRINOL'과 'Lipfeel'에 대한 혼동 및 위 공소외 2 주식회사의 영업활동과 혼동을 일으키게 하는 부정경쟁행위를 하고, 피고인 4는 피고인 5 주식회사의 대표이사로서, 위와 같은 일시경 서울 서초구 서초동 소재 피고인의 사무실에서, 피고인 3으로부터 위와 같은 상태로 공급받은 'Lipfeel'을 판매함에 있어 위 ㅇㅇㅇ을 비롯한 온라인 판매 사이트와 인터넷 신문 등에 'Lipfeel(리프리놀)', '피고인 5 주식회사, PTP포장 리프리놀 캡슐출시', 'PTP포장의 리프리놀 립필(Lipfeel)' 등의 광고를 함으로써 마치 'Lipfeel'이 'LYPRINOL'과 같은 회사에서 제조된 것이며 PTP포장상품인 것만 다른 것처럼 하여 위 'Lipfeel'에 대해 품질의 오인 등을 일으키는 선전을 하고 그와 같은 방법으로 상품을 판매하는 한편, 'LYPRINOL'과 'Lipfeel'에 대한 혼동 및 위 공소외 2 주식회사의 영업활동과 혼동을 일으키게 하는 부정경쟁행위를 하고, 피고인 6은 2003년 12월경부터 2005년 12월경까지 경기 성남시 분당구 수내동 ㅁㅁ프라자 소재 피고인의 사무실에서 공소외 5 주식회사 제품으로 홍합을 단순동결건조하여 만든 건강보조식품인 리프트머셀을 수입·공급하면서 마치 위 공소외 1 주식회사의 특허공법인 안정화공법 등에 의해 생산되는 홍합오일로 만든 'LYPRINOL'과 같은 것인 양 온라인 약국판매 쇼핑몰인 ㅇㅇㅇ, △△△의 사이트에 광고를 하면서 "리프트머셀(리프리놀)"이라고 게재하는 한편, 위 'LYPRINOL'의 효능 등에 관한 각종 언론보도와 연구논문이 마치 리프트머셀에 관한 것인양 피고인 회사의 홈페이지에 무단게재하고, 그 용기 등에 공소외 1 주식회사가 사용하는 조개문양을 그대로 사용하는 방법으로 리프트머셀 3,000개를 수입하여 공소외 6의 ●●● 등에 판매함으로써 위 리프트머셀의 품질 등에 대해 오인을 일으키는 선전을 하고 그와 같은 방법으로 상품을 수입·판매하는 한편, 'LYPRINOL'과 '리프트머셀'에 대한 혼동 및 위 공소외 2 주식회사의 영업활동과 혼동을 일으키게 하는 부정경쟁행위를 하였다는 혐의로 기소되었다.

Ⅲ. 사안의 쟁점

부정경쟁방지법 제2조 제1호 가목에서 정한 '상품표지'의 유사 여부 판단 기준 및 같은 호 나목의 '영업표지' 유사 여부 판단에도 동일한 법리가 적용되는지 여부

Ⅳ. 판단의 요지

1) 부정경쟁방지법 제2조 제1호 가목 소정의 상품표지의 유사 여부는 동종의 상품에 사용되는 두 개의 상품표지를 외관, 호칭, 관념 등의 점에서 전체적·객관적·이격적으로 관찰하되 구체적인 거래실정상 일반 수요자나 거래자가 상품표지에 대하여 느끼는 인식을 기준으로 그 상품의 출처에 대한 오인·혼동의

우려가 있는지를 살펴 판단하여야 하고(대법원 2006. 1. 26. 선고 2003도3906 판결 등 참조), 이러한 법리는 같은 호 나목 소정의 영업표지의 유사 여부 판단에 있어서도 마찬가지이다(대법원 2008. 5. 29. 선고 2007도10914 판결 등 참조).

2) 이 사건 상품표지인 '리프리놀' 또는 'Lyprinol'과 피고인 3, 4, 피고인 5 주식회사의 상품표지인 'Lipfeel', 피고인 6, 피고인 7 주식회사의 상품표지인 '리프트머셀'은 일반 수요자나 거래자에게 하나의 단어로 인식될 것이므로 이 사건 상품표지와 위 피고인들 상품표지들의 유사 여부를 비교하기 위해서는 그 구성부분을 분리하지 아니하고 외관, 호칭, 관념을 전체적으로 비교·관찰하여야 하는데, 이 사건 상품표지와 위 피고인들의 상품표지들은 한글이나 영문자로 된 문자표지로서 각기 그 글자 수가 상이하여 외관이 서로 다르고, 이 사건 상품표지의 경우 4음절인 '리프리놀'로 호칭되는 반면 피고인 3 등의 상품표지의 경우 2음절인 '립필'로 호칭되고 피고인 6 등의 상품표지의 경우 5음절인 '리프트머셀'로 호칭될 것이므로 그 음절수 등이 달라 호칭이 서로 다르며, '리프리놀'과 'Lipfeel'은 특별한 의미가 없는 조어이고 '리프트머셀'은 그 의미가 '입술 달린 홍합'으로 일반적으로 알려진 단어가 아니어서 서로 그 관념을 대비할 수도 없다. 그렇다면 위 피고인들의 상품표지들은 이 사건 상품표지와 동종의 상품에 사용되더라도 일반 수요자나 거래자로 하여금 상품이나 영업의 출처에 관하여 오인·혼동을 일으키게 할 염려가 없으므로, 서로 동일하거나 유사하다고 할 수 없다. 원심이 같은 취지에서 'Lipfeel'과 '리프트머셀'은 이 사건 상품표지인 '리프리놀' 또는 'Lyprinol'과 동일하거나 유사하지 아니하다고 보고, 또한 '리프리놀' 또는 'Lyprinol'은 이 사건 상품을 표시하는 표지에 해당할 뿐 피해자인 공소외 2 주식회사의 '영업임을 표시하는 표지'라고 보기도 어려우며, 위 피고인들이 공소사실 기재 각 상품을 제조하거나 판매하면서 상품 또는 그 광고에 상품의 품질, 내용 등을 오인하게 하는 선전 또는 표지를 하거나 이러한 방법이나 표지로써 상품을 판매했다고 볼 수도 없다고 판단하여 공소사실을 무죄로 선고한 조치는 정당하고, 거기에 상고이유에서 주장하는 바와 같은 구 부정경쟁방지법상 상품 또는 영업 표지의 유사 여부 판단에 관한 법리오해나 채증법칙 위배 등의 위법이 없다.

V. 검   토

상품표지의 유사 여부는 동종의 상품에 사용되는 두 개의 상품표지를 외관,

호칭, 관념 등의 점에서 전체적·객관적·이격적으로 관찰하되, 구체적인 거래실정상 일반 수요자나 거래자가 상품표지에 대하여 느끼는 인식을 기준으로 그 상품의 출처에 대한 오인·혼동의 우려가 있는지를 살펴 판단하여야 한다는 취지의 이 사건 판결은 그동안 우리 법원의 부정경쟁방지법 제2조 제1호 가목 소정의 '상품표지'의 유사여부 판단 기준을 다시 한 번 확인하였다는 점에서 그 의의가 있다.

다만 칭호, 외관, 관념 중 어느 하나가 유사하다 하더라도 전체적으로는 차이가 있어 거래상 상품출처의 오인·혼동을 일으킬 염려가 없는 때에는 유사한 상품표지라고 할 수 없고, 반대로 각 요소에서 서로 다른 부분이 있어도 전체적으로 볼 때 일반수요자나 거래자가 오인·혼동을 일으키기 쉬운 경우에는 유사한 상품표지로 보아야 할 것이다. 또한 상품표지를 구성하는 일부에 칭호나 외관상 동일한 부분이 있다고 하더라도 그 동일한 부분이 표지의 구성의 일부에 국한된 것이라면 양 상품표지를 전체적으로 관찰하여 유사하지 않은 것으로 볼 수 있을 것이다. 이 사건 판결에서 보여준 '상품표지'의 유사여부 판단 기준에 관한 법원의 태도는 상표법상 상표의 유사여부 판단 기준에 관한 법원의 태도와 동일한 것을 알 수 있다. 따라서 상표법상의 상표의 동일·유사 판단 여부를 판단한 각종 판례 및 특허청 상표심사기준은 부정경쟁방지법상 상품표지의 동일·유사 여부를 판단함에 있어서도 유용한 참고자료가 될 수 있을 것이다.

판단건대 양 상품표지 모두 홍합 추출물로 제조된 건강기능식품이긴 하지만(상품의 동일), 외관이 서로 상이하고, 양 상품표지 모두 조어로서 관념이 있다고 할 수 없으므로 관념은 대비대상이 되지 아니하며, 칭호의 경우, 양 상품표지는 음절수가 다르고, 동일한 음절수가 전체 상품표지의 칭호에서 차지하는 비율이 높지 아니하는 점 등을 고려하였을 때, 양 상품표지는 서로 동일하거나 유사하다고 볼 수 없을 것이며, 동일한 취지의 결론을 내린 이 사건 판결 또한 일견 타당하다고 본다.

[참고자료]
특허청 상표심사기준(2015. 1. 1. 기준) ― 상표의 동일·유사 판단 부분 일부 발췌(215~222면)

1. 상표의 동일

1.1 의   의

『상표의 동일』이라 함은 구성요소가 문자 그대로 동일한 경우를 말하는 '물리적 동일'뿐만 아니라 거래사회 통념상 동일한 상표라고 인식할 수 있는 '실질적 동일'까지 포함하는 개념으로 본다. 『실질적 동일』이란 물리적으로 완전히 동일하지는 않다고 하여도 거래사회 통념상 동일한 상표로 인식할 수 있는 정도를 의미하며 『동일성』이라는 용어로 사용한다. 동일성이 인정되는 경우는 상표의 부기적인 부분을 제외한 요부가 동일한 상표, 문자 등의 크기나 색채만을 달리하는 상표 등을 들 수 있다.

1.2 동일 여부 판단

상표의 동일 여부에 대한 판단은 상표법 각 조문의 입법취지에 따라 탄력적으로 해석하여야 한다. 사용에 의한 식별력 인정(법§6②), 우선권주장(법§20), 요지변경 여부(법§16), 출원시 특례(법§21) 등의 판단시에는 비교적 엄격하게 동일할 것을 요구하지만, 물리적 동일보다는 실질적으로 동일성이 인정되면 동일한 상표로 보도록 한다.

2. 상표의 유사

2.1 의   의

『상표의 유사』라 함은 2개의 상표가 완전히 동일하지도 않고 거래사회 통념상 동일한 것으로 인식되지도 않으나 양 상표가 외관, 칭호, 관념 중 어느 한 가지 이상의 점에서 유사하여 그들 상표가 동일 또는 유사한 상품에 사용될 경우 거래자나 일반수요자들이 그 상품의 출처에 오인·혼동을 일으킬 우려가 있는 경우를 말한다.

2.2 유사여부 판단

2.2.1 유사여부 판단의 일반원칙

상표의 유사여부는 동일 또는 유사한 상품에 사용되는 두 개의 상표를 놓고 그 외관·칭호·관념 등을 전체적·객관적·離隔的으로 관찰하여 일반수요자나 거래자가 상표에 대하여 느끼는 직관적 인식을 기준으로 거래상 상품출처의 오인·혼동을 일으킬 우려가 있는지 여부에 따라 판단하여야 한다. 다만, 칭호·외관·관념 중 어느 하나가 유사하다 하더라도 전체적으로는 차이가 있어 거래상 상품출처의 오인·혼동을 일으킬 염려가 없는 때에는 유사한 상표라고 할 수 없고, 반대로 각 요소에서 서로 다른 부분이 있어도 전체적으로 볼 때 일반수요자나 거래자가 오인·혼동을 일으키기 쉬운 경우에는 유사한 상표로 보아야 한다. 또한, 상표를 구성하는 일부에 칭호나 외관상 동일한 부분이 있다고 하더라도 그 동일한 부분이 상표구성의 일부에 국한된 것이라면 양 상표를 전체적으로 관찰하여 유사하지 않은 것으로 볼 수 있다.

2.2.2 유사여부 판단요소

상표의 유사여부를 판단함에 있어서는 칭호·외관·관념의 세 가지 요소를 대비하여 판단하되, 어느 한 가지 요소의 유사여부에 집중하기보다는 각 요소를 통해 상품출처의 오인·혼동이 일어나는지 여부를 중점적으로 고려하여 유사여부를 판단하여야 한다.

(ⅰ) 칭   호

칭호의 유사여부는 거래사회의 경험칙에 비추어 자연적·구체적으로 판단하여야 하며, 일반적으로 상표의 要部로부터 추출하는 것이 원칙이다. 특히 조어상표인 경우 관념에 의한 판단이 제한되기 때문에 칭호의 유사여부가 가장 중요한 판단요소가 될 수 있다. 외국문자 상표에 관한 칭호 유사여부의 판단은 내국인 관례상의 칭호는 물론 해당 외국인의 대표적인 칭호도 함께 고려하여야 한다.

① 문자상표

한글의 발음은 글자를 읽을 때 소리나는 대로 결정되므로 두음법칙이나 자음접변 현상도 고려하여 판단한다. 여러 음절의 단어에 있어서는 어두 부분이 강하게 발음되고 인식되는 것이 일반적이므로 어두 부분의 칭호를 중점적으로 비교하여 유사여부를 판단한다. 외국어 문자상표의 경우, 영문으로 표기된 상표는 달리 호칭할 특별한 사정이 없는 한 원칙적으로 영어식 발음을 따른다. 다만, 약품류의 독일어식 발음, 화장품류의 불어식 발음과 같이 상품에 따라 영어 이외의 발음이 통용되는 경우에는 그에 따른다.

② 도형상표

동물이나 식물도형 등과 같이 그 자체가 보통 불리는 자연적 칭호가 있는 경우에는 그에 따른다. 다만, 특별한 호칭을 불러일으키지 아니하는 도형만으로 구성된 상표에 있어서 칭호는 대비대상이 되지 않으므로 주로 외관에 의해서 유사여부를 판단한다.

③ 결합상표

도형과 문자 또는 문자와 문자가 일련불가분적으로 결합하여 구성된 상표의 경우에는 그 전체로부터 발생하는 칭호를 통해 유사여부를 판단하는 것을 원칙으로 한다. 다만, 결합상표라 하더라도 수요자의 눈길을 끌 수 있는 주요부가 따로 있는 경우 그 부분의 칭호를 중점적으로 비교하여 유사여부를 판단한다. 하나의 상표에서 두 개 이상의 식별력 있는 칭호가 발생하는 경우에는 각각의 칭호를 대비하여 유사여부를 판단하도록 한다.

(ii) 외   관

『외관』이라 함은 상표에 표시된 기호·문자·도형 등 상표의 외관상의 형상을 말한다. 외관의 유사여부는 외관상의 형상을 시각을 통해 관찰하였을 경우 서로 오인·혼동을 일으킬 염려가 있는지 여부로 판단하며, 특히 이격적·직관적으로 관찰하여 유사여부를 판단하는 것을 원칙으로 한다. 외관의 유사성 판단은 주로 기호, 도형, 입체적 형상 또는 이들과 색채를 결합한 상표 간에 적용되나 문자상표 간에도 문자의 구성과 형태를 감안하여 외관의 유사성도 고려하여야 한다.

(iii) 관   념

『관념』이라 함은 상표가 가지는 의미를 말하는데, 칭호와 마찬가지로 상표의 요부로부터 나오며 어떤 의미를 가진 단어로 된 상표에 있어서는 칭호가 유사하면 관념도 유사한 경우가 보통이다. 어떤 의미를 가진 단어에 형용사 등 수식어가 결합된 경우에는 원칙적으로 수식어가 없는 단어와 관념이 유사한 것으로 본다. 그러나 아무런 뜻이 없는 조어로 된 상표는 관념이 있다고 할 수 없으므로 관념은 대비대상이 되지 아니하며, 다른 요소를 통해 유사여부를 판단해야 한다. 도형상표의 경우에는 도형이 일반수요자에 의해 이해되는 바에 따라 관념이 정해지므로 여기에서 나타나는 관념에 따라 유사여부를 판단한다.

2.2.3 유사여부 판단을 위한 관찰방법

상표의 유사여부의 관찰방법은 전체적, 객관적, 이격적 관찰을 원칙으로 하되 상표 구성 중 인상적인 부분(요부)에 대하여 중점적으로 비교하는 것으로 한다. 이 경우 소리·냄새 등은 같은 유형의 상표간에 시각적 표현을 기준으로 유사여부를 비교하여 판단한다.

(i) 전체적 관찰

상표는 그 구성 전체가 하나의 상표로 인식되는 것이므로 구성요소 일부만을 따로 떼어 그 부분만을 가지고 다른 상표와 비교하여서는 아니되며, 상표를 전체로서 관찰하여 그 외관·칭호·관념을 비교하여야 함이 원칙이다. 전체적 관찰을 통해서 외관·칭호·관념 중 어느 하나가 유사하여 출처의 오인·혼동이 일어나면 원칙적으로 유사한 상표라고 판단하여야 한다. 다만, 전체로서 명확하게 출처의 오인·혼동을 피할 수 있는 경우에는 예외적으로 유사하지 않다고 판단하여야 한다.

(ii) 객관적 관찰

『객관적 관찰』이라 함은 상표 자체의 구성을 기초로 하여 객관적으로 판단하여야 함을 말한다. 즉 인용상표 또는 출원상표의 서체나 그 밖의 표시가 변경되어 사용된 경우 또는 특수한 방법으로 사용된 경우, 부정하게 사용할 의사가 있는지 여부는 상표의 유사여부 판단에 있어서 고려대상이 아니다. 다만, 상표에 따라 그 사용형태가 상품과의 관계에서 분명한 때에는 거래상 혼동될 염려의 유무라는 관점에서 사용형태를 감안하여 유사여부를 판단하여야 한다.

(iii) 이격적 관찰

『이격적 관찰』이라 함은 때와 장소를 달리하여 상표를 접하는 수요자의 불확실한 기억을 토대로 유사여부를 판단하는 방법을 말하는 것으로, 양 상표를 나란히 놓고 유사여부를 판단하는 방법인 대비적 관찰에 대응되는 개념이다. 두 개의 상표를 직접 놓고 대비할 때에는 구성요소가 다른 점이 있다고 하더라도, 때와 장소를 달리하여 관찰했을 때 경험칙상 서로 출처의 오인·혼동이 일어나는 경우에는 유사한 상표로 보아야 한다. 이격적 관찰은 칭호·관념을 대비하는 경우에도 적용되지만, 특히 외관의 유사여부를 판단할 때 중요하게 적용된다.

(iv) 요부관찰

상표는 전체관찰이 원칙이나 간이·신속을 위주로 하는 거래실제에 있어서 그 구성부분 일부만에 의하여 간략하게 호칭·관념되는 경우 요부관찰이 허용된다. 요부의 선정은 상표를 전체적으로 관찰했을 경우에 식별력을 가진 부분으로 하여 결정하여야 한다. 원칙적으로 법 제6조 제1항 각호의 1에 해당하는 식별력이 없는 표장(사용에 의한 식별력을 획득한 경우는 제외)과 법 제51조 각호가 규정하는 상표권의 효력이 미치지 아니하는 표장은 요부가 아니며, 상품 또는 상품의 포장 등의 입체적 형상으로 된 상표 등에 있어서도 그 상품 또는 상품의 포장 등의 기능을 확보하는데 불가결한 입체적 형상 등은 요부가 아니므로 이 부분을 유사여부 판단의 대상으로 해서는 아니된다. 다만, 이러한 부분이 상표의 전체적 관찰에 있어서 부수적 고려사항으로서도 배제되어야 함을 의미하지는 않는다. 상표의 요부 즉 인상적인 부분, 일반적으로 친숙해지기 쉬운 부분, 특히 주의를 끌기 쉬운 부분, 또는 특별한 의미를 가진 부분이라 하더라도 수요자에게 주는 식별력 또는 인상의 강약에 따라 요부의 강약이 인정되며 유사여부 판단에 있어서도 이를 고려하여야 한다.

2.2.4 유사여부 판단기준

상표의 유사여부 판단은 그 상표가 사용될 상품의 수요자 일반의 주의력을 기준으로 상품의 거래실정을 고려하여 출처의 오인·혼동이 일어날 염려가 있는지를 기준으로 판단하여야 한다.

(i) 수요자 일반의 주의력

상표의 유사여부는 그 상표가 사용될 지정상품의 주된 수요계층과 기타 그 상품의 거래실정을 고려하여 일반수요자의 주의력을 기준으로 판단하여야 하며, 그 일반수요자란 최종소비자는 물론이고 중간수요자 또는 그 상품판매를 위한 도·소매상을 포함하는 것으로 본다. 일반수요자란 현실의 구체적인 수요자가 아니라 평균적 존재로서의 수요자 일반(추상적 수요자)을 의미하며, 따라서 주의력이 부족한 경솔한 사람 또는 전문적인 관찰력, 특수한 취미, 고도의 교육을 받은 사람의 주의력을 기준으로 하여서는 아니된다. 또한 도매상들은 이해할 수 있지만 일반거래자가 이격적 관찰에 따를 경우에 오인·혼동의 우려가 있는 상표는 유사한 상표로 보도록 한다.

(ii) 상품출처의 오인·혼동 우려

상표의 유사여부는 원칙적으로 두 개의 상표가 외관·칭호·관념 중 어느 하나 이상이 유사하여 이들 상표가 동일 또는 유사한 상품에 사용될 경우에 거래자나 일반수요자로 하여금 상품출처의 오인·혼동을 일으킬 우려가 있으면 유사한 것으로 보는 것이 원칙이다. 상품출처의 오인·혼동은 거래의 경험칙에 비추어 일반수요자가 추상적·일반적으로 오인·혼동을 일으킬 우려가 있는지(일반적 출처의 혼동) 여부에 따라 판단하는 것으로 충분하고, 실제 거래에 있어서 개별적인 수요자가 구체적·현실적으로 오인·혼동을 일으키는지(구체적 출처의 혼동) 여부는 고려하지 아니한다.

(iii) 거래실정

비록 상표 자체의 외관·칭호·관념이 서로 유사하여 일반적·추상적으로는 양 상표가 서로 유사해 보인다 하더라도 당해 상품을 둘러싼 일반적인 거래실정, 즉 각 상품의 종류, 성격, 형상, 구조, 크기 등 사용되는 상품의 속성이나 그 상품의 거래자층의 종류, 상품이 거래되는 업계의 상관습 등을 종합적·전체적으로 고려할 때 거래사회에서 수요자들이 구체적·개별적으로는 명백히 출처의 오인·혼동을 일으킬 염려가 없다고 인정되는 경우에는 양 상표가 공존하더라도 당해 상표권자나 수요자 및 거래자들의 보호에 지장이 없다 할 것이므로 비유사한 상표로 판단할 수 있다. 예컨대 약제에 대해서는 독일어식 발음이, 화장품에 대해서는 프랑스어적인 발음이 많으므로 이들 상품에 대해서 사용되는 상표에 대해서는 이를 유럽어식의 칭호도 감안하여 유사여부를 판단하여야 한다.

라. 혼동가능성

사례 10 '뱅뱅 스포츠용품' 사건 – 표지는 유사하지만 상품이 상이한 경우에 있어서 혼동가능성

Ⅰ. 기초사항

사건번호	대법원 2007. 4. 27. 선고 2006도8459 판결	
사 건 명	부정경쟁방지및영업비밀보호에관한법률위반·상표법위반	
주 문	파기 환송	
표 지	피해자	피고인
	BANG BANG 뱅 뱅 , BANG BANG, 뱅뱅	BAENG BAENG 뱅뱅! , BANG BANG, 뱅뱅

Ⅱ. 사실관계

피고인은 1999. 5. 8. 지정상품을 구 상품류 구분(1998. 2. 23. 통상산업부령 제83호로 개정되기 전의 것) 제43류인 '트위스트머신, 체력단련용벤치, 러닝머신, 바벨, 덤벨, 레그앤드익스텐션머신, 로잉머신, 플라스틱제완구'로 하고, 'BAENG BAENG 뱅뱅!'으로 구성된 상표를 등록번호 제447473호로 등록하였으나, 2005. 4. 28. 피고인의 위 등록상표는 그 등록출원 전에 등록된 '운동구수선업, 완구인형수선업' 등을 지정서비스업으로 하고, "BANG BANG 뱅 뱅"으로 구성된 서비스표(등록번호 제21731호, 이하 '선등록서비스표'라 한다)와 호칭이 동일하고 외관 및 관념이 유사하여 상호간에 오인, 혼동을 일으킬 정도로 유사한 상표인데다가 그 지정서비스업도 유사하므로 그 지정상품 전체에 대하여 상표법 제7조 제1항 제7호에 해당한다는 이유로 그 등록이 무효가 되었다(대법원 2003후1048호 판결). 그럼에도 불구하고 피고인은 위 상표

등록을 기초로 2002. 1.경부터 2003. 5.경까지 사이에 'BAENG BAENG, 뱅뱅' 또는 위 등록상표가 아닌 'BANG BANG, 뱅뱅' 등의 상표를 부착한 악력기, 스텝퍼, 줄넘기, 훌라후프 등의 운동용품 등을 제조, 판매 등을 하였고 이러한 피고인의 행위는 피해자 회사들의 상표권 침해행위 및 부정경쟁행위에 해당한다는 이유로 기소되었다.

Ⅲ. 사안의 쟁점

① 부정경쟁방지법 제2조 제1호 가목 소정의 '타인의 상품과 혼동을 하게 하는'의 의미 및 판단 방법

② 표지는 유사하지만 상품이 상이한 경우에 있어서 혼동가능성

Ⅳ. 판단의 요지

1) 부정경쟁방지법 제2조 제1호 가목 소정의 부정경쟁행위는 국내에 널리 인식된 타인의 성명, 상호, 상표, 상품의 용기, 포장 기타 타인의 상품임을 표시하는 표지와 동일 또는 유사한 것을 사용하거나 이러한 것을 사용한 상품을 판매·반포 또는 수입·수출하여 타인의 상품과 혼동을 하게 하는 행위를 의미하는바, 여기에서 '타인의 상품과 혼동을 하게 하는'이라는 의미는 상품의 출처가 동일하다고 오인하게 하는 경우뿐만 아니라 국내에 널리 인식된 타인의 상품표지와 동일 또는 유사한 표지를 사용함으로써 일반수요자나 거래자로 하여금 '당해 상품표지의 주체와 사용자 간에 자본, 조직 등에 밀접한 관계가 있지 않을까'라고 오신하게 하는 경우도 포함하며, 타인의 상품과 혼동을 하게 하는 행위에 해당하는 여부는 상품표지의 주지성과 식별력의 정도, 표지의 유사 정도, 사용태양, 상품의 유사 및 고객층의 중복 등으로 인한 경업·경합관계의 존부 그리고 모방자의 악의(사용의도) 유무 등을 종합하여 판단하여야 할 것이다.

2) 위 법리를 바탕으로 하여 살펴보면, 피고인이 각종 '캐주얼의류 및 스포츠 의류' 등에 관하여 국내에 널리 인식된 피해자 회사의 상품표지인 'BANG BANG, 뱅뱅'과 동일·유사한 'BAENG, BAENG, 뱅뱅', 'BANG BANG, 뱅뱅' 등의 표장을 부착한 악력기, 스텝퍼, 줄넘기, 훌라후프 등을 제조하여 판매한 행위는 타인의 상품과 혼동을 하게 하는 부정경쟁행위에 해당한다고 판단하였음은 정당한 것이다.

V. 검 토

혼동에는 상품표지의 출처가 동일하다고 생각하는 혼동인 '협의의 혼동'과 표시가 다른 출처로 인식되지만 두 제품 사이에 어떤 연관이 있는 것으로 오인하는 '광의의 혼동'이 있다. 이 사건 판결을 포함한 우리 대법원은 "부정경쟁방지법 제2조 제1호 가목 소정의 '타인의 상품과 혼동하게 하는 행위'에는 현실적으로 상품의 출처에 관한 혼동을 초래하는 행위뿐만 아니라 혼동을 초래할 우려가 있는 행위도 포함된다"고 함으로써 광의의 혼동까지 포함하는 것으로 보았다. 일본 역시 부정경쟁방지법 소정의 '혼동의 우려'에는 광의의 혼동이 포함된다고 보는 것이 확립된 판례의 태도이다(最判平成9年6月10日 平成7年(オ) 1105号 등 참조).

이 사건 판결은 '타인의 상품과 혼동을 하게 하는'이라는 의미는 상품의 출처가 동일하다고 오인하게 하는 경우뿐만 아니라 국내에 널리 인식된 타인의 상품표지와 동일 또는 유사한 표지를 사용함으로써 일반수요자나 거래자로 하여금 '당해 상품표지의 주체와 사용자 간에 자본, 조직 등에 밀접한 관계가 있지 않을까'라고 오신하게 하는 경우도 포함한다고 하였는데, 그 타인과 계열관계 또는 경제적, 법적 상관관계가 있는 자의 상품으로 오인하는 경우 또한 이에 포함될 수 있다. 또한 이 사건 판결은 혼동 여부 판단의 고려 요소는 상품표지의 주지성과 식별력의 정도, 표지의 유사 정도, 사용태양, 상품의 유사 및 고객층의 중복 등으로 인한 경업·경합관계의 존부, 그리고 모방자의 악의(사용의도) 유무 등이고 이들을 종합적으로 고려해야 할 것이라고 판단하였는데, 이 사건 판결에서 열거한 고려요소 외에 상품표지의 사용기간, 사용량, 사용방법, 광고선전 실적 또한 중요한 고려요소가 될 수 있다.

한편 표지는 유사하지만 상품이 비유사한 경우에 있어서, 이 사건 판결은 피고인이 악력기, 스텝퍼, 줄넘기, 홀라후프 등에 피해자의 상표와 유사한 표지를 사용한 행위는 피해자가 주로 제작·판매하고 있는 손수건, 유니폼(운동복), 와이셔츠, 아동복, 스커트, 작업복 등과는 품질, 형상이 다르므로, 즉 상품이 동일하지 아니하다는 이유로 피고인은 피해자의 상표권을 침해하지 않았다고 판단한 반면에, 부정경쟁행위 인정 여부를 판단함에 있어서는 피고인이 국내에 널리 인식된 피해자 회사의 상품표지인 'BANG BANG, 뱅뱅'과 동일·유사한 'BAENG, BAENG, 뱅뱅', 'BANG BANG, 뱅뱅' 등의 표장을 부착한 악력기, 스텝퍼, 줄넘기, 홀라후프 등을 제조하여 판매한 행위는 타인의 상품과 혼동을 하게 하는 부정경쟁행위에 해당한다고 함으로써 위 상표권 침해 여부 판단과는 상반되는 판단을 하였다. 하지만 현행 재판실무상 부정경쟁방지행위를 판단함에서 있어서 상품의 유사 여부는 상당히 고려되고 있는 실정이며, 우리 부정경쟁방지법은 당해 상품에 있어서 일반수요자들에게 널리 인식된 상품표지를 주지된 상품표지로, 이종상품이나 이종영업에 걸친 일반수요자 대부분에까지 알려져 있는 표지는 저명한 상품표지로 구분하여 표현하고 있고, 이때 '당해 상품'이란 '동일 또는 일반 수요자 간에 극히 오인할 정도의 유사한 상품'을 의미하는 점을 고려하면, 저명한 상품표지에 이르지 못한 주지된 상품표지가 이종의 상품에 사용된 상품표지와 동일·유사할 경우에는 그 자체로서 이미 부정경쟁방지법 제2조 제1호 가목 소정의 부정경쟁행위의 요건에 해당되지 않는다고 보는 것이 타당하다. 이와 관련하여 일본 고등법원판례(大阪地判平成1年9月11日, 大阪高判平成3年6月27日)는 "현재 많은 기업이 다각 경영을 하고 있고, 패션 관련 제품 분야에서도 유명 상표·표시에 의한 상품화 사업은 널리 사용되는 곳이기 때문에, 일본 국내는 물론 세계적으로도 **저명한** 원고의 패션 잡지 'VOGUE' 표장이 패션 관련 제품 분야에서 사용되었을 경우에는 비록 원고 자신은 그 분야에서 사업에 진출하고 있지 않은데, 수요자 등의 사이에 원고와 어떤 관계가 있는 거 아니냐는 관념을 가지고, 이른바 광의의 혼동을 일으킬 우려가 있다"고 함으로써, 이종상품에 대한 부정경쟁행위를 인정할 경우 해당 표지가 '저명한' 표지일 것을 전제하여 판단한 바 있다. 따라서 해당 상품표지가 주지된 정도를 넘어 저명한 정도에 이르렀는지를 판단하지 아니한 채 유사표지를 이종상품에 사용한 행위에 대하여 부정경쟁행위로 인정한 이 사건 판결은 비판의 여지가 다분한 판결이라고 판단되며, 동일한 상품일 것을 전제한 후 상품표지의 유사 및 주지성을 판단하여 온 그동안 우리 법원의 태도와도 일치하지 않은 판결이라 본다.

<table>
<tr><td>사례 11</td><td>'짝퉁 비비안웨스트우드' 사건 – 구매 후 혼동의 상품주체혼동행위 해당성</td></tr>
</table>

Ⅰ. 기초사항

사건번호	대법원 2012. 12. 13. 선고 2011도6797 판결	
사 건 명	상표법위반(변경된 죄명 : 부정경쟁방지및영업비밀보호에관한법률위반)	
주　　문	파기 환송	
표　　지	피해자	피고인
		좌측과 실질적 유사

Ⅱ. 사실관계

피고인은 2009. 10.경부터 'ㅇㅇ ㅇㅇㅇ'라는 상호로 인터넷 쇼핑몰을 운영하고 있는 자이며, 피고인은 공소외인이 디자인한 이탈리아 패션 브랜드인 '비비안웨스트 우드(Vivienne West Wood)'가 국내에 널리 인식된 상표라는 사실을 알면서도 2009. 10.경부터 2010. 4. 28.경까지 서울 동대문 시장 도매상에서 피해자 공소외인의 상품표지 '　'와 거의 동일한 표장이 부착된 가방을 판매할 목적으로 구입하여 피고인이 운영하는 위 쇼핑몰에서 "이번에 야심차게 준비한 신상 비비안웨스트우* 디자인의 숄더백이야"라고 상품 설명을 기재하여 불특정 다수인에게 판매하였다는 이유로 기소되었다.

☞ 제1심(인천지방법원 2010. 12. 14. 선고 2010고정4466 판결) : 피해자의 상표가 국내에 널리 인식된 상표라고 인정하기에 부족하다는 이유로 무죄를 선고함.
☞ 항소심(인천지방법원 2011. 5. 19. 선고 2010노3885 판결) : 구매자가 상품의 출처를 혼동할 우려가 없다는 이유로 피고인에게 무죄를 선고함.

Ⅲ. 사안의 쟁점

판매 후 혼동이 부정경쟁방지법상 상품주체혼동행위의 혼동 개념에 포함되는지 여부

Ⅳ. 판단의 요지

1) 부정경쟁방지법 제2조 제1호 가목 소정의 '타인의 상품과 혼동하게 하는 행위'에는 현실적으로 상품의 출처에 관한 혼동을 초래하는 행위뿐만 아니라 혼동을 초래할 우려가 있는 행위도 포함되며, 그에 해당하는지 여부는 상품표지의 주지성과 식별력의 정도, 표지의 유사 정도, 사용 태양, 상품의 유사 및 고객층의 중복 등으로 인한 경업·경합관계의 존부, 그리고 모방자의 악의(사용의도) 유무 등을 종합하여 판단하여야 한다(대법원 2007. 4. 27. 선고 2006도8459 판결 등 참조). 따라서 비록 상품의 품질과 가격, 판매장소, 판매방법이나 광고 등 판매 당시의 구체적 사정 때문에 그 당시 구매자는 상품의 출처를 혼동하지 아니하였다고 하더라도, 구매자로부터 상품을 양수하거나 구매자가 지니고 있는 상품을 본 제3자가 그 상품에 부착된 상품표지 때문에 상품의 출처를 혼동할 우려가 있는 등 일반 수요자의 관점에서 상품의 출처에 관한 혼동의 우려가 있다면 그러한 상품표지를 사용하거나 그 상품표지를 사용한 상품을 판매하는 등의 행위는 부정경쟁방지법 제2조 제1호 가목 소정의 '타인의 상품과 혼동하게 하는 행위'에 해당한다.

2) 피고인이 판매한 이 사건 모조품 가방에는 피해자 공소외인의 상품표지 '⚜'와 거의 동일한 표장이 부착되어 있는 점, 피해자도 위와 같은 상품표지를 가방이나 핸드백 등에 사용하여 온 점, 피고인 스스로 그의 인터넷 쇼핑몰에 "이번에 야심차게 준비한 신상 비비안웨스트우* 디자인의 숄더백이야"라고 상품 설명을 기재하는 등 피고인도 이 사건 모조품 가방이 피해자 상품의 모조품임을 알고 있었던 점 등의 사정을 위와 같은 법리에 비추어 보면, 피고인으로부터 이 사건 모조품 가방을 구매한 구매자들은 그 출처를 혼동할 우려가 없다고 하더라도, 구매자로부터 이 사건 모조품 가방을 양수하거나 구매자가 지니고 있는 이 사건 모조품 가방을 본 제3자가 그 출처를 혼동할 우려가 있는 등 일반 소비자의 관점에서는 그 출처를 혼동할 우려가 있으므로, 피고인이 이 사건 모조품 가방을 판

매한 것은 부정경쟁방지법 제2조 제1호 가목 소정의 '타인의 상품과 혼동하게 하는 행위'에 해당한다.

Ⅴ. 검   토

이 사건 판결은 구매자가 상품의 구매 당시에 유사상표로 인한 혼동에 빠지지 않았지만 그 이후 그가 구매한 상품을 계속 사용함으로 인하여 다른 사람들이 마치 유사 상표가 진정한 상표인 것으로 오해하게 될 소지를 제공하는 경우에 있어서도 상표의 침해를 구성할 수 있다고 봄으로써 이른바 '구매 후 혼동' 이론을 부정경쟁방지법에서 적용한 판결3이라는 점에서 의의가 있다.

사실상 물품은 고정된 것이 아니고 언제 어디서나 양도·양수 가능하다는 점, 구매자는 물품에 대한 정보를 오로지 판매자를 통해서만 획득할 수 있다는 점, 모조품을 진품으로 오인하여 발생하는 진품에 대한 신뢰성의 저하 등의 문제가 발생될 수 있다는 점을 고려하면, 잠재적인 제3자까지 고려하여 혼동가능성 여부를 판단하는 것은 권리자의 보호나 시장경제질서 측면에서 타당하다. 다만 해당 상품의 수요자층, 제품의 성질이나 규모 등을 종합적으로 고려하여 구매 후 혼동 여부를 개별적으로 판단하여야 할 것이다.

참고로 최승재 변호사님은 동일 사안의 논문인 "부정경쟁방지법상 혼동가능성의 판단과 구매 후 혼동 법리"에서 「문언상 부정경쟁방지법 제2조 제1호 가목은 단지 '타인의 상품과 혼동하게 하는 행위'를 규율할 뿐, 구매자여야 한다는 제한을 하고 있지 않고 있다는 점, 경제적인 실질을 보면, 혼동가능성이 있는 경우 상표권자의 손해는 구매자가 혼동을 하는 경우나 잠재적인 구매자인 제3자가 혼동을 할 가능성이 있는 경우가 크게 다르지 않다는 점, 또 경제적 실질의 유사성으로 인하여 법문상 혼동가능성의 판단기준을 구매자로 한정하고 있던 1962년 상표법 개정 전 미국법원이 1955년에 Mastercrafters Clock & Radio v. Vacheron & Constantin-Le Coulter 판결에서 구매 후 혼동법리를 인정하였다는 점 등을 종합하여 보면, 구매 후 혼동행위를 제한하는 어떤 문언도 없는 우리나라에서 구매 후 혼동행위도 침해로 판단되는 것이 옳다」고 함으로써 이 사건 판결의 법리를 지지하였다.

---

3 최승재, "부정경쟁방지법상 혼동가능성의 판단과 구매 후 혼동 법리," 과학기술과 법 제4권 제1호, 충북대학교 법학연구소(2013. 6.), 118면.

Ⅵ. 관련문헌

○ 최승재, "부정경쟁방지법상 혼동가능성의 판단과 구매 후 혼동 법리," 과학기술과 법 제4권 제1호, 충북대학교 법학연구소(2013. 6.)

○ 김동규, "판매 후 혼동이 부정경쟁방지법상 상품주체혼동행위의 혼동 개념에 포함되는지 여부," 대법원판례해설 제94호, 법원도서관(2013)

2. 영업주체 혼동행위(제2조 제1호 나목)

가. 타인의 영업표지

사례 12 '주간 부동산뱅크' 사건 – 영업내용의 서술적 표현 및 일상 용어의 영업표지 해당성

Ⅰ. 기초사항

사건번호	대법원 1997. 12. 12. 선고 96도2650 판결	
사 건 명	부정경쟁방지법위반	
주 문	상고 기각	
표 지	피해자	피고인
	주간 부동산뱅크	부동산뱅크 공인중개사

Ⅱ. 사실관계

공소외 주식회사 정보성은 영업활동의 일환으로 정부의 부동산정책과 관련 법령을 해설·홍보하고 전국의 각종 부동산매물정보와 시세를 소개하여 건전한 부동산 거래질서의 확립에 기여한다는 목적으로 1988. 8. 25. '부동산뱅크'라는 제호의 정기간행물을 등록한 이래 현재(판결시)까지 약 8년 이상 계속하여 격주로 월 평균 4만부 이상을 발행하여 오고 있었다. 한편 피고인은 1994. 11. 25.경 '부동산뱅크 공인중개사'라는 상호의 사업자등록을 하고 서울 송파구 방이동 89의 11 올림픽프라자 상가 1층 89호에서 위 상호의 간판을 내걸고 부동산중개업을 영위하였는바, 위 '부동산뱅크'와 유사한 명칭인 '부동산뱅크 공인중개사'라는 상호의 간판을 내걸고 부동산중개업을 영위한 피고인의 행위는 일반 부동산 거래자들로 하여금 피고인의 위 공인중개사가 위 '부동산뱅크' 잡지 발행회사와 어떤 영업상·조직상·재정상 또는 계약상의 관계나 특수한 인적관계가 있는 것으로

혼동케 할 우려가 있다는 이유로 기소되었다.

Ⅲ. 사안의 쟁점

① 부정경쟁방지법 제2조 제1호 나목 소정의 '국내에 널리 인식된 타인의 영업임을 표시하는 표지'의 의미
② 영업내용의 서술적 표현 및 일상용어의 영업표지 해당성

Ⅳ. 판단의 요지

1) 부정경쟁방지법 제2조 제1호 나목은 '국내에 널리 인식된 타인의 성명, 상호, 표장 기타 타인의 영업임을 표시하는 표지와 동일 또는 유사한 것을 사용하여 타인의 영업상의 시설 또는 활동과 혼동을 일으키게 하는 행위'를 부정경쟁행위의 하나로 규정하고 있는바, 여기서 국내에 널리 인식된 타인의 영업임을 표시하는 표지는 국내의 전역 또는 일정한 범위 내에서 거래자 또는 수요자들이 그것을 통하여 특정의 영업을 다른 영업으로부터 구별하여 널리 인식하는 경우를 말하는 것으로서, 단순히 영업내용을 서술적으로 표현하거나 통상의 의미로 사용하는 일상용어 등은 포함하지 않으나, 그러한 경우라도 그것이 오랫동안 사용됨으로써 거래자 또는 수요자들이 어떤 특정의 영업을 표시하는 것으로 널리 인식하게 된 경우에는 위 법이 보호하는 영업상의 표지에 해당한다고 할 것이며, 또위 법이 규정하는 혼동의 의미에는 단지 영업의 주체가 동일한 것으로 오인될 경우뿐만 아니라 두 영업자의 시설이나 활동 사이에 영업상·조직상·재정상 또는 계약상 어떤 관계가 있는 것으로 오인될 경우도 포함된다고 볼 것이다.

2) 공소외 주식회사 정보성은 영업활동의 일환으로 정부의 부동산정책과 관련 법령을 해설·홍보하고 전국의 각종 부동산매물정보와 시세를 소개하여 건전한 부동산 거래질서의 확립에 기여한다는 목적으로 1988. 8. 25. '부동산뱅크'라는 제호의 정기간행물을 등록한 이래 현재까지 약 8년 이상 계속하여 격주로 월평균 4만부 이상을 발행하여 오고 있는 사실, 위 잡지는 부동산전문지로서 그 동안 많은 공신력을 쌓아왔고 각종 일간신문이나 잡지·방송·개인용컴퓨터통신 등을 통해서도 '부동산뱅크'라는 이름으로 각종 부동산의 경기 동향, 아파트 시세 등의 부동산정보를 제공하는 등으로 국내 일반 거래자 및 수요자 등에게 높은 인지도를 가지고 있는 사실, 한편 피고인은 부동산 거래분야에 있어서 위 주식회사

정보성이 발행하는 '부동산뱅크' 잡지에 대한 일반 거래자 및 수요자들의 공신력과 인지도가 높은 것을 알고 위 잡지에 대한 신용과 명성을 위와 비슷한 영업분야인 부동산중개업에 이용하기 위하여 1994. 11. 25.경 '부동산뱅크 공인중개사'라는 상호의 사업자등록을 하고 서울 송파구 방이동 89의 11 올림픽프라자 상가 1층 89호에서 위 상호의 간판을 내걸고 부동산중개업을 영위하여 온 사실을 종합하여 보면, 위 주식회사 정보성은 영업을 위하여 '주간 부동산뱅크'라는 고유한 명칭의 잡지를 발행하는 방법으로 오랫동안 부동산 정보를 제공하여 왔고 그로 인하여 '부동산뱅크'라는 표현은 단순히 영업내용을 그대로 서술적으로 표현하는 일상용어가 아니라 일반 거래자들에게 있어서는 어느 특정인의 부동산관련 영업의 표지로서 널리 인식되어 있다고 볼 것이고('부동산뱅크' 자체에 식별력이 없다고 보더라도 위와 같은 사정에 비추어 볼 때, 위 '부동산뱅크'라는 잡지의 표지는 단순한 일상용어를 의미하는 것이 아니라 어느 특정인의 영업에 관련되어 있다는 특별하고 현저한 의미를 취득하였다고 볼 것이다), 따라서 위 '부동산뱅크'와 유사한 명칭인 '부동산뱅크 공인중개사'라는 상호의 간판을 내걸고 부동산중개업을 영위한 피고인의 행위는 일반 부동산 거래자들로 하여금 피고인의 위 공인중개사가 위 '부동산뱅크' 잡지 발행회사와 어떤 영업상·조직상·재정상 또는 계약상의 관계나 특수한 인적관계가 있는 것으로 혼동케 할 우려가 있다.

Ⅴ. 검   토

이 사건의 주된 쟁점은 영업내용의 서술적인 표현 또는 통상의 의미로 사용하는 일상용어로 이루어진 표현이 타인의 영업표지로서 기능할 수 있는지 여부에 관한 것으로, 이 사건 판결은 "단순히 영업내용을 서술적으로 표현하거나 통상의 의미로 사용하는 일상용어 등은 영업표지에 해당하지 않으나, 그러한 경우라도 그것이 오랫동안 사용됨으로써 거래자 또는 수요자들이 어떤 특정의 영업을 표시하는 것으로 널리 인식하게 된 경우에는 부정경쟁방지법이 보호하는 영업상의 표지에 해당한다"고 함으로써 영업내용의 서술적 표현 및 일상용어의 경우 원칙적으로는 영업표지성을 부정하되, 타인의 영업표지로서 충분히 식별될 경우에 한하여 제한적으로 허용하고 있다. 서술적으로 표현되거나 통상의 의미로서 사용되는 일상용어는 식별력이 없거나 극히 미약하기 때문에 그 자체가 타인의 영업표지로서 기능할 수 없음은 당연하다. 그러나 그럼에도 불구하고 그 표지가 오랫동안 사용됨으로서 타인의 영업표지와 구별되는 식별력이 생겼다면, 즉 '2차적 의미(secondary meaning)'로서 식별력이 생겼다면, 그때부터는 영업표지로서 인정될 수 있을 것이다. 이 사건 판결의 태도는 상표법상 식별력이 없는 상표(또는 서비스표)를 판단하는 기준과 동일할 뿐만 아니라, 부정경쟁방지법상 식별력이 미약한 상품(또는 영업)표지에 대한 우리 법원의 태도와도 동일하다. 구체적으로, 이른바 '카페라떼' 사건(대법원 2003. 8. 19.자 2002마3845 결정)에서 역시 "상품의 보통명칭은 자타상품의 식별력이 없으므로 보통명칭을 보통으로 사용하는 방법이 아니고 보통명칭을 조합하거나 그 글자체 등에 특수한 기교가 더하여지고 그것이 특정인에 의하여 오랫동안 사용됨으로써 거래계에서 어떤 특정인의 상품을 표시하는 것으로서 식별력을 갖추게도 된 때에 한하여 부정경쟁방지법 제2조 제1호 가목에 정하여진 '타인의 상품임을 표시한 표지'에 해당한다"고 하였고, 이른바 'K2' 사건(대법원 2008. 9. 11.자 2007마1569 결정)에서 또한 "비록 간단하고 흔히 있는 표장만으로 구성된 상표라 하더라도 그것이 오랫동안 사용됨으로써 거래자나 일반 수요자들에게 어떤 특정인의 상품을 표시하는 것으로 널리 알려져 인식되게 된 경우에는 부정경쟁방지법이 보호하는 상품표지에 해당한다"고 한 바 있다.

　　한편 이 사건 판결은 타인이 발간한 서적의 제호(Title)와 동일·유사한 표지를 부동산중개업에 이용하는 행위가 부정경쟁방지법상 영업주체혼동행위에 해당될 수 있는지 여부가 또 다른 쟁점이 될 수 있는데, 이 사건 판결은 서적의 제호 역시 식별표지로서 기능될 수 있음을 전제하여 판단하였다. 한편 서적의 제호에 대한 상표권의 효력이 미치는지 여부와 관련하여, 우리 법원은 "서적의 제호는 당연히 해당 저작물의 명칭 내지 그 내용을 나타내는 것으로 제호는 품질을 나타내는 보통명칭 또는 관용상표와 같은 성격을 가지나, 실제 거래계에서 제호의 사용이 서적의 출처를 표시하는 식별표지로서 인식될 수도 있다"고 함으로써 서적의 제호는 원칙적으로 상표권의 효력이 미치지 않으나 예외적으로 미칠 수 있다고 보고 있다(대법원 1995. 9. 26. 선고 95다3381 판결 참조). 이 사건 판결을 위 법원의 입장과 견지해서 살펴보면, 제호인 '주간 부동산뱅크' 역시 식별표지로서 인정될 수 있다고 한 이 사건 판결은 적절하다고 판단되나, '주간 부동산뱅크'를 식별표지로서 인정한다 하더라도 과연 어느 범위까지 이를 식별표지로 인정할 것인지는 또 다른 쟁점으로 남게 된다. 즉 「부동산」 관련 내용을 담고 있는 「서적류」인 '부동산뱅크'는 「부동산 영업 전반」에 대해 식별력이 있다고 보아야 할 것인지,

아니면 단순히 「서적류」에 한정하여 식별력이 있다고 보아야 할 것인지 문제가 되는데, 이 사건 법원은 부동산뱅크는 「부동산 영업 전반」에 대하여 식별표지로 작용한다고 함으로써 '서적의 주제와 내용'을 기준으로 제호의 (식별표지로서) 효력이 미치는 범위를 정한 것으로 보인다. 그동안의 법원의 판결들은 '서적 대(vs.) 서적'인 사건들로만 국한되어 있었기 때문에 마치 서적의 제호는 「서적류」에만 한정하여 상표권의 효력이 미치는 것으로 오해될 수 있었던 점을 이 사건의 판결을 통해서 좀 더 명확해졌다는 점에서 또 다른 의의가 있다.

사례 13 '뮤지컬 캣츠' 사건 - 뮤지컬 제호의 영업표지의 성립 여부

Ⅰ. 기초사항

사건번호	대법원 2015. 1. 29. 선고 2012다13507 판결	
사 건 명	부정경쟁행위금지등	
주 문	파기 환송	
표 지	원고	피고
	뮤지컬 CATS	**뮤지컬 어린이캣츠**

Ⅱ. 사실관계

원고는 2003년부터 뮤지컬 CATS의 저작권자로부터 정당하게 뮤지컬 CATS 의 공연 허락을 받아 독점적으로 국내에서 영어 또는 국어로 제작·공연되어 왔 으며, 공연의 각본·악곡·가사·안무·무대미술 등에 대한 저작권자의 엄격한 통 제 아래 일정한 내용과 수준으로 회를 거듭하여 계속적으로 공연을 하였다. 피고 는 2003년부터 '어린이 캣츠'라는 표제로 뮤지컬 공연을 하였고, 이에 원고는 '어 린이 캣츠' 제작사인 피고를 상대로 제호사용금지청구를 하였다.

Ⅲ. 사안의 쟁점

① 뮤지컬의 제목 자체가 상품이나 영업의 출처를 표시하는 기능을 가진다 고 볼 수 있는지 여부

② 뮤지컬의 제목이 단순히 창작물의 내용을 표시하는 명칭에 머무르지 않 고 부정경쟁방지법 제2조 제1호 나목에서 정한 '타인의 영업임을 표시한 표지'에 해당하는 경우

Ⅳ. 판단의 요지

1) 뮤지컬은 각본·악곡·가사·안무·무대미술 등이 결합되어 음악과 춤이 극의 구성·전개에 긴밀하게 짜 맞추어진 연극저작물의 일종으로서, 제목은 특별

한 사정이 없는 한 해당 뮤지컬의 창작물로서의 명칭 또는 내용을 함축적으로 나타내는 것에 그치고 그 자체가 바로 상품이나 영업의 출처를 표시하는 기능을 가진다고 보기는 어렵다. 그러나 뮤지컬은 제작·공연 등의 영업에 이용되는 저작물이므로, 동일한 제목으로 동일한 각본·악곡·가사·안무·무대미술 등이 이용된 뮤지컬 공연이 회를 거듭하여 계속적으로 이루어지거나 동일한 제목이 이용된 후속 시리즈 뮤지컬이 제작·공연된 경우에는, 공연 기간과 횟수, 관람객의 규모, 광고·홍보의 정도 등 구체적·개별적 사정에 비추어 뮤지컬의 제목이 거래자 또는 수요자에게 해당 뮤지컬의 공연이 갖는 차별적 특징을 표상함으로써 구체적으로 누구인지는 알 수 없다고 하더라도 특정인의 뮤지컬 제작·공연 등의 영업임을 연상시킬 정도로 현저하게 개별화되기에 이르렀다고 보인다면, 뮤지컬의 제목은 단순히 창작물의 내용을 표시하는 명칭에 머무르지 않고 부정경쟁방지법 제2조 제1호 나목에서 정하는 '타인의 영업임을 표시한 표지'에 해당한다.

2) 이 사건의 경우 '뮤지컬 CATS'는 적어도 2003년부터는 그 저작권자 및 그로부터 정당하게 공연 허락을 받은 원고에 의해서만 국내에서 영어 또는 국어로 제작·공연되어 왔고, 또 그 각본·악곡·가사·안무·무대미술 등에 대한 저작권자의 엄격한 통제 아래 일정한 내용과 수준으로 회를 거듭하여 계속적으로 공연이 이루어진 점, 영어로 된 뮤지컬 CATS의 내한공연이 2003년부터 2008년까지 서울, 수원, 대구, 부산, 대전, 광주 등에서 이루어졌는데, 그 횟수가 2003년 191회, 2004년 58회, 2007년 140회, 2008년 172회 등이고, 한국어로 된 뮤지컬 CATS의 공연도 전국에서 이루어졌는데 그 횟수가 2008년 146회, 2009년 59회, 2011년 수십 회 등으로, 그 공연 기간과 횟수가 상당한 점, 2003년부터 약 5년간 위 공연을 관람한 유료관람객 수가 849,859명에 이르고, 위 공연과 관련하여 주식회사 문화방송의 텔레비전 광고 등 언론을 통한 광고·홍보도 상당한 정도로 이루어진 점을 고려해보면, 'CATS'의 영문 또는 그 한글 음역으로 된 원심 판시이 사건 표지는 적어도 이 사건 원심 변론종결일 무렵에는 단순히 그 뮤지컬의 내용을 표시하는 명칭에 머무르지 않고, 거래자 또는 수요자에게 뮤지컬 CATS의 공연이 갖는 차별적 특징을 표상함으로써 특정인의 뮤지컬 제작·공연임을 연상시킬 정도로 현저하게 개별화되기에 이르렀다고 할 것이므로, 부정경쟁방지법 제2조 제1호 나목에서 정한 '타인의 영업임을 표시한 표지'에 해당한다고 봄이 타당하다.

V. 검　토

이 사건 판결은 뮤지컬의 제호가 타인의 영업표지에 해당될 수 있는지에 관하여 판단한 최초의 판결이라는 점에서 의의가 있다.

공연, 드라마, 영화 등의 제호는 창작물로서의 명칭 또는 내용을 표시하는 것일 뿐 그 자체가 상품의 출처를 표시하는 기능을 가진다고 할 수는 없으나, 그럼에도 당해 제호가 식별력을 가지고 출처표시기능을 가진다면 부정경쟁방지법에서 보호하는 타인의 상품표지나 영업표지가 될 수 있다. 이와 같은 입장은 그 동안 제호에 관한 우리나라 판례의 주된 흐름이자 유력 견해이다. 같은 입장으로서, 드라마 제호의 영업표지 해당성과 관련하여, 대법원은 "신청인이 방송극 '혼자 사는 여자'의 영화화권을 매수하고 그 영화화 기획이 일간지 및 주간지 등의 연예란을 통하여 보도되었다면 그 '혼자 사는 여자'라는 제호는 보호되어야 하고 피신청인이 소외인 작 '독신녀'를 '혼자 사는 여자'라는 제호를 사용하여 영화화한다면, 이는 신청인의 영업상 이익을 침해할 우려가 있으므로 부정경쟁방지법 제2조 제1호에 해당되어 신청인은 피신청인에게 이러한 행위를 중지할 것을 청구할 권리를 가진다"고 함으로써 드라마 제호 역시 영업표지에 해당될 수 있음을 밝힌 바 있다. 한편 일본의 경우, TV 애니메이션 '마크로스 제로'를 영화 제목의 일부로 사용한 사건, 이른바 '마크로스 제로' 사건(知財高判平成17年10月27日 平成17年(ネ)10013号)에서, "텔레비전 방영용 영화 또는 극장용 영화에 대해서 영화의 제목은 부정경쟁방지법 제2조 제1항 제1 및 2호 소정의 '상품 등 표시'[4]에 해당하지 않는 것으로 해석하는 것이 상당하며, 영화의 제목은 어디까지나 저작물인 영화를 특정하는 것으로 상품이나 그 출처 또는 방영·배급 사업을 하는 영업 주체를 식별하는 표시로 인식되는 것이 아니기 때문에 특정 영화가 인기를 끌고 그 제목이 시청자들 사이에서 널리 알려지게 되었다면 그것만으로 해당 제목에 의해 특정되는 저작물인 영화의 존재가 널리 인식되기에 이르렀다고 평가할 수는 있지만, 특정 상품이나 영업 주체가 주지, 저명이 됐다고 평가할 수는 없다"고 함으로써 영화의 제목에 대하여 상품 또는 영업표지 해당성을 부정하였다.

참고로 제호의 저작물성에 대하여 대법원은 "저작권법에 의하여 보호되는 저작물이라 함은 문학·학술 또는 예술에 속하는 것으로서 사상 또는 감정을 창

---

4 이때 '상품 등 표시'란 우리 부정경쟁방지법의 '상품표지' 또는 '영업표지'를 의미함.

작적으로 표현한 것을 말하므로, 어문 저작물인 서적 중 저작자의 사상 또는 감
정을 창작적으로 표현한 부분이라고 볼 수 없는 단순한 서적의 제호나 저작자 또
는 출판사의 상호 등은 저작물로서 보호받을 수 없다"고 함으로써 저작물의 제호
가 독립된, 사상, 감정의 창작적 표현이라고 보기 어렵다는 이유로 저작물성을
부정하는 태도로 일관하고 있기 때문에, 타인의 동일 영업에 의한 동일 제호의
사용에 있어서 피해자는 저작권법에 의한 (금지)청구보다는 부정경쟁방지법에 의
한 (금지)청구를 고려해보는 것이 바람직해 보인다.

VI. 관련문헌

장정애, "드라마 제호의 부정경쟁방지법상 보호에 관한 소고," 비교사법 제
16권 제1호(통권44호), 한국비교사법학회(2009. 3.)

사례 14 '종로학원' 사건 – 현저한 지리적 명칭의 영업표지 해당성

Ⅰ. 기초사항

사건번호	대법원 1999. 4. 23. 선고 97도322 판결	
사 건 명	부정경쟁방지법위반	
주 문	파기 환송	
표 지	피해자	피고인
	종로학원	**천안종로학원**

Ⅱ. 사실관계

피고인은 1991. 2. 13.경부터 1994. 12. 31.경까지 사이에 천안시 신부동 367의 12에 있는 5층 건물에서 입시학원을 운영하면서 국내에 널리 인식된 공소외 정경진 경영의 '종로학원'이라는 학원의 상호 및 영업표지와 동일 또는 유사한 표지를 피고인의 위 학원 건물 간판, 건물외벽, 학원 입학 안내문 등에 함부로 사용함으로써 위 공소외인의 영업상의 시설 또는 활동과 혼동을 일으키게 하였다는 이유로 기소되었다.

☞ 제1심(대전지방법원 천안지원 1996. 7. 24. 선고 95고단211 판결) : '천안종로학원'과 '종로학원'은 영업상 서로 오인 혼동을 일으킬 우려가 있다는 이유로 유죄를 선고함.
☞ 항소심(대전지방법원 1997. 1. 17. 선고 96노1340 판결) : '천안종로학원'과 '종로학원'은 영업상 서로 오인 혼동을 일으킬 우려가 없다는 이유로 무죄를 선고함.

Ⅲ. 사안의 쟁점

현저한 지리적 명칭의 영업표지 해당성

Ⅳ. 판단의 요지

1) 원심판결 이유에 의하면 원심은, 상표법과 부정경쟁방지법은 모두 부정경쟁행위의 방지를 통한 공정한 경업질서의 유지를 목적으로 하는 것으로서 부정경쟁방지법이 모든 부정경쟁행위를 방지하기 위한 포괄적인 법률인 반면, 상표법은 상표와 관련된 특수한 형태의 부정경쟁행위를 방지하기 위한 특별법적 성격을 갖는 법률이라 할 것이므로, 이러한 양 법의 통일적인 해석을 위해서라도 상표법과 관련하여 부정경쟁방지법의 보호대상이 될 수 있는 상표나 서비스표의 범위는 상표법 제6조 제2항에 의하여 특별현저성을 갖춘 상표나 서비스표에 한정되는 것이고, 한편 부정경쟁방지법 제15조는 상표법에 부정경쟁방지법의 규정과 다른 규정이 있는 경우에는 그 법에 의한다고 규정하고 있으므로, 상표법에 규정이 있는 경우에는 부정경쟁방지법은 적용되지 아니한다는 취지로 해석되며, 또한 현저한 지리적 명칭만으로 된 서비스표는 본래 자타 서비스업에 대한 식별력이 없을 뿐만 아니라, 이러한 서비스표를 특정인에게 독점적으로 사용하게 하면 다른 사람들은 자유롭게 사용할 수 있는 권리를 박탈당하게 되는 부당한 결과가 되므로, 이러한 점을 방지하고자 하는 공익적인 이유에서 상표법은 그러한 서비스표의 등록을 금지하고 있고, 또한 등록이 되더라도 서비스표권으로서의 효력이 없는 것으로 규정하고 있는 것인데, 만일 이러한 서비스표와 동일, 유사한 영업표지를 사용하였다고 하여 부정경쟁방지법으로 처벌한다면 이는 결과적으로 이러한 영업표지에 대한 특정인의 독점적인 사용을 용인하는 것이 되어 위 상표법의 입법 취지에 정면으로 반하게 되므로, 결론적으로 상표법에 의하여 보호받지 못하는 서비스표는 부정경쟁방지법상의 보호대상인 영업표지가 아니라고 인정·판단한 후 나아가 이 사건 서비스표인 '종로학원'을 보면 '학원'은 그 사용서비스업인 학원경영업의 보통명칭 또는 내용을 나타내는 것에 불과하여 식별력이 없음은 물론 서비스표의 부기적 표시에 지나지 아니하고, '종로'는 서울특별시 구(區) 중의 하나인 종로구의 명칭이고 '서울의 종각이 있는 큰 거리'를 뜻하는 것이므로, 위 '종로학원'은 전체적으로 현저한 지리적 명칭만으로 된 서비스표라 할 것이어서 결국 이는 상표법 제6조 제1항 제4호에 의하여 보호받지 못하는 것이므로, 부정경쟁방지법에 의하여 보호될 수 없다는 이유로 이와 유사한 '천안종로학원'이란 명칭으로 입시학원을 운영한 피고인의 행위는 부정경쟁행위가 아니라

고 하여 피고인에 대하여 무죄를 선고하였다.

　　2) 그러나 부정경쟁방지법 제15조의 규정은 상표법 등에 부정경쟁방지법의 규정과 다른 규정이 있는 경우에는 그 법에 의하도록 한 것에 지나지 아니하므로, 상표법 등 다른 법률에 의하여 보호되는 권리일지라도 그 법에 저촉되지 아니하는 범위 안에서는 부정경쟁방지법을 적용할 수 있는 것이고(대법원 1993. 1. 19. 선고 92도2054 판결, 1995. 11. 7. 선고 94도3287 판결, 1996. 5. 13.자 96마217 결정 각 참조), 또한 부정경쟁방지법 제2조 제1호 소정의 행위는 상표권 침해행위와는 달라서 반드시 등록된 상표(서비스표)와 동일 또는 유사한 상호를 사용하는 것을 요하는 것이 아니고, 등록 여부와 관계없이 사실상 국내에 널리 인식된 타인의 성명, 상호, 상표, 상품의 용기, 포장 기타 타인의 상품임을 표시하는 표지와 동일 또는 유사한 것을 사용하거나 이러한 것을 사용한 상품의 판매 등을 하여 타인의 상품과 혼동을 일으키게 하거나 타인의 영업상의 시설 또는 활동과 혼동을 일으키게 하는 일체의 행위를 의미하는 것이다(대법원 1996. 1. 26. 선고 95도1464 판결, 1996. 5. 31. 선고 96도197 판결 각 참조).

　　3) 따라서 비록 현저한 지리적 명칭만으로 된 상표나 서비스표이어서 상표법상 보호받지 못한다고 하더라도 그것이 오랫동안 사용됨으로써 거래자나 일반수요자들이 어떤 특정인의 영업을 표시하는 것으로 널리 알려져 인식하게 된 경우에는 부정경쟁방지법이 보호하는 영업표지(서비스표에 한정되지 아니하고, 타인의 성명이나 상호, 표장 기타 타인의 영업임을 표시하는 일체의 표지를 포함한다)에 해당한다고 할 것이며, 두 영업자의 시설이나 활동 사이에 영업상, 조직상, 재정상 또는 계약상 어떤 관계가 있는 것으로 오인될 경우에도 타인의 영업상의 시설 또는 활동과 혼동을 일으키게 하는 부정경쟁행위에 해당한다고 할 것이다(대법원 1997. 12. 12. 선고 96도2650 판결 참조). 그럼에도 불구하고 원심은 상표법상 보호되지 아니하는 현저한 지리적 명칭만으로 된 서비스표에 대하여는 부정경쟁방지법이 보호하는 타인의 영업표지가 아니라는 전제하에서 피고인의 행위는 부정경쟁행위가 아니라고 판단하고 말았으니, 그러한 원심판결에는 부정경쟁행위에 대한 법리를 오해한 나머지 심리를 다하지 아니한 잘못이 있고, 이러한 잘못은 판결 결과에 영향을 미쳤음이 명백하다.

Ⅴ. 검   토

이 사건 판결은 현저한 지리적 명칭인 '종로'가 포함된 표지를 영업표지로 사용한 경우에 있어서 부정경쟁방지법상 영업주체혼동행위 여부를 판단한 판례로서, 식별력이 미약하거나 없는 표장의 경우라 하더라도 그것이 오랫동안 사용됨으로써 거래자나 일반 수요자들이 어떤 특정인의 영업을 표시하는 것으로 널리 알려져 인식하게 된 경우에는 부정경쟁방지법이 보호하는 영업표지에 해당한다고 판단함으로써, 식별력이 미약하거나 없는 표지에 대한 기존의 판단기준을 재차 확인하고 있다.

이 사건 판결의 태도에 비추어보면, 이 사건과 같은 사례가 발생할 경우에 일차적으로는 '현저한 지리적 명칭'이 사회통념상 특정인의 영업표지로 인식할 수 있는 정도에 다다랐는지, 자타상품의 식별력을 인정하기 곤란하거나 공익상 특정인에게 독점시키는 것이 적당하지 아니한지 등을 고려하여 식별력의 정도를 판단한 후 요부가 될 수 있는지를 살펴보고, 요부가 되지 못한다면 현저한 지리적 명칭 부분을 제외한 나머지 부분만을 기준으로 양 표장을 대비하여야 할 것이다.

현저한 지리적 명칭은 상표법 제6조 제1항 제4호에 의해 상표(서비스표 포함)로서도 등록받지 못하는데, 위 규정의 취지는 그 표지 자체에 식별력이 없을 뿐 아니라 공익적 차원에서 어느 특정인에게 지리적 명칭을 독점 배타적으로 사용하게 할 수 없게 하기 위한 것도 있다(대법원 1984. 5. 15. 선고 83후90 판결 참조). 이때 '현저한 지리적 명칭'이라 함은 국가명, 국내의 특별시, 광역시 또는 도의 명칭, 특별시·광역시·도의 시·군·구의 명칭, 저명한 외국의 수도명, 대도시명, 주 또는 이에 상당하는 행정구역의 명칭 그리고 현저하게 알려진 국내외의 고적지, 관광지, 번화가 등의 명칭등과 이들의 약칭 등이 될 수 있으며, 현저한 지리적 명칭인지의 여부의 판단은 일반수요자 또는 거래업계에서 널리 인식될 수 있는지 여부가 기준이 될 것이고 사전에 게재되어 있는지 여부는 단순 참고사항에 불과하다고 보아야 할 것이다. 현저한 지리적 명칭으로 인정된 사례로는 '천진함흥냉면'에서의 천진,[5] 'db 대구신문 DAEGU NEWS'에서의 대구,[6] 'CAMBRIDGE MEMBERS'에서의 CAMBRIDGE,[7]

---

[5] 대법원 2010. 6. 24. 선고 2009후3916 판결.

[6] 대법원 2006. 8. 31. 선고 2006후916 판결.

[7] 대법원 2006. 1. 26. 선고 2003후2379 판결.

'JAVA'에서의 JAVA,[8] 'FINLANDIA'[9] 등이 있다. 반면에 현저한 지리적 명칭에 해당하지 않는다고 판시한 사례로는 '**경기도시공사**',[10] '용평',[11] '강남약국'에서의 강남,[12] '동아시티백화점'에서의 동아[13] 등이 있다.

한편 우리 법원은 식별력이 없는 표지와 관련하여, 나중에 거래자나 일반 수요자들이 어떤 특정인의 영업을 표시하는 것으로 널리 알려져 인식하게 된 경우 영업(상품)표지로서 인정되어야 할 것이지만, 그러한 표지에 대한 인정 기준은 처음부터 식별력이 있는 표지를 판단하는 요건보다 더욱 엄격하게 해석하여야 한다는 입장을 계속하고 있으며, 이러한 법원의 태도는 상표법상 현저한 지리적 명칭으로 된 상표나 서비스표의 사용에 의한 식별력 취득 여부를 판단함에 있어서도 마찬가지다. 그런데 우리 상표법은 개인과 기업이 실제로 사용하고 있는 상표가 간단하거나 성질표시적인 상표라도 등록을 받을 수 있도록 함으로써 개인과 기업의 브랜드 관리활동을 적극 지원하기 위한 목적에서 기존의 '수요자 간 현저하게 인식되어 있을 것'의 요건을 완화하여 수요자 간에 특정인의 상품에 관한 출처를 표시하는 것으로 식별할 수 있게 된 경우 상표법 제6조 제2항 소정의 상

---

8 대법원 2000. 6. 13. 선고 98후1273 판결.

9 대법원 1996. 8. 23. 선고 96후54,61 판결 : 본 판례는 "핀란드의 영문 국가명 'FINLAND'에 로마자 'IA'를 부가하여 구성된 등록상표 "FINLANDIA"나 한글로 "핀란디아"라고 표기한 등록상표는 핀란드 국가명과 외관과 칭호 및 관념이 유사하여 일반 수요자나 거래자들에게 현저한 지리적 명칭인 핀란드로 인식될 것이다"라고 판시하였다.

10 특허법원 2009. 7. 10. 선고 2009허2302 판결 : 본 판례는 "현저한 지리적 명칭에 결합된 다른 문자 등의 부분이 현저한 지리적 명칭 부분에 부가적인 것이 아니라 새로운 관념을 낳는다거나 전혀 새로운 조어가 되는 등 독자적인 식별력을 가지게 되는 경우에는 현저한 지리적 명칭에도 불구하고 위 규정(상표법 제6조 제1항 제4호를 말함)을 적용하지 아니한다"라고 판시하였다.

11 특허법원 2004. 11. 12. 선고 2004허3164 판결 : 출원상표의 표장인 "용평"은 강원도 평창군 도암면에 소재한 용평스키장이 현저하게 알려진 결과 반사적인 효과로 현저하게 알려진 경우로서 상표법 제6조 제1항 제4호에서 정한 '현저한 지리적 명칭'이라고 볼 수 없다고 한 사례.

12 대법원 1990. 1. 23. 선고 88후1397 판결 : 본 판례는 "등록상표 "강남약국" 중 "강남"이 1975. 10. 1. 서울특별시 성동구로부터 분리된 강남구의 명칭과 동일하기는 하나 "강남"은 강의 남부지역, 강의 남방을 이르던 말로 남쪽의 먼 곳이라는 뜻으로 사용되고 있으므로 위 등록상표는 상표법 제8조 제4호 소정의 현저한 지리적 명칭으로 된 상표로 볼 수 없다"고 판시하였다.

13 대법원 1994. 10. 7. 선고 94후319 판결 : 본 판례는 "'동아'가 '동부아시아'에서 따온 말이라고 하더라도 '동부아시아'가 일반적으로 '동아'로 약칭된다고 보기 어려울 뿐만 아니라 '동부아시아'도 그 범위가 확정되어 있지 아니한 다소 추상적인 지리적·지정학적 관념일 뿐이어서 '동부아시아' 또는 '동아'를 구 상표법(1990. 1. 13. 법률 제4210호로 전문 개정되기 전의 것) 제8조 제1항 제4호 소정의 현저한 지리적 명칭이나 그 약칭에 해당한다고 볼 수 없다"고 판시하였다.

표등록을 받을 수 있도록 사용에 의한 식별력의 판단 기준을 다소 완화하는 방향으로 개정하였다.[14] 이러한 상표법의 개정은 부정경쟁방지법상 식별력이 없는 표지에 대한 영업표지로서의 판단 기준에 있어서 영향을 미칠 가능성도 충분해보이므로 향후 동일 사안에 대한 법원의 태도를 눈여겨 볼 필요가 있어 보인다.

---

14 제6조(상표등록의 요건) ② 제1항 제3호부터 제6호까지에 해당하는 상표라도 제9조에 따른 상표
   등록출원 전부터 그 상표를 사용한 결과 수요자 간에 특정인의 상품에 관한 출처를 표시하는 것
   으로 식별할 수 있게 된 경우에는 그 상표를 사용한 상품에 한정하여 상표등록을 받을 수 있다.

'가수 박상민 모방' 사건 – 타인의 외양과 독특한 행동의 영업표지 해당성

Ⅰ. 기초사항

사건번호	대법원 2009. 1. 30. 선고 2008도5897 판결	
사 건 명	부정경쟁방지및영업비밀보호에관한법률위반	
주 문	상고 기각	
표 지	피해자	피고인

Ⅱ. 사실관계

피고인은 가수 박상민을 모방하여 가요 연주활동을 하는 이른바 이미테이션 가수이다. 피고인은 나이트클럽의 운영자 등과 공모하여, 피고인이 나이트클럽에 출연하여 마치 국내에 널리 인식된 유명 가수인 박상민인 것처럼 박상민의 성명, 외양과 유사한 것을 사용하고, 박상민의 음반을 틀어놓은 채 입모양만 따라하는 속칭 '립싱크'를 하는 방법으로 공연하기로 마음먹었다. 이에 따라, 2005. 12. 중순경부터 2006. 2. 초순경부터 성남시 분당구 H 나이트클럽에서, 2006. 4.경부터 2006. 5.경까지 고양시 일산구 I 나이트클럽에서, 2006. 8. 18.경부터 2006. 12. 하순경까지 서울 관악구 J 나이트클럽에서, 위 J나이트클럽의 운영자는 업소 내 전광판에 '특별출연, 인기가수 박상민'이라고 공고하고, 위 각 나이트클럽의 무대 사회자는 그곳을 찾은 손님에게 피고인이 가수 박상민을 모방하는 이미테이션 가수임을 밝히지 않은 채 마치 국내에 널리 인식되어 있는 가수인 박상민이 출연한 것처럼 'ㅇㅇㅇ의 주인공, 인기 유명 가수, 히트곡이 많은 가수'라고 소개하고, 피고인은 자신의 매니저(또 다른 피고인임)의 제의에 의하여 박상민이 공연시 외양을 꾸미는 방법과 똑같은 모습으로 모자와 선글라스를 착용하고 독특한 모양의

수염을 기른 다음 위 박상민의 행동 등을 흉내내면서 박상민이 부른 노래인 'ㅇ
ㅇㅇ' 등 4곡을 틀어놓고 립싱크 방식으로 공연을 하고, 손님이 요청하는 경우 박
상민의 이름으로 박상민이 실제로 하는 서명과 유사한 서명을 해주는 등의 방법
으로, 위 각 나이트클럽에서 각 30회씩 합계 90회 공연하였다. 이로써 피고인들은
국내에 널리 인식된 위 박상민의 성명, 외양과 같거나 유사한 것을 사용하여 박상
민의 가수로서의 영업활동과 혼동을 하게 행위를 하였다는 이유로 기소되었다.

III. 사안의 쟁점

타인의 외양과 독특한 행동의 영업표지 해당성

IV. 판단의 요지

1) 구 부정경쟁방지법(2007. 12. 21. 법률 제8767호로 개정되기 전의 것) 제2조 제1
호 나목이 타인의 성명, 상호, 표장, 기타 타인의 영업임을 표시하는 표지로 규정
하여 이를 보호하고 있는 기본취지가 그 표지에 대하여 들인 많은 노력 및 투자
와 그로 인하여 일반인들에게 널리 알려진 성과를 보호하여 무임승차자에 의한
경쟁질서의 왜곡을 막는 데 그 목적이 있는 점 등을 고려할 때, 여기서 말하는
'기타 타인의 영업임을 표시하는 표지'는, 그 표지와 영업주체가 강한 이미지 내
지 독특한 특징으로 결합되어 일반수요자로 하여금 일견하여 해당 영업표지를
특정 영업주체의 표지로 인식할 수 있게 할 정도의 식별력을 갖추고 있고, 나아
가 어떤 영업표지가 장기간에 걸쳐 특정 영업주체의 표지로 계속적·배타적으로
사용되어 그 표지가 가지는 차별적 특징이 일반수요자에게 특정 영업주체임을
인식시킬 정도로 현저하게 개별화된 정도에 이른 것을 의미한다. 또한 이를 반드
시 상표나 표장 등 어떠한 표시에 한정할 이유는 없고, 특정 영업주체의 특징적
인 영업방식이나 영업형태라도 위 성명, 상표 등의 예에 포함될 수 있을 정도나
그와 동일시할 정도의 표시성을 수반하는 형태로 자타구별기능과 출처표시기능
이 제공되는 경우나 특정한 영업방법 자체가 특정인의 영업활동과 지극히 밀접
하게 결합되거나 혹은 그 영업방법을 접속하는 것이 유일하게 동일인의 영업활
동으로 인식할 수 있을 정도에 이르는 경우에 있어서는 대외적으로 표시기능을
취득하여 위 법률상 영업표시로 인정될 수 있다.

2) 직업가수가 영리의 목적으로 나이트클럽 등에서 손님들에게 행하는 공연

활동은 부정경쟁방지법 소정의 '영업상의 활동'에 해당하고, 텔레비전, 라디오, 신문, 잡지 등 일반 대중이 접하는 매체를 통하여 공연 활동 등을 하면서 사용하는 '가수의 성명'이 일반인들에게 장기간 계속적·독점적으로 사용되거나 지속적인 방송 출연 등에 의하여 그 가수의 속성이 갖는 차별적인 특징이 그 가수가 가지는 고객흡인력 때문에 일반인들 대부분에게 해당 가수를 인식시킬 정도로 현저하게 개별화되고 우월적 지위를 취득한 경우, 이러한 가수의 성명은 위 법률 제2조 제1호 나목의 '국내에 널리 인식된 영업표지'에 해당한다고 보아야 한다.

3) 타인의 외양과 타인의 독특한 행동 그 자체는 단지 무형적이고 가변적인 인상 내지 이미지에 가까운 것이어서, 어떠한 사물을 다른 사물로부터 구별되게 하는 고정적인 징표로서의 기능이 적은 점, 이러한 특징적인 외양과 행동까지 영업표지로 보아 이를 이용한 행위에 대하여 부정경쟁방지법으로 처벌한다면 이는 결과적으로 사람의 특정한 외양 등에 대해서까지 특정인의 독점적인 사용을 사실상 용인하는 것이 되어 어떠한 영업표지에 대하여 들인 많은 노력 및 투자와 그로 인하여 일반인들에게 널리 알려진 성과를 보호하여 무임승차자에 의한 경쟁질서의 왜곡을 막는 데에 그 목적이 있는 부정경쟁방지법의 입법 취지와는 거리가 있는 점, 피고인 1이 모자와 선글라스 등으로 가수 박상민의 외모와 유사하게 치장하고, 소위 립싱크 방식으로 노래를 부른 행위는 혼동발생 판단의 자료로 평가함이 상당한 점 등을 고려하면 성명 이외에 가수 박상민의 외양 등은 부정경쟁방지법에서 말하는 영업표지에 해당하지 않는다.

※ 위 판단의 요지는 원심(서울고법 2008. 6. 19. 선고 2008노108 판결)의 판결의 요지 및 상고심의 판단의 요지를 종합하여 기재한 것임.

V. 검 토

이 사건 판결은 이른바 '오리지날 가수'가 가지는 성명이나 특징적인 외관 및 독특한 행동이 부정경쟁방지법 소정의 영업표지에 해당하기 위한 요건을 구체적으로 설시하였다는 점에서 그 의의가 있다.

이 사건 판결 전까지는 특정 가수나 프로그램 등을 모방하는 행위, 이른바 '실연모방행위'에 대해서 주로 저작권법 범주 내의 이슈로 다루었었다. 그러나 저작권법상 저작인접권에 대한 적용요건이 까다롭고, 이미테이션 가수의 공연 자체가 또 다른 저작권이 생성되기도 하며 사안에 대한 법리 적용이 다소 용이하지 않은 면이 있었기 때문에 이미테이션 가수에 대한 제재로서 저작권법이 아닌 부정경쟁방지법상의 적용 여부가 검토되기 시작하였었는데, 이 사건 판결에서 비로소 이미테이션 가수의 모방행위의 법적 제재 여부를 구체적으로 판단하게 된 것이다.

이 사건 판결은 오리지날 가수가 가지는 '성명'과 '외양/행동'을 각각 나누어 판단하였는데, 가수의 성명의 경우, 일반인들에게 장기간 계속적·독점적으로 사용되거나 지속적인 방송 출연 등에 의하여 일반인들 대부분에게 해당 가수를 인식시킬 정도로 현저하게 개별화되고 우월적 지위를 취득할 때 그 성명은 부정경쟁방지법상 '영업표지'에 해당한다고 보았으나, 가수의 외양과 독특한 행동의 경우, 그 자체는 단지 무형적이고 가변적인 인상 내지 이미지에 가까운 것이어서 어떠한 사물을 다른 사물로부터 구별되게 하는 고정적인 징표로서의 기능이 적고, 이러한 특징적인 외양과 행동까지 영업표지로 보아 이를 이용한 행위에 대하여 부정경쟁방지법 위반으로 처벌할 경우에는 결과적으로 사람의 특정한 외양 등에 대해서까지 특정인의 독점적인 사용을 사실상 용인하는 것이 되어 부정경쟁방지법의 입법 취지와는 거리가 멀다는 이유로 오리지날 가수의 특정적인 외양이나 독특한 행동은 영업표지로 인정하지 않았다. 성명과 유사한 성질을 가지는 뮤지컬의 제호에 있어서 우리 법원(대법원 2015. 1. 29. 선고 2012다13507 판결)은 "뮤지컬의 공연이 갖는 차별적 특징을 표상함으로써 구체적으로 누구인지는 알 수 없다고 하더라도 특정인의 뮤지컬 제작·공연 등의 영업임을 연상시킬 정도로 현저하게 개별화되기에 이르렀다고 보인다면, 뮤지컬의 제목은 단순히 창작물의 내용을 표시하는 명칭에 머무르지 않고 부정경쟁방지법 제2조 제1호 나목에서 정하는 '타인의 영업임을 표시한 표지'에 해당한다"고 하였는데, 위 판결은 가수의 성명이 영업표지가 될 수 있는지 여부에 대한 이 사건 판결의 태도와 동일한 것을 알 수 있다.

한편 식별력이 약한 표지의 경우 그렇지 않은 표지보다 일반 수요자가 그 표지를 보고 당해 표지가 특정인의 영업표지로 인식하는 수준이 낮기 때문에 식별력이 없거나 미약한 표지에 대하여 특정인의 영업표지를 인정하기 위한 판단기준을 그렇지 않은 경우보다 더욱 엄격하게 보는 우리 법원의 태도를 고려하면, 영업표지 여부 판단시 당해 성명의 식별력의 정도를 먼저 검토하는 것도 필요하다고 본다. 예를 들어, '박진영'이라는 성명이 '육심원'이라는 성명보다는 흔하기 때문에 일반 수요자들의 관점에서 그 성명을 듣고 특정인으로 인식시킬 정도의 우월적 지위를 취득하기가 더욱 어려울 것이다.

앞으로 엔터테인먼트 산업이 발전하고 경쟁 또한 심화되면서, 특정 연예인의 성명(그룹명), 외양, 특징, 안무 등의 모방 문제가 또 다른 법적인 이슈가 될 것이며, 심지어 일부 그룹가수의 소속사 변경으로 인하여 그룹가수의 명칭의 소유권 문제까지도 발생할 가능성이 있다. 퍼블리시티권에 대한 입법적·판례적인 정리가 마무리되지 않은 현시점에서 부정경쟁방지법은 이들 문제를 해결하기 위한 용이한 근거 법률이 될 수 있을 것이다.

Ⅵ. 관련문헌

박정희, "직업가수의 특징적인 외양과 독특한 행동이 부정경쟁방지 및 영업비밀보호에 관한 법률에서 말하는 '영업표지'에 해당하는지 여부(소극)," 대법원판례해설 80호, 법원도서관(2009. 상.)

나. 주 지 성

사례 16 '이화여자대학교' 사건 – 국내에 널리 인식된 타인의 영업임을 표시한 표지로서 보호받기 위한 요건

I. 기초사항

사건번호	대법원 2014. 5. 16. 선고 2011다77269 판결	
사 건 명	부정경쟁행위금지	
주 문	상고 기각	
표 지	원고, 피상고인	피고, 상고인
	이화여자대학교	**이화미디어**

II. 사실관계

원고는 1930년부터 현재까지 이화여자대학교를 운영해 오면서, 교육 관련 영업 활동에 '이화' 등의 영업표지 등을 사용하여 왔다. 이화여자대학교는 2010. 2.경까지 약 145,870명의 대학졸업생과 35,561명의 대학원 졸업생을 배출하였고, 2003년 현재 창립 117년을 맞이하는 등 우리나라 최고 여성교육기관으로서의 위치를 확고히 차지하고 있다. 한편 2004. 10.경 시행한 브랜드 인지도 전화 설문조사 결과에 따르면 응답자의 약 73.9%가 '이화'하면 가장 먼저 연상되는 것으로 '이화여자대학교'라고 응답하였다.

피고는 2004년 무렵부터 이화여자대학교 인근에서 '공연기획, 공연장 대관, 레코딩, 영상서비스' 등의 영업을 하고 있었다. 또한 피고는 당시 최대 56석의 좌석을 갖춘 공연장을 보유하는 등 그 영업 규모가 상당한 정도에 이르고 있었고, 1999. 2. 9. 이 사건 영업표지와 호칭이 동일한 표장을 포함한 'ewha.com'이라는 도메인이름을 등록하여 놓았다가, 상당한 기간이 지난 2006년 무렵에야 홈페이지를 개설하여 '이화미디어'에 관한 정보 제공 및 홍보 등에 사용하였다.

Ⅲ. 사안의 쟁점

① '이화'라는 영업표지가 국내에 널리 인식된 타인의 영업임을 표시하는 표지인지 여부

② '이화여자대학교' 및 '이화미디어'의 유사 여부

③ '이화미디어'의 사용이 '타인의 영업상의 시설 또는 활동과 혼동하게 하는 행위'에 해당되는지 여부

Ⅳ. 판단의 요지

1) 부정경쟁방지법 제2조 제1호 나목은 '국내에 널리 인식된 타인의 성명·상호·표장 기타 타인의 영업임을 표시하는 표지와 동일하거나 이와 유사한 것을 사용하여 타인의 영업상의 시설 또는 활동과 혼동을 하게 하는 행위'를 부정경쟁행위의 하나로 규정하고 있다. 여기서 '국내에 널리 인식된 타인의 영업임을 표시하는 표지'는 국내의 전역 또는 일정한 범위 내에서 거래자 또는 수요자들이 그것을 통하여 특정의 영업을 다른 영업으로부터 구별하여 널리 인식하는 경우를 말하는 것으로서, '국내에 널리 인식된 타인의 영업임을 표시하는 표지'인지 여부는 그 사용의 기간, 방법, 태양, 사용량, 거래범위 등과 거래의 실정 및 사회통념상 객관적으로 널리 알려졌는지 여부가 기준이 된다.

2) '영업표지의 유사' 여부는 동종의 영업에 사용되는 두 개의 영업표지를 외관, 호칭, 관념 등의 점에서 전체적·객관적·이격적으로 관찰하여 구체적인 거래실정상 일반 거래자나 수요자가 영업표지에 대하여 느끼는 인식을 기준으로 하여 그 영업의 출처에 대한 오인·혼동의 우려가 있는지의 여부에 의하여 판별되어야 한다.

3) 한편 '타인의 영업상의 시설 또는 활동과 혼동하게 하는 행위'는 영업표지 자체가 동일하다고 오인하게 하는 경우뿐만 아니라 국내에 널리 인식된 타인의 영업표지와 동일 또는 유사한 표지를 사용함으로써 일반 거래자나 수요자로 하여금 당해 영업표지의 주체와 동일·유사한 표지의 사용자 간에 자본, 조직 등에 밀접한 관계가 있다고 잘못 믿게 하는 경우도 포함한다. 그리고 그와 같이 타인의 영업표지와 혼동을 하게 하는 행위에 해당하는지 여부는 영업표지의 주지성, 식별력의 정도, 표지의 유사 정도, 영업 실태, 고객층의 중복 등으로 인한 경

업·경합관계의 존부 그리고 모방자의 악의(사용의도) 유무 등을 종합하여 판단하여야 한다.

4) 원고는 1930년부터 현재까지 이화여자대학교를 운영해 오면서, 그 교육 관련 영업 활동에 '이화'(이하 '이 사건 영업표지'라 함) 등을 사용하여 온 사실, 이화여자대학교는 2010. 2.경까지 약 145,870명의 대학졸업생과 35,561명의 대학원 졸업생을 배출하고, 2003. 5. 31. 창립 117주년을 맞이한 우리나라 최고 여성교육기관으로서의 위치를 확고히 차지하고 있는 사실, 2004. 10.경 시행한 브랜드 인지도 전화 설문조사 결과에 따르면 응답자의 약 73.9%가 '이화'하면 가장 먼저 연상되는 것으로 '이화여자대학교'라고 응답한 사실 등을 알 수 있으므로, 이 사건 영업표지는 일반 거래자나 수요자에게 원고의 교육 관련 영업 활동을 표시하는 것으로 현저하게 인식되어 그 자체로서 주지·저명성을 취득하였다고 할 것이다. 그리고 이 사건 영업표지는 피고가 '공연기획, 공연장 대관, 레코딩, 영상서비스' 등의 영업에 사용하는 영업표지인 '이화미디어' 중 수요자의 주의를 끌기 쉬운 중심적 식별력을 가진 요부인 '이화' 부분과 동일하여, 이들 표지는 동종 영업에 사용되는 경우, 구체적인 거래실정상 일반 거래자나 수요자가 영업 출처에 관하여 오인·혼동할 우려가 있으므로, 서로 유사하다고 할 것이다. 나아가 위와 같이 이 사건 영업표지는 주지의 정도를 넘어 저명 정도에 이르렀고 피고의 영업표지와 유사한 점, 피고가 2004년 무렵부터 이화여자대학교 인근에서 '공연기획, 공연장 대관, 레코딩, 영상서비스' 등의 영업을 하고 있는데, 이들 영업은 원고의 교육 관련 영업과 밀접한 관련을 맺고 있을 뿐만 아니라, 원고도 연주회 등 공연을 기획·주최하거나 이화여자대학교 부설 공연장을 대관하고 있는 점, 피고는 최대 56석의 좌석을 갖춘 공연장을 보유하는 등 그 영업 규모가 상당한 정도에 이르고, 1999. 2. 9. 이 사건 영업표지와 호칭이 동일한 표장을 포함한 'ewha.com'이라는 도메인이름을 등록하여 놓았다가, 상당한 기간이 지난 2006년 무렵에야 홈페이지를 개설하여 '이화미디어'에 관한 정보 제공 및 홍보 등에 사용하고 있는 점 등을 종합하여 보면, 피고의 위 영업 행위는 원고의 영업상의 시설 또는 활동과 혼동하게 할 우려가 있다고 할 것이다.

5) 따라서 '이화미디어'라는 영업표지를 사용하여 한 피고의 위 영업 행위는 부정경쟁방지법 제2조 제1호 (나)목이 정한 부정경쟁행위에 해당한다.

V. 검   토

이 사건의 주된 쟁점은 피고가 영업표지로 '이화미디어'를 사용하는 행위가 부정경쟁방지법상 영업주체 혼동행위에 해당하지는 여부이다. 대법원은 원고의 영업표지인 '이화'는 일반 거래자나 수요자에게 원고가 운영하는 이화여자대학교의 교육 관련 영업 활동을 표시하는 것으로 현저하게 인식되어 주지성을 취득하였다고 볼 수 있고, 양 영업표지의 중심적 실별력을 가진 요부는 '이화'라 할 것이어서 양 표지가 서로 유사하다고 볼 수 있으며, 피고의 영업규모, 도메인 등록 및 사용 이력 등을 종합하여 보면, 피고의 영업 행위는 원고의 영업상의 시설 또는 활동과 혼동하게 할 우려가 충분히 있다고 판단하였다. 특히 이 사건 판결은 대학명칭에 대한 부정경쟁행위를 근절하기 위한 구체적인 판단기준을 제시하여 주고 있다는데 그 의의가 있다.

이 사건의 이화여자대학교와 같이 현재 대다수의 대학은 연구·교육이라는 본연의 목적뿐만 아니라 대관업, 식품가공업 등 다양한 영업을 하고 있기 때문에 향후 대학명칭의 사용을 둘러싼 분쟁은 확대될 것이다. 특히 의료업의 경우 출신 대학의 명칭을 사용하여 의원 영업을 하는 경우를 심심치 않게 볼 수 있으며, 이 경우 역시 일반 수요자들의 입장에서는 마치 해당 대학과 의원 간 의료협약이나 기술지원 등이 있었던 것으로 오인·혼동할 만한 충분한 가능성이 있기 때문에 위와 같은 출신대학의 명칭을 사용하여 의료 영업 활동을 하는 경우 자신의 영업 활동이 부정경쟁방지법상 영업주체혼동행위에 해당하는지를 사전에 검토할 필요가 있다고 본다.

한편 이 사건 판결은 '소비자 인지도 조사 결과'를 주지성의 판단의 증거로 활용하였다. 해당 영업표지가 주지성을 갖추었는지 여부의 판단은 결국 소비자가 해당 영업표지를 어느 정도 인식하고 있느냐를 가지고 결정하는 것이기 때문에 소비자 인지도 조사 결과는 가장 확실한 증거가 될 수 있다. 하지만 통상 인지도 조사는 원고 측에서 자신의 자본을 들여 행하는 경우가 많기 때문에 법원은 증거로서 제출된 인지도 조사 결과가 객관적으로 신뢰할만한 수준에 있는지를 면밀히 검토한 후 판단하여야 할 것이며, 피고 측에서는 당해 조사 결과와 상반되는 또 다른 조사 결과를 제출하는 등 당해 조사 결과의 신뢰성에 의심이 있다는 이유로 해당 조사 결과를 부정할 수 있을 것이다.

참고로 '이화' 표장과 관련하여, 서적 등 교육관련 재료를 지정상품으로 한 등록상표 "⬛헬로이화"에 대한 무효심판청구사건에서 우리 특허법원(2006허7665)은 "'이화' 또는 'EWHA'는 주지 · 저명한 교육기관인 '이화여자대학교'를 가리키는 것으로 현저하게 인식되었고, 등록상표는 '이화'만으로 분리관찰 가능하다"고 함으로써, '이화(또는 EHWA)'는 저명한 표장에 해당한다"고 판단한바 있다.

Ⅵ. 관련문헌

정태호, "대학명칭을 영업표지로 사용한 경우의 영업주체혼동행위 여부에 대한 고찰 — 대법원 2014. 5. 16. 선고 2011다77269 판결 —," 법학논총 제34권 제2호, 전남대학교 법학연구소(2014)

다. 표지의 동일·유사 및 그 사용

사례 17 '블루컷' 사건 – '블루컷'과 '블루클럽'의 동일·유사 여부

Ⅰ. 기초사항

사건번호	대법원 2005. 11. 25. 선고 2005도6834 판결	
사 건 명	부정경쟁방지및영업비밀보호에관한법률위반	
주　　문	파기 환송	
표　　지	피고인	피해자
	블루컷	**블루클럽**

Ⅱ. 사실관계

피고인은 2004. 7. 15.경부터 용인시에서 ㈜리컴인터내셔널의 브랜드인 '블루클럽'과 유사한 '블루컷'이라는 상호의 간판 및 푸른색 계열의 내부시설 인테리어를 한 후, 남성커트전문점이라고 하여 미용실을 운영함으로써 일반인들로 하여금 블루클럽과 혼동을 일으키게 하여 부정경쟁행위를 하였다는 이유로 기소되었다.

☞ 제1심(수원지방법원 2005. 6. 9. 선고 2005고정800 판결)

피고인이 운영한 미용실의 내부 인테리어가 푸른색 계열로 되어 있다는 점은 이를 인정할 증거가 없고, 나아가 검사가 제출한 사진을 보면, 전체적으로 파란색 바탕에 하얀색으로 '블루클럽'이라고 한글로 쓰여진 간판과 파란색 바탕 가운데 하얀색 바탕의 타원 부분이 있고, 그 타원 안에 파란색으로 'BLUE CUT'이라고 영문으로 쓰여진 피고인의 간판은 그 형식에 차이가 있음을 알 수 있고, 게다가 '블루클럽'과 '블루컷'은 그 발음

에 있어서도 차이가 있음을 알 수 있는바, 단순히 '블루'라는 표현이 공통되고, 파란색이 간판의 일부에 사용되며, 'CLUB'과 'CUT'의 첫 자인 'C'가 동일하다는 것만으로는 일반인들이 피해자의 영업표지인 '블루클럽'과 피고인의 영업표지인 'BLUE CUT'을 혼동한다고 보기 어려우므로, 범죄사실의 증명이 없다는 이유로 무죄를 선고함.

☞ 항소심(수원지방법원 2005. 8. 29. 선고 2005노2411 판결)

'블루클럽'이라는 상호는 국내에서 남성전문미용실로 널리 인식되어 있는 상호 내지 영업표지인 사실이 인정되고, (주)리컴인터내셔널이 등록한 '블루클럽'의 서비스표 'BLUE CLUB'과 피고인이 운영한 미용실의 간판에 사용한 'BLUE CUT'이라는 영업표지를 비교하여 보면, 'B'와 'C'를 다른 글자들보다 크게 하여 부각시키는 등 영문표기의 글자체가 거의 동일하고, 또한 영문표기 위에는 줄무늬 모양의 문양이 있고 그 아래에는 남성커트를 전문으로 하고 있다는 표시를 하고 있어 위 서비스표와 위 영업표지는 그 형태가 매우 유사한 것으로 보이는 점, 체인점으로서 통일되어 있는 블루클럽의 간판과 피고인이 사용한 간판을 비교하여 보면, 전체적인 모습은 일부 차이가 있으나 두 간판 모두 푸른색과 흰색을 서로 대비시키는 방법을 사용하여 그 상호를 부각시키고 있는 점, '블루클럽'과 '블루컷'은 남성의 이미지를 연상시키는 '블루'라는 표현이 동일하고, 그 발음도 유사하다고 볼 수 있는 점 등을 종합하여 보면, 일반인들이 피고인이 사용한 영업표지인 '블루컷'을 국내에 널리 알려진 '블루클럽'의 체인점의 하나로 오인하거나 혼동할 여지가 충분하다고 인정된다는 이유로, 제1심판결을 파기하고 유죄를 선고함.

Ⅲ. 사안의 쟁점

피고인이 사용한 영업표지인 '블루컷'과 피해자의 영업표지인 '블루클럽'이 전체적으로 볼 때 동일하거나 유사한 영업표지에 해당하는지 여부

Ⅳ. 판단의 요지

1) 부정경쟁방지법 제2조 제1호 나목에서 타인의 영업임을 표시한 표지가 국내에 널리 인식되었는지 여부는 그 사용기간, 방법, 태양, 사용량, 영업범위 등

과 그 영업의 실정 및 사회통념상 객관적으로 널리 알려졌느냐의 여부가 일응의 기준이 된다(대법원 2001. 9. 14. 선고 99도691 판결). 위 법리와 함께 관련 증거를 기록에 비추어 살펴보면, 피고인은 경찰에서 '블루클럽'이 남성전문미용실의 상호라는 것을 알고 있다는 취지로 진술하였을 뿐, '블루클럽'이 국내에 널리 인식된 영업표지라는 점을 인정한 바 없고(특정한 영업표지가 국내에 널리 알려졌는지 여부는 자백의 대상이 되는 것이라고 할 수도 없다), (주)리컴인터내셔널의 직원인 공소외인이 경찰에서 위 회사의 가맹점으로 '블루클럽'을 영업표지로 사용하는 남성전문미용실이 국내에 800여 개 정도 있다고 진술한 바 있기는 하지만, 이러한 숫자의 미용실 소재지나 영업기간, 매출액, 이용고객수, 광고 등에 관한 자료가 전혀 제출되어 있지 아니하므로, 이러한 점포의 숫자만으로는 '블루클럽'이 국내에서 일반 수요자들에게 특정한 품질의 영업을 하는 주체를 연상시킬 정도로 개별화되고 우월적인 지위를 획득할 정도에 이르렀다고 단정할 수 없다.

　2) 한편 부정경쟁방지법 제2조 제1호 나목의 부정경쟁행위에 해당하기 위해서는 피고인이 사용한 영업표지가 피해자의 영업표지와 동일하거나 유사하여야 하는바, 공소사실에 따라 위 영업표지의 동일·유사 여부를 살펴보면, '블루컷'이나 '블루클럽' 모두 '블루'라는 단어로 인하여 '파란색'이라는 색채감이 느껴질 수도 있지만, 위 영업표지들의 구성부분 중 '컷'과 '클럽'은 그 의미가 서로 연관되어 있지 아니한 단어이고, '블루'는 '컷'과 '클럽'을 수식하는 형용사인 점에 비추어 볼 때 '블루컷'과 '블루클럽'에서 느껴지는 색채감만으로 위 영업표지들의 전체적인 관념이 유사하다고 보기는 어렵고, 외관도 서로 다를 뿐만 아니라, 두 영업표지는 3음절과 4음절로 되어 있어서 그 음절수가 다르고, 앞의 두 음절을 제외한 나머지 부분인 '컷'과 '클럽'의 청감 또한 많은 차이가 있어 그 호칭이 서로 유사하다고 할 수 없으므로 위 영업표지들은 전체적으로 볼 때 동일, 유사한 영업표지에 해당한다고 할 수 없다.

　3) 그럼에도 불구하고, 원심이 '블루클럽'이 사용된 점포의 숫자만으로 '블루클럽'이 국내에 널리 인식된 표지라고 본 다음, 공소사실에 기재되지도 아니한 영문 표장 'BLUE CUT' 및 피고인의 점포 간판에 사용된 도형 등을 피고인의 영업표지로 보고 이를 피해자의 등록서비스표와 비교하여 위 영업표지들이 서로 유사하다고 판단한 것은 위 법률 제2조 제1호 나목의 부정경쟁행위에 관한 법리를 오해하고 심리를 제대로 하지 아니함으로써 판결의 결과에 영향을 미친 위법이

있다.

V. 검   토

이 사건 판결은 우리 법원의 전형적인 영업표지의 유사판단 방법을 따른 판례이다.

영업표지의 유사 여부는 동종의 영업에 사용되는 두 개의 영업표지를 외관, 호칭, 관념 등의 점에서 전체적·객관적·이격적으로 관찰하되, 구체적인 거래실정상 일반 수요자나 거래자가 영업표지에 대하여 느끼는 인식을 기준으로 그 영업의 출처에 대한 오인·혼동의 우려가 있는지를 살펴 판단하는 것이 일관된 판례의 태도이고, 이러한 법리는 상품표지의 유사 여부 판단에 있어서도 마찬가지이다(대법원 2011. 1. 13. 선고 2008도4397 판결 등). 이와 같이 부정경쟁방지법상 영업표지의 유사 여부 판단 방법은 상표법상 상표(서비스표 포함)의 유사여부 판단 방법과 동일하나, 상표법에서는 등록상표와의 유사 여부 판단을 할 것이지만 부정경쟁방지법에서는 타인의 영업표지가 등록되었는지 여부와 상관없이 실제 사용되고 있는 영업표지와의 유사 여부 판단을 하여야 한다는 점에서 차이가 있다. 이 사건 판결 역시 유사 판단의 대상이 되는 영업표지는 영문표장인 'BLUE CLUB'과 'BLUE CUT'이 아니라 실제 사용하고 있는 한글표장인 '블루클럽'과 '블루컷'이라고 하였다.

피고인과 피해자 회사 모두 미용업을 운영하는 자로 이들의 영업표지는 동종의 영업에 사용되었다. 다만 '블루클럽'과 '블루컷'은 외관이 상이하고, 양 표장 모두 첫 두 음절이 '블루'로 호칭되는 것은 사실이나 양 표지가 '블루'만으로 간략하게 호칭된다고 보기 힘들므로, 결국 피해자의 영업표지는 전체로서 4음절인 '블루클럽', 피고인의 영업표지는 3음절인 '블루컷'으로 각각 호칭될 것이어서 양 표지의 칭호가 상이함은 분명하고, 양 표지 모두 조어로 특별한 관념이 도출되는 것도 아니므로, 일반 수요자나 거래자의 관점에서 양 표지는 서로 상이하다고 보는 것이 타당하다. 따라서 외관, 호칭, 관념 모두 비유사하다고 판단한 이 사건 판결은 타당하다.

사례 18 '컴닥터 119' 사건 – '컴닥터 119'와 '컴닥터'의 동일 · 유사 여부

Ⅰ. 기초사항

사건번호	대법원 2007. 11. 29. 선고 2007도5588 판결	
사 건 명	부정경쟁방지및영업비밀보호에관한법률위반	
주　　문	파기 환송	
표　지	피고인	피해자
	컴닥터	**컴닥터119**

Ⅱ. 사실관계

피고인은 2005. 9. 초순경부터 2006. 2. 6.까지 사이에 서울 강남구 논현동 소재 '컴닥터이십사시'라는 상호의 컴퓨터수리업체에서, 국내에 널리 인식된 컴퓨터수리업체의 상호 또는 영업표지로서 피해자 주식회사 컴닥터119가 1997. 4. 9. 경부터 사용해 온 '컴닥터119'라는 상호와 유사한 상호인 '컴닥터'로 전화국에 등록하고 그 등록된 전화번호를 이용하는 방법으로 부정경쟁행위를 하였다는 이유로 기소되었다.

☞ 항소심(서울중앙지법 2007. 6. 20. 선고 2007노988 판결)

'컴닥터119'는 컴퓨터수리에 있어 거래자나 수요자에게 식별력 있는 상호로서 그 주지성이 인정되어 부정경쟁방지법이 보호하는 영업표지에 해당하고, '컴닥터119' 중 숫자 부분에 해당하는 '119'는 화재 또는 재난신고 전화번호로서 간단하고 흔한 표장에 해당하여 식별력이 없다고 보이나, 문자 부분에 해당하는 '컴닥터'는 영문자 'COMPUTER'의 약어로 사용되는 'COM'과 의사, 박사 등의 뜻을 가진 'DOCTOR'를 결합한 것으로서 이 사건 '컴닥터119'의 영업인 컴퓨터 및 컴퓨터부품 수리업 등과 관련하여 흔히 '컴퓨터를 신속하게 잘 수리하는 사람', '컴퓨터 전문가'

등의 의미를 연상케 하여 그 식별력이 인정되며, 컴퓨터수리업체를 운영하는 피고인이 '119' 부분을 제외한 '컴닥터' 부분만을 자신의 상호로 전화국에 등록하였다고 하더라도 컴퓨터수리에 있어 거래자나 수요자로 하여금 피고인이 운영하는 컴퓨터수리업체가 그 시설이나 활동에 있어 '컴닥터119'와 영업상·조직상·재정상 또는 계약상 밀접한 관계가 있는 것으로 혼동케 할 우려가 있음이 분명하다는 이유로, 피고인에게 유죄를 선고함.

Ⅲ. 사안의 쟁점

① 식별력이 없거나 미약한 문자나 숫자를 결합하여 만든 상호나 영업표지가 국내 주지성을 취득한 경우, 그 유사성의 판단 방법

② 영업표지 '컴닥터119' 중 '컴닥터' 부분이 식별력 있는 요부인지 여부 및 '컴닥터119'와 '컴닥터'가 유사한 상호 또는 영업표지라고 할 수 있는지 여부

Ⅳ. 판단의 요지

1) 부정경쟁방지법 제2조 제1호 나목 소정의 부정경쟁행위는 국내에 널리 인식된 타인의 성명·상호·표장 기타 타인의 영업임을 표시하는 표지와 동일하거나 이와 유사한 것을 사용하여 타인의 영업상의 시설 또는 활동과 혼동을 하게하는 행위를 의미하는바, 식별력이 없거나 미약한 것으로 보이는 문자나 숫자의 결합으로 이루어진 상호나 영업표지가 사용된 결과 국내에 널리 인식되기에 이른 경우에는 원래 독점시킬 수 없는 표지에 권리를 부여하는 것이므로 그 기준은 엄격하게 해석 적용되어야 하고(대법원 1999. 9. 17. 선고 99후1645 판결 등 참조), 이러한 법리는 결합영업표지의 유사성을 판단함에 있어서 그 구성 부분 중 일부가 요부인지 여부를 판단하는 데에도 마찬가지로 적용된다고 할 것이다.

2) 피해자가 '컴닥터119'라는 상호 또는 영업표지를 계속적으로 사용하여 국내에서 컴퓨터수리업과 관련하여 영업표지로서 널리 인식되었다고 할 것이나, 한편 '컴닥터119' 중 문자 부분에 해당하는 '컴닥터'는 영문자 'COMPUTER'의 약어로 사용되는 'COM'과 의사, 박사 등의 뜻을 가진 'DOCTOR'를 결합한 것으로서 이 사건 '컴닥터119'의 주된 영업인 컴퓨터 및 컴퓨터부품 수리업 등과 관련하여 볼 때 '컴퓨터를 잘 수리하는 사람', '컴퓨터 전문가' 등의 의미를 직감할 수 있어 그 식별력이 없거나 미약하다고 할 것이고, 숫자 부분에 해당하는 '119'도 화재

또는 재난신고 전화번호로서 식별력이 없다고 할 것이어서 이 사건 영업표지는 전체적으로는 식별력이 없거나 미약한 문자와 숫자의 결합으로 이루어진 것임을 알 수 있는바, 이와 같이 식별력이 없거나 미약한 문자와 숫자의 결합으로 이루어진 상호 또는 영업표지가 전체로서 주지성을 획득한 경우에는 그 유사성을 판단함에 있어서 원칙적으로 전체관찰에 의하여야 할 것이고, 따라서 피해자가 이 사건 주지 상호 또는 영업표지인 '컴닥터119' 중 '컴닥터' 부분만으로도 주지성을 획득하였다는 등의 특별한 사정이 없는 한, 영업표지 '컴닥터119' 중 '컴닥터' 부분이 식별력 있는 요부라고 할 수 없으므로, 영업표지 '컴닥터119'와 피고인이 사용한 '컴닥터'가 유사한 상호 또는 영업표지라고 할 수는 없다고 할 것이다.

V. 검 토

이 사건 판결은 식별력이 없거나 미약한 문자나 숫자를 결합하여 만든 상호나 영업표지의 유사 표지 판단 방법에 대하여 그 기준을 제시하였다는 점에서 의의가 있다.

식별력이 없거나 미약한 표지는 자신의 영업(상품 포함)과 타인의 영업을 구별시키는 기능을 하지 못하기 때문에 원칙적으로 상표법상 등록받지 못하는 서비스표에 해당될 뿐만 아니라, 부정경쟁방지법상 영업표지가 될 수 없으나, 예외적으로 그것이 특정인에 의하여 오랫동안 사용됨으로써 거래계에서 어떤 특정인의 영업을 표시하는 것으로 식별력을 갖추게 될 경우에는 영업표지가 될 수 있으나, 그러한 경우는 원래 독점시킬 수 없는 표지에 독점적인 권리를 부여하는 것이므로 그 기준을 엄격하게 해석하여야 한다는 것이 일관된 우리 법원의 태도이다.

이러한 법원의 태도에서 더 나아가 이 사건 판결은 결합영업표지의 유사성을 판단함에 있어서 그 구성 부분 중 일부가 요부인지 여부를 판단하는 데에도 마찬가지로 적용된다고 하였는데, 표지는 원칙적으로 전체관찰이 원칙이나 예외적으로 간이·신속을 위주로 하는 거래실제에 있어서 그 구성부분 일부만에 의하여 간략하게 호칭·관념되는 경우에 요부관찰을 허용하고 있는 점, 표지의 요부란 특별한 부분, 주의를 끌기 쉬운 부분, 인상적인 부분을 의미하므로 요부의 선정은 표지를 전체적으로 관찰했을 경우에 식별력을 가진 부분으로 하여 결정하여야 할 것이라는 점 등을 고려한다면, 구성 부분 중 일부가 요부인지 여부를 판단하는 데에 있어서 그 기준을 엄격하게 해석하여야 함은 당연하고, 이와 일치된 의견을 제시한 이 사건 판결 역시 타당하다고 본다. 이 사건 판결 및 관련한 판례의 태도를 종합적으로 고려하면, 식별력이 없는 구성이 합쳐진 결합표지의 유사 판단은, ① 결합표지의 각 구성 부분을 분리한 후, ② 각 구성 중 일부 구성이 식별력이 있는지, 아니면 모든 구성이 식별력이 없는지 판단한 다음, ③ 모든 구성이 식별력이 없다 하더라도 일부구성이 오랫동안 사용되어 사후적으로 식별력을 갖추게 되었는지(이때 판단은 매우 엄격하여야 함), 그리고 그러한 구성만으로 요부가 될 수 있는지 여부를 판단한 후, ④ 일부구성도 요부가 될 수 없다면 원칙으로 돌아가 전체관찰로서 양 표지의 유사 여부를 판단하여야 할 것이다. 그런데 이 사건 판결은 '컴닥터119'와 '컴닥터'의 유사 여부를 판단함에 있어서 위 ③의 과정을 생략한 채 표지의 모든 구성이 식별력이 없으므로 전체관찰하여야 한다고 함으로써 마치 식별력이 없는 구성 간의 결합표지는 무조건 전체관찰을 하여야 하는 것처럼 표현하였으나, 이는 엄격해석의 원칙에 따라 위 ③이 적용되지 않기 때문에 그 과정을 생략하였다고 볼 것이지 이 사건 판결이 위 ③의 과정을 부정한 것이라고 판단해서는 안 될 것임을 주의하여야 한다.

이 사건 판결과 유사 판례(서울고등법원 2010. 7. 7. 선고 2010나7319 판결)로, 이른바 '여의도떡방' 사건에서 고등법원은, "원고의 '여의도떡방'이라는 상호 중 '여의도'라는 부분은 널리 알려진 지명이어서 상품출처 또는 영업주체를 식별하는 요부가 될 수 없고 '떡방'이라는 부분도 떡을 제조·판매하는 곳이라는 의미의 보통명사 또는 관용문구에 불과하여 여기에도 상품출처 또는 영업주체에 대한 식별력을 인정할 수 없는데다가 '여의도떡방'에는 여의도에 소재하는 떡방을 지칭하는 의미가 내포되어 있으므로, '여의도떡방'이라는 상호 그 자체만으로는 상품출처 또는 영업주체에 대한 식별력이 인정될 수 없다"고 함으로써 부정경쟁방지법 소정의 영업표지성을 부정한 바 있다.

사례 19 '네이버 광고방해' 사건 - 인터넷 웹페이지상의 팝업광고 행위가 부정경쟁행위에 해당하기 위한 요건

Ⅰ. 기초사항

사건번호	대법원 2010. 9. 30. 선고 2009도12238 판결	
사 건 명	부정경쟁방지및영업비밀보호에관한법률위반(피고인1에 대하여 추가된 죄명 : 컴퓨터등장애업무방해)	
주　　문	파기 환송	
표　　지	피고인들	피해자
	인터넷채널21	**NAVER**

Ⅱ. 사실관계

피고인 1은 2006. 8.경 업링크솔루션이라는 프로그램을 개발하였고, 위 프로그램을 설치한 사용자들이 피해자 공소외 주식회사에서 운영하는 인터넷 포털사이트인 네이버 홈페이지(www.naver.com) 등에 접속할 경우 피고인 1이 운영하는 피고인 2 주식회사 서버에 저장되어 있는 광고가 사용자의 컴퓨터 화면에서 보이는 네이버 홈페이지의 광고를 대체하거나 빈 공간에 추가되도록 하였으며, 피고인 1은 2006. 8.경부터 2007. 7.경까지 사이에 피고인 2 주식회사에서 운영하는 인터넷사이트를 통해서 불특정 다수의 인터넷 사용자들에게 위 프로그램을 배포, 설치하게 한 다음, 프로그램을 설치한 사용자들이 네이버 홈페이지에 접속할 경우 피고인 2 주식회사 서버에 저장되어 있는 광고가 마치 피해자 회사에서 제공하는 광고서비스인 것처럼 사용자의 컴퓨터에 보이는 네이버 화면에 나타나도록 하는 방법으로 국내에 널리 인식된 피해자 회사의 영업표지인 네이버 홈페이지를 사용하여 피해자의 광고서비스 영업활동과 혼동을 하게 하는 행위를 하였다. 피고인 2 주식회사는 같은 일시경 대표이사인 피고인 1이 피고인 2 주식회사의 업무에 관하여 위와 같은 방법으로 피해자의 광고서비스 영업활동과 혼동을 하게 하는 행위를 하였다.

이에 피고인들은 부정경쟁방지법위반을 이유로 기소되었다.

☞ 제1심(서울중앙지방법원 2009. 1. 16. 선고 2008고합312 판결)

네이버 홈페이지 중 네이버 홈페이지를 나타내는 마크(**NAVER**),

네이버를 상징하는 모자로고( ) 만이 영업표지에 해당한다고 판단한 다음(위와 같은 마크, 로고를 이하에서는 '이 사건 영업표지'라 한다), ① 이 사건 프로그램은 이를 설치한 컴퓨터의 이용자가 피해자 회사의 네이버 등 국내의 유명 포털사이트에 접속하면 나타나는 해당 포털사이트의 화면의 일부에 피고인 2 주식회사에서 제공하는 광고화면이 나타나게 하는 것으로서, 피고인들은 광고주로부터 수주한 광고를 시행하는 과정에서 이 사건 프로그램을 이용하여 수주한 광고주의 광고를 게재하는 것에 불과하고 피고인 2 주식회사나 그 영업 자체를 광고하는 화면을 게재한 바는 없는 점, ② 피고인 1은 네이버 등 포털사이트의 화면 일부에 게재한 광고화면 자체나 위 포털사이트 화면의 다른 일부에 위 광고를 시청한 사람들이 피고인 2 주식회사를 피해자 회사로 오인하여 위 피고인의 영업에 관한 거래를 가능하게 하는 주소나 전화번호 등의 표시를 하지는 아니한 점, ③ 이 사건 프로그램이나 이를 이용한 피고인들의 이 사건 광고영업은 대다수의 인터넷 이용자가 네이버 등 유명 포털사이트에 접속하는 것을 이용하여 피고인 2 주식회사가 수주한 광고의 빈번한 노출기회를 확보하는데 그 토대를 두고 있는 것으로 보이고 네이버 등 유명 포털사이트 업체의 영업표지 자체의 식별력을 활용하는 것으로 보기는 어려운 점, ④ 피고인 1은 위와 같은 이 사건 광고 게재를 통하여 이를 피해자 회사의 영업표지와 연결시켜 다른 광고주들에게 피고인 2 주식회사의 광고영업이 피해자 회사의 영업과 동일하거나 밀접한 관련이 있는 것으로 오인시켜 광고를 수주하는 행위를 한 것으로 볼 증거는 없는 점 등을 종합하여 보면, 피고인 1의 공소사실 기재 행위는 피해자 회사가 운영하는 포털사이트인 네이버의 화면 일부를 사용하는 데 불과한 것으로서 피해자 회사의 영업표지의 식별력을 활용하여 영업활동을 한 것으로 보기는 어려우므로, 구 부정경쟁방지 및 영업비밀보호에 관한 법률(2007. 12. 21. 법률 제8767호로 개정되기 전의 것, 이하 '부정경쟁방지법'이라고 한다)이 규제하고 있는 영업주체의 혼동행위에는 해당한다고 할 수 없다는 이유로 위 공소사실에 관하여 무죄를 선고하였다.

☞ 항소심(서울고등법원 2009. 10. 22. 선고 2009노300 판결)

비록 피고인들이 다수의 이용자를 확보하고 있는 네이버 등 포털사이트의 고객흡인력에 편승하여 네이버 등 포털사이트를 피고인들의 광고영업에 이용하려는 의도로 이 사건 프로그램을 배포한 사정이 엿보이나, 피고인들은 광고영업을 위하여 네이버 등 포털사이트를 광고공간으로 활용하였을 뿐이지 이 사건 영업표지 자체를 자신들의 광고영업 출처를 표시하는 것으로 사용함으로써 그 식별력을 활용한 것으로 보이지는 않는 점, 네이버 홈페이지의 이용자의 입장에서는 네이버 홈페이지가 포털사이트로서 제공하는 정보의 내용에 가치를 두는 것이지 네이버 홈페이지에 게재된 광고에 관하여 그 게재의 주체가 누구인지에 대하여는 특별히 가치의 차이를 두고 있다고 단정할 수 없는 점, 게다가 이 사건 프로그램의 설치과정에서 이 사건 프로그램을 통해 실현되는 광고 형태의 안내나 설명에 있어서 다소 모호하거나 미흡한 점이 있긴 하나, 기본적으로 이 사건 프로그램의 설치에 동의한 이용자들만이 이 사건 프로그램을 통한 광고에 노출되게 되므로 그러한 이용자들은 피고인들이 어떠한 형태이던지 네이버 등의 홈페이지에서 광고행위를 한다는 포괄적인 인식은 있었던 것으로 보이는 점, 피해자 회사로서도 네이버 홈페이지에서 여러 형태로 광고영업을 할 뿐이지 광고영업을 하는 데 있어서 이 사건 영업표지 자체의 식별력을 활용한다는 인식은 크지 않았던 것으로 보이는 점 등을 종합하여 보면, 피고인들이 이 사건 영업표지를 자신들의 광고영업의 출처를 표시하는 것으로 사용하였다고는 볼 수 없다는 이유로 항소심 역시 무죄를 선고하였다.

Ⅲ. 사안의 쟁점

인터넷 웹페이지상의 '팝업광고' 행위가 부정경쟁방지법 제2조 제1호 나목 소정의 '부정경쟁행위'에 해당하기 위한 요건

Ⅳ. 판단의 요지

1) 구 부정경쟁방지법(2007. 12. 21. 법률 제8767호로 개정되기 전의 것) 제2조 제1호 나목이 규정하고 있는 부정경쟁행위는 등록 여부와 관계없이 사실상 국내에 널리 인식된 타인의 성명·상호·표장 기타 타인의 영업임을 표시하는 표지와 동일하거나 이와 유사한 것을 사용하여 타인의 영업상의 시설 또는 활동과 혼동을 하게 하는 일체의 행위를 의미하는 것인바(대법원 1999. 4. 23. 선고 97도322 판결 등 참조), 여기서 영업표지를 사용하는 방법 및 형태 등에는 특별한 제한이 없으므로, 인터넷 웹페이지상의 팝업광고 행위가 팝업창 자체의 출처표시 유무, 웹페이지 내에서의 팝업창의 형태 및 구성, 웹페이지의 운영목적과 내용, 팝업창의 출현 과정과 방식 등에 비추어 웹페이지상에 표시된 국내에 널리 인식된 타인의 영업표지를 그 팝업광고의 출처표시로 사용한 것으로 인식되고 이로써 팝업광고의 영업 활동이 타인의 광고영업 활동인 것처럼 혼동하게 하는 경우에는 위 법조 소정의 부정경쟁행위에 해당한다고 할 것이다.

2) 피해자 회사는 2006. 8.경부터 2007. 7.경까지 사이에 국내 최대의 인터넷 포털사이트인 '네이버'(그 도메인 이름이 'www.naver.com'이고, 이하 '네이버'라 한다)를 운영하면서 네이버에 배너광고를 게재하거나 우선순위 검색결과 도출서비스를 제공하는 방법 등으로 광고영업을 해 오고 있었던 사실, 네이버 홈페이지의 상단 등에는 네이버의 명칭을 녹색의 영문 대문자로 구성한 "**NAVER**" 표장과 함께 네이버를 상징하는 모자 로고 "🔖"가 나타나 있는데, 위와 같은 표장과 로고(이하 '이 사건 영업표지'라 한다)는 수차례에 걸친 디자인 변경에도 불구하고 1999년경부터 네이버의 홈페이지 등에 그대로 유지되어 왔던 사실을 알 수 있다. 이러한 사정들에 의하면, 이 사건 영업표지는 위 기간 사이에 네이버를 통한 피해자 회사의 광고영업을 표시하는 표지로서 국내에 널리 인식되었다고 할 것이다.

3) 또한 피고인들은 '업링크솔루션'이라는 프로그램(이하 '이 사건 프로그램'이라 한다)을 불특정 다수의 인터넷 이용자들에게 배포하여 그 설치에 동의한 이용자들의 컴퓨터에 설치되도록 한 사실, 이 사건 프로그램이 설치된 컴퓨터로 네이버에 접속할 경우 네이버 화면에 피해자 회사의 광고가 나타나는 것이 아니라, 피해자 회사의 배너광고를 같은 크기의 피고인들의 배너광고로 대체하는 방식(이른

바 '대체광고 방식'), 화면의 여백에 피고인들의 배너광고를 노출시키는 방식(이른바 '여백광고 방식'), 검색창에 키워드를 입력하면 검색결과 화면의 최상단에 위치한 검색창과 피해자 회사의 키워드광고 사이에 피고인들의 키워드광고를 삽입하는 방식(이른바 '키워드삽입광고 방식')에 의하여 피고인들의 광고가 대체 혹은 삽입된 형태로 나타나는 사실, 피고인들의 위 광고는 그 둘레에 별도의 테두리가 없는 이른바 레이어 팝업(Layer Pop-up)의 형태로 나타나고, 이 사건 프로그램이 위와 같이 동작하는 과정에서 피고인들의 광고 자체에는 그 출처가 전혀 표시되지 아니하는 사실 등을 알 수 있다. 이러한 사정들에 의하면, 피고인들은 이 사건 프로그램이 설치되어 있는 컴퓨터 화면상에 그들이 제공하는 광고를 이 사건 영업표지가 표시되어 있는 네이버 화면의 일부로 끼워 넣어 그 화면에 흡착되고 일체화된 형태로 나타나도록 함으로써 네이버 화면에 있는 이 사건 영업표지의 식별력에 기대어 이를 피고인들 광고의 출처를 표시하는 영업표지로 사용하였다 할 것이고, 이로써 피고인들의 광고가 마치 피해자 회사에 의해 제공된 것처럼 오인하게 하여 피해자 회사의 광고영업 활동과 혼동을 하게 하였다고 할 것이다.

4) 비록 네이버 화면에 원래의 광고가 나타난 다음 약간의 시간 간격을 두고 피고인들의 광고가 나타난 점, 대체광고와 여백광고의 한쪽 모서리에 작은 '×' 모양의 닫기 버튼을 두어 이용자가 이를 클릭하면 해당 광고가 화면에서 사라지면서 네이버의 원래 광고가 보이도록 한 점을 알 수 있으나, 이것만으로는 피해자 회사의 광고영업 활동과의 혼동이 방지되지 않는다. 또한 피고인들의 광고는 이 사건 프로그램이 설치된 컴퓨터 화면에만 나타남을 알 수 있으나, 그렇다고 하더라도 피고인들의 광고가 반드시 이 사건 프로그램의 설치자한테만 노출되지는 않을 것으로 보일 뿐만 아니라, 앞서 본 바와 같이 피고인들의 광고는 네이버 화면에 흡착되고 일체화된 형태로 나타난 이상 이 사건 프로그램의 설치 당사자도 피고인들의 광고를 피해자 회사가 제공한 광고와 구분하여 인식하기가 쉽지 않아 보이므로, 이러한 사정에도 불구하고 피해자 회사의 광고영업 활동과의 혼동은 여전히 존재한다고 할 것이다.

5) 따라서 피고인들의 이 사건 프로그램에 의한 광고행위는 구 부정경쟁방지법 제2조 제1호 나목이 규정하고 있는 부정경쟁행위에 해당한다.

V. 검 토

이 사건 판결은 인터넷 웹페이지상의 팝업광고 행위가 부정경쟁행위에 해당하기 위한 요건을 구체적으로 설시하였다는 점에서 그 의의가 있다. 이 사건 판결은 "인터넷 웹페이지상의 팝업광고 행위가 팝업창 자체의 출처표시 유무, 웹페이지 내에서의 팝업창의 형태 및 구성, 웹페이지의 운영목적과 내용, 팝업창의 출현 과정과 방식 등에 비추어 웹페이지상에 표시된 국내에 널리 인식된 타인의 영업표지를 그 팝업광고의 출처표시로 사용한 것으로 인식되고, 이로써 팝업광고의 영업 활동이 타인의 광고영업 활동인 것처럼 혼동하게 하는 경우 부정경쟁방지법 제2조 제1호 나목에서 정한 부정경쟁행위에 해당한다"고 판시하였다.

부정경쟁방지법 소정의 영업주체혼동행위에 해당하기 위해서는 국내에 널리 인식된 타인의 성명·상호·표장 기타 타인의 영업임을 표시하는 표지와 동일하거나 이와 유사한 것을 「사용」하여 타인의 영업상의 시설 또는 활동과 「혼동」을 하게 하는 일체의 행위태양이 존재하여야 한다. 따라서 타인의 영업표지와 동일·유사한 표지의 사용행위가 아니거나 타인의 영업표지의 사용행위로 인해 일반 수요자 간에 혼동이 발생하지 않는다면, 그러한 행위는 부정경쟁행위라고 볼 수 없다. 그렇다면 피고인이 불특정 다수의 인터넷 이용자들에게 '업링크솔루션'이라는 프로그램을 배포하여 이 프로그램이 설치된 컴퓨터로 네이버 화면에 피해자 회사의 광고 대신 피고인들의 광고가 대체 혹은 삽입된 형태로 나타나게 한 행위는 피해자 회사의 영업표지를 「사용」한 것에 해당하며, 이로써 인터넷 이용자들에게 「혼동」을 일으키게 한 것인지 여부가 이 사건의 핵심 쟁점이 될 것이다.

피해자 회사는 네이버라는 인터넷포탈서비스업을 하는 회사로, 특허청 발간 '유사상품서비스업 판단기준'을 보면 '인터넷포탈서비스업'은 인터넷에서 검색, 커뮤니티, 전자메일, 블로그 등의 서비스를 제공하고, 광고활동을 행하는 산업활동을 의미한다. 이에 따르면 피해자 회사의 영업표지는 광고업으로 사용되고 있었음은 형식적으로나 실질적으로 모두 자명하다. 그 다음, 피해자가 피고인의 영업표지를 사용하였는지 여부를 살펴보면, 피고인은 피해자 회사의 '포털사이트'라는 가상의 영업공간에 자신이 대행하고 있는 광고를 대체·삽입하였던 것일 뿐, 이러한 행위가 곧 영업표지의 사용행위라고 볼 수는 없다. 예를 들어, 우리가 '한가람미술관' 관람실에 전시된 미술작품 사이에 그 작품을 그린 작가가 아닌 사람의 작품을 몰래 전시하였다면, 몰래 전시한 자의 의도가 어떠하던 간에 한가람미술관 내 전시공간을 이용한 것이지 '한가람미술관'이라는 영업표지를 '사용'하였다고 볼 수는 없을 것이다. 더욱이 일반 수요자들 입장에서도 포털 사이트에 게재된 광고를 보면 광고의 본질적인 내용, 어떤 물품 등을 소개하는 광고인지에 초점이 있을 뿐이다. 따라서 피고인은 타인의 서비스업에 편승하려는 의도가 있었다고 볼 수 있을지라도 타인의 영업표지를 실제로 사용하였다고 볼 수는 없다고 본다. 한편 대법원은 이 사건에 대하여 "인터넷 웹페이지상의 팝업광고 행위가 팝업창 자체의 출처표시 유무, 웹페이지 내에서의 팝업창의 형태 및 구성, 웹페이지의 운영목적과 내용, 팝업창의 출현 과정과 방식 등에 비추어 웹페이지상에 표시된 국내에 널리 인식된 타인의 영업표지를 그 팝업광고의 출처표시로 사용한 것으로 인식되고 이로써 팝업광고의 영업 활동이 타인의 광고영업 활동인 것처럼 혼동하게 하는 경우에는 위 법조 소정의 부정경쟁행위에 해당한다"고 할 뿐, 부정경쟁행위에 있어서 「사용」의 의미나 요건에 대해서는 구체적으로 판단하지 않았다.

또한 위에서 언급한 바와 같이 피고인의 인터넷 웹페이지상의 팝업광고 대체행위가 타인의 영업표지의 사용에 해당한다고 하더라도 부정경쟁방지법 소정의 부정경쟁행위가 되기 위해서는 타인의 영업상의 시설 또는 활동과 「혼동」을 하게 하는 일체의 행위태양이 있어야 하는데, 이는 혼동 여부를 판단하는 관찰자의 범주를 어느 정도로 할 것인지 여부에 따라서 판단이 달라 질 수 있을 것인데, 만약 인터넷포털을 사용하는 일반 수요자들 전체를 대상으로 혼동가능성 여부를 판단할 경우 피고인의 위와 같은 행위로 인하여 피해자 회사에서 제공하는 광고물로 혼동할 가능성이 매우 높을 것임이 충분히 예상되므로, 인터넷 포털의 일반 수요자의 관점에서 보았을 때 피고인은 타인의 영업활동과 혼동하게 하는 행위를 하였다고 볼 수 있을 것이다. 그러나 피고인이 제공한 프로그램을 설치한 자만을 혼동가능성의 판단 주체로 한정할 경우, 이들은 피해자 회사에서 제공한 광고가 아닌 다른 광고가 게재되어 있음을 사전에 충분히 인식하였다고 볼 것이므로 타인의 영업표지와의 혼동가능성은 거의 발생하지 않는다. 인터넷포털사이트의 대다수의 이용자는 개인용 PC 사용자이고, 그 중 소수의 몇몇만이 자신의 동의하에 광고대체행위를 용인하였으며, 이를 용인하지 아니한(프로그램을 설치하지 아니한) 사용자들은 피해자 회사에서 제공한 원래의 광고를 볼 수 있을 것이므로,

결국 이 사건 판결과 같이 혼동가능성이 있다고 보는 경우는 프로그램 설치를 인
지하지 못한 사람이 프로그램이 설치된 PC에서 인터넷 포털을 이용하는 경우일
뿐일 것인데, 이러한 경우까지도 혼동가능성이 있는 경우로 보는 것은 그 혼동의
범위를 다소 넓게 해석한 것일 뿐만 아니라, 인터넷 사용 환경을 고려하지 않은
판단이라 할 것이다.

Ⅵ. 관련문헌

나지원, "인터넷포털 광고방해사건에 관한 법적 쟁점," lawtechnology 제7권
제4호, 서울대학교기술과법센터(2011. 7.)

김관식, "인터넷 상에서 영업표지 사용 요건의 해석," 중앙법학 12집 4호 통
권 제38호, 중앙법학회

라. 혼동가능성

사례 20 '예술의 전당' 사건 – '타인의 영업상의 시설 또는 활동과 혼동을 하게 한다'의 의미와 그 판단 기준

Ⅰ. 기초사항

사건번호	대법원 2009. 4. 23. 선고 2007다4899 판결	
사 건 명	손해배상	
주 문	파기 환송	
표 지	원고, 피상고인	피고들, 상고인
	예술의전당	**청주예술의전당 등**

Ⅱ. 사실관계

재단법인 예술의전당은 음악, 미술, 연극 등 문화예술작품의 공연과 문화예술 관련 자료의 수집, 관리 및 연구 등의 사업을 수행하기 위하여 1986. 12. 18.경 설립되었는데, 2000. 1. 12. 법률 제6132호로 개정된 문화예술진흥법 제23조의2의 규정에 의한 공익법인으로 전환하면서 같은 법 부칙 제4조에 의하여 원고가 재단법인 예술의전당이 가지고 있던 모든 권리와 의무 및 재산을 승계하였다. 재단법인 예술의전당은 1988년경 '예술의전당'을 업무표장 및 각 서비스표(이하 '이 사건 표장'이라 함)로 등록하였고, 원고가 이후 그 등록을 갱신하여 현재까지 이 사건 표장을 사용하고 있다.

피고 청주시는 종합문화예술체육시설인 청주문화예술체육회관 내에 '청주예술의전당'이라는 명칭의 공연·전시장을 설립하여 1995. 4. 1.부터 문화예술작품의 공연 및 전시를 기획하고 그 시설을 임대하는 업무를 수행하면서, '예술의전당'이라고 기재된 간판과 안내표지판을 설치하였고, 그 주체가 '청주예술의전당'이라고 표시된 공연홍보물을 발행하여 배포하였으며, 청주문화예술체육회관의

인터넷 홈페이지(http://art.cjcity.net)에 '청주예술의전당'이라는 명칭을 사용하여 공연안내 및 정보제공 등의 활동을 하였다. 피고 의정부시는 '의정부예술의전당'이라는 명칭의 문화예술시설을 설립하여 2001. 4. 6.부터 문화예술작품의 공연 및 전시를 기획하고 그 시설을 임대하는 업무를 수행하면서, '의정부예술의전당'이라고 기재된 간판, 표지판을 설치하였고, 그 주체가 '의정부예술의전당'이라고 표시된 게시물, 현수막, 공연홍보물을 제작하여 게시하거나 배포하였으며, '의정부예술의전당'이 운영주체로 표시된 인터넷 홈페이지(http://www.uac.or.kr)를 개설하여 공연안내 및 정보제공 등의 활동을 하였다. 피고 대전광역시는 '대전문화예술의전당'이라는 명칭의 문화예술시설을 설립하여 2003. 10. 1.부터 문화예술작품의 공연 및 전시를 기획하고 그 시설을 임대하는 업무를 수행하면서, '대전문화예술의전당'이 운영주체로 표시된 인터넷 홈페이지(http://www.djac.or.kr)를 개설하여 공연안내 및 정보제공 등의 활동을 하였다.

원고는 이 사건 표장은 국내에 널리 알려진 원고의 영업표지인데, 피고들이 '예술의전당'을 표장이나 서비스표로 사용하여 문화예술작품의 공연 및 전시를 기획하고 그 시설을 임대하는 등의 영업을 하고 있는바, 피고들의 위와 같은 행위는 부정경쟁방지법 제2조 제1호 나목 소정의 부정경쟁행위에 해당하므로, 피고들은 '예술의전당'을 업무 표장 또는 서비스표로 사용하여서는 아니 되고, 피고들의 위와 같은 사용행위로 인하여 원고가 입은 손해를 배상하여야 한다는 취지로 피고들에게 침해금지 및 예방청구와 손해배상청구를 하였다.

☞ 항소심(서울고법 2006. 12. 12. 선고 2005나35938 판결)

피고들이 '예술의 전당'이라는 문구가 포함된 영업표지를 사용하여 문화예술작품의 공연 및 전시를 하는 등의 행위가 원고의 영업상의 시설 및 활동과 혼동할 우려가 있음을 전제로 부정경쟁방지법 제2조 제1호 나목에서 정한 부정경쟁행위에 해당한다고 판단한 다음, 피고들이 사용하는 영업표지에 대한 침해금지와 예방청구 부분 및 그로 인한 손해배상청구 부분을 받아들임.

Ⅲ. 사안의 쟁점

① 부정경쟁방지법 제2조 제1호 나목에 정한 '타인의 영업상의 시설 또는 활

동과 혼동을 하게 한다'의 의미와 그 판단 기준

② 지방자치단체가 '예술의전당'이라는 문구가 포함된 영업표지를 사용하여 문화예술작품의 공연 및 전시를 하는 것이 공법인인 예술의 전당의 영업상의 시설 및 활동과 혼동할 우려가 있는 행위에 해당하는지 여부

Ⅳ. 판단의 요지

1) 부정경쟁방지법 제2조 제1호 나목에서 정하는 "타인의 영업상의 시설 또는 활동과 혼동을 하게 한다"는 것은 영업표지 자체가 동일하다고 오인하게 하는 경우뿐만 아니라 국내에 널리 인식된 타인의 영업표지와 동일 또는 유사한 표지를 사용함으로써 일반수요자나 거래자로 하여금 당해 영업표지의 주체와 동일·유사한 표지의 사용자 간에 자본, 조직 등에 밀접한 관계가 있다고 잘못 믿게 하는 경우도 포함한다. 그리고 그와 같이 타인의 영업표지와 혼동을 하게 하는 행위에 해당하는지 여부는 영업표지의 주지성, 식별력의 정도, 표지의 유사 정도, 영업 실태, 고객층의 중복 등으로 인한 경업·경합관계의 존부 그리고 모방자의 악의(사용의도) 유무 등을 종합하여 판단하여야 한다(대법원 2007. 4. 27. 선고 2006도 8459 판결 참조).

2) 피고들이 원고가 사용하는 '예술의 전당' 표지와 동일한 문구가 포함된 영업표지를 문화예술작품의 공연·전시 등을 통하여 지방문화를 육성·발전시키고자 하는 공익적·비영리적인 목적에서 사용하게 되었던 점, 그 영업표지들의 선정과정에서 해당 지역민들의 적극적인 추천도 있었던 점, '예술의전당' 자체는 문화예술업무의 성질·용도 등을 나타내는 것으로 독창성이 인정되지 않는 기술적 표장에 해당하는 점, 그 영업표지들에 피고들의 명칭이 각각 부가되어 있고 원고와 피고들의 업무활동이 이루어지는 시설이 서로 멀리 떨어져 있으며 주로 해당 지역을 중심으로 거주하는 사람들이 그 시설을 이용하고 있어 수요자가 중복된다거나 업무활동이 경합·경쟁관계에 있다고 보기 어렵고(원고도 그 영어표기에서 Seoul Arts Center라고 하여 지역명을 붙이고 있다), 오히려 원고와 피고들은 공법인과 지방자치단체의 관계로서 국민의 문화예술활동을 권장·보호·육성하고 이를 위하여 서로 협조하여야 하는 지위에 있는 점 등을 알 수 있다. 그리고 원고의 설립 취지가 문화예술의 활발한 교류 등을 통하여 모든 계층의 국민에 폭넓게 참여할 수 있는 문화예술의 공간을 제공함에 있다는 것인데, 피고들이 주로 그 지방

자치단체의 주민을 염두에 두고 원고와 같은 취지로 각각 설립한 문화예술설비의 명칭을 두고 서울에 위치한 원고가 이 사건 표지를 먼저 정하여 알려지게 되었다는 이유로 이를 독점하는 것은 위와 같은 취지에 맞는지 의문일 뿐만 아니라 문화활동이 많은 경우에 중앙에서 지방으로 퍼져나가는 성질의 것임에 비추어서도 적절하다고 하기 어렵다.

3) 이러한 제반 사정들을 앞서 본 법리에 비추어 살펴보면, 피고들이 사용하는 영업표지는 통상적으로 각 지방자치단체 내에 거주하는 사람들이 주로 이용하는 그 지역의 문화예술의 중심장소로 이해된다고 볼 것이고, 설령 피고들이 '예술의 전당'이라는 문구가 공통적으로 포함된 영업표지를 사용하고 있다고 하더라도 일반수요자나 거래자가 서울에 소재한 원고의 영업과 동일한 것으로 오인하거나 이들 영업시설이나 활동 사이에 영업상·조직상·재정상 또는 계약상 어떤 관계가 있는 것으로 혼동할 우려가 있다고 보기 어렵다.

Ⅴ. 검   토

이 사건 판결은 부정경쟁방지법 제2조 제1호 나목에 정한 '타인의 영업상의 시설 또는 활동과 혼동을 하게 한다'의 의미와 판단 기준에 대하여 기존 판례의 태도를 재차 확인하고 있고, 일반 사기업 간의 소송과는 달리 공공기관의 경우 당해 단체의 설립목적이나 취지가 '혼동의 위험성'의 판단에 있어 중요 고려 요소가 될 수 있음을 보여주었다는 점에서 그 의의가 있다.

이 사건의 원·피고의 표지의 유사여부나 혼동가능성 등을 판단하기에 앞서, 비영리법인의 사업이 부정경쟁방지법 제2조 제1호 나목의 '영업'에 포함될 수 있는지 여부를 우선적으로 검토하는 것이 필요하다. 왜냐하면 비영리법인의 사업이 부정경쟁방지법 소정의 '영업'에 해당되지 않는다면, 표지의 유사나 혼동가능성 여부와 상관없이 피고의 행위는 부정경쟁행위라 할 수 없기 때문이다. 이와 관련하여, 이 사건의 항소심은 "부정경쟁방지법 제2조 제1호 나목에서 정한 '영업'은 경제적 대가를 얻는 것을 목적으로 하는 사업으로서 단순히 영리를 목적으로 하는 경우만이 아니고 널리 경제상의 수지계산 위에 서서 행하여지는 일체의 사업을 포함하므로, 비영리법인이 관람객으로부터 입장료를 징수하고 일정한 임대료를 수수하는 등 경제상의 수지계산 위에서 운영하고 있다면 이는 부정경쟁방지 및 영업비밀보호에 관한 법률상 보호받아야 할 '영업'에 해당한다"고 함으로써 비영리법인이라 하더라도 경제상의 이익이 되는 사업을 영위할 경우에는 부정경쟁방지법상 '영업'에 해당한다고 보고 있다. 관련 일본 판례로 일본 지방법원은 이른바 '소림사권법사건'(大阪地判昭和55年3月18日 判時969号95頁 昭和48年(ワ) 1491号)에서, "부정경쟁방지법상 '영업'이란 단순히 영리를 목적으로 하는 업무뿐만 아니라, 널리 경제상 수지계산 위에 서서 행하여지는 사업, 다시 말하면, 상공업뿐만 아니라 농림수산업 등의 원시산업은 물론 병원, 학교 기타 사회복지, 문화 활동상의 사업도 포함하는 것으로 해석해야 한다. 비영리사업일지라도 그 존립이 사업상의 원활한 수익에 달려 있다는 점에서 영리사업과 공통의 측면을 갖추고 있고, 현재처럼 고도로 다양화되고 복잡화된 경제사회에서 부정경쟁방지법 조문의 규제 대상 업무를 단순히 영리사업만 해당된다고 이해할 경우, 동법의 목적이념의 하나인 객관적인 거래 경제 질서의 공정유지 및 일반 소비자 보호를 충분히 할 수 없는 결과가 되기 때문이다"라고 하여 이 사건 판결(항소심)과 동일한 판단을 한 바 있고, 반면에 일본 최고재판소는 이른바 '천리교사건'(最判平成18年1月20日 平成17年(受)575号, 東京高判平成16年12月16日 平成16年(ネ)2393号)에서 "종교의례의 집행, 교의의 보급, 전도활동 등의 본래적인 종교 활동과 관련하여서는 영업의 자유의 보장 아래에서 자유경쟁이 이루어지는 사회를 전제로 하는 것이 아니고 부정경쟁방지법의 대상과 경쟁질서의 유지를 관념할 수 없는 것이기 때문에 거래사회에서 사업 활동 및 평가를 할 수 없어 동법의 적용대상에서 제외되는 것으로 해석한다"고 함으로써 종교법인의 종교 활동은 부정경쟁방지법상 '영업'에 해당하지 않는 것으로 판단하였다. 원고는 문화예술의 확대라는 공익적인 목적으로 설립된 비영리법인지만 경제상의 수지계산 위에 서서 행하여지는 사업들, 예를 들면 공연 및 전시 사업 등을 운영하는 주체이고 이러한 수익사업을 위해 '예술의 전당'이라는 표지를 이용하고 있는 점을 고려하면 이 사건 판결에서와 같이 원고의 표지는 부정경쟁방지법 소정의 '영업표지'에 해당한다고 보는 것이 타당하다.

한편 이 사건 판결은 "타인의 영업표지와 혼동을 하게 하는 행위에 해당하는지 여부는 영업표지의 주지성, 식별력의 정도, 표지의 유사 정도, 영업 실태, 고객층의 중복 등으로 인한 경업·경합관계의 존부 그리고 모방자의 악의(사용의도) 유무 등을 종합하여 판단하여야 한다"고 하면서도 구체적인 판단에 있어서는 ① 피고들이 사용한 '예술의전당' 표지는 지방문화를 육성·발전시키고자 하는 **공익적·비영리적인 목적**에서 사용된 것이고, ② 지역민들의 적극적인 추천도 있었으며, ③ 원고와 피고들은 공법인과 지방자치단체의 관계로서 **서로 협조하여야 하는 지위**에 있고, ④ 원고의 **설립 취지**가 문화예술의 활발한 교류 등을 통하여 모든 계층의 국민에 폭넓게 참여할 수 있는 문화예술의 공간을 제공함에 있으며, ⑤ 문화 활동이 많은 경우에 **중앙에서 지방으로 퍼져나가는 성질**의 것이라는 점 등의 단체의 설립 취지를 주된 근거로 들면서 양 표지의 혼동가능성 여부를 판단하였는데, 상기 내용들(① 내지 ④)은 '예술의전당'이 공익적인 목적이 있어 권리를 주장할 수 없는, 이른바 「공중의 영역(Public Domain)」의 범주 내에 있다는 취지로 해석되는 것이어서 막상 이 사건의 주된 쟁점인 '혼동가능성' 여부를 판단하는데 요구되는 근거들이라고 보기는 어려운 점이 있다. 차라리 ⒜ 원고 측의 '예술의전당'은 식별력이 없는 표지일 뿐만 아니라 사용에 의한 식별력도 취득하지 못하였다거나, ⒝ 원고 측의 '예술의전당'은 특정 지역(서울)에만 주지성을 취득하였을 뿐 전국적으로 주지성을 취득하지 못하였다는 취지로 이 사건을 판결하였다면 더욱 명확한 판결이 되지 않았을까 싶다.

Ⅵ. 관련문헌

윤태식, "부정경쟁방지 및 영업비밀보호에 관한 법률 제2조 제1호 (나)목에 정한 '타인의 영업상의 시설 또는 활동과 혼동을 하게 한다'의 의미와 그 판단 기준," 대법원판례해설 80호, 법원도서관(2009. 상.)

3. 저명상표 희석행위(제2조 제1호 다목)

가. 저 명 성

> **사례 21** '비아그라 사이트' 사건 – '국내에 널리 인식된'이라는 용어
> 와 '식별력의 손상'이라는 용어의 의미

Ⅰ. 기초사항

사건번호	대법원 2004. 5. 14. 선고 2002다13782 판결	
사 건 명	상표권등침해금지청구의 소	
주 문	상고 기각	
표 지	원고, 피상고인	피고들, 상고인
	VIAGRA	**VIAGRA.CO.KR**

Ⅱ. 사실관계

발기기능장애 치료제인 비아그라(Viagra)는 원고 화이자 프로덕츠 인크에 의해 1997.말경 개발되어 1998. 3. 27. 미합중국 식품의약국(The United States Food and Drug Administration, 약칭하여 FDA)으로부터 미합중국 내 판매를 승인받은 후 1998. 4. 7.부터 의사의 처방전을 받은 자에 한하여 약국에서 시판되기 시작하였는데, 기존의 발기기능장애 치료제들과 달리 경구용 알약이고, 또 그 효능이 다른 발기기능장애 치료제보다 탁월하고 부작용도 적다고 알려짐에 따라 판매 개시 전부터 세계 각국의 주목을 받았고, 판매가 개시되자마자 전세계적으로 선풍적인 인기를 끌게 되었다. 한국 식품의약품안전청이 비아그라(Viagra)에 대한 여러 차례의 임상실험을 거친 뒤 1999. 10.경부터 이를 판매하도록 승인함에 따라 현재 비아그라(Viagra)는 의사의 처방전이 있는 자에 한하여 약국에서 판매되고 있다. 이후 원고 화이자 프로덕츠 인크의 등록상표인 'Viagra' 및 '비아그라'는 위

원고가 개발, 판매하는 발기기능장애 치료제를 지칭하는 상품표지로, 위 원고의 등록상표 및 상호인 'PFIZER'는 위 원고가 생산하는 의약품을 지칭하는 상품표지 및 영업표지로서 한국에서도 일반인에게 널리 알려지게 되었다.

피고들은 이 사건 도메인네임(viagra.co.kr)의 홈페이지에서 원고 화이자 프로 덕츠 인크가 미합중국에서 이미 개설한 인터넷 도메인네임 'viagra.com'의 홈페 이지 화면을 무단으로 사용하면서, 그 홈페이지 화면 하단에 '이 홈페이지는 Viagra에 대한 관련 자료를 취합, 정리하여 관심 있는 분들에게 널리 알리고자 함'이라는 문구를 표시하였다가, 이후 그 화면을 보디빌더(body builder)가 반나체 로 건강미를 자랑하고 있는 것으로 변경하였는데, 새로이 변경한 홈페이지로부터 링크(link)된 페이지에서 '비아그라 관련 정보'라는 제목 하에 비아그라에 관한 국 내 신문기사와 비아그라의 제작사인 원고 화이자 프로덕츠 인크의 발표 내용을 일부 인용하면서 비아그라(Viagra) 용어의 유래, 남성들이 비아그라(Viagra)에 관심 이 많은 이유, 비아그라(Viagra)의 효능과 부작용, 비아그라(Viagra)에 얽힌 에피소 드 등을 소개하였고, 위와 같이 비아그라(Viagra)에 관한 정보를 제공하면서 '제작 사인 화이저(PFIZER)사에 따르면 비아그라(Viagra)는…'이라는 표현 등을 사용하는 방법으로 원고들의 등록상표인 'PFIZER', 'Viagra', '비아그라'와 동일한 문자를 사 용하였다. 연이어 홈페이지로부터 링크된 다른 페이지에서 '건강식품에 관한 것' 이라는 제목 하에 생칡즙, 재첩국, 건강보조식품의 3가지 유형을 표시하고, 생칡 즙 유형으로는 생칡즙과 칡수라는 제품을, 재첩국 유형으로는 재첩진(眞)국이라 는 제품을, 건강보조식품 유형으로는 풀무원 효소, 풀무원 칼슘, 풀무원키드(영유 아기용 특수영양식품), 맥가드(효모엑기스에 비타민 등을 첨가한 제품), 하이맥(맥주효모에 칼 슘 등을 첨가한 제품), 트롬보 큐(농축영지에 대두발효 추출물 등을 첨가한 제품)라는 제품을 소개하면서 인터넷 통신상으로 주문자들에게 판매하였다.

이에 원고들은 피고들이 위와 같이 국내에 주지된 원고들의 등록상표인 'Viagra'를 이 사건 도메인네임으로 사용하고, 'Viagra', '비아그라' 및 'PFIZER'와 동일한 표지를 이 사건 도메인네임의 홈페이지에 사용하면서 원고들의 허락 없 이 발기기능장애 치료제인 비아그라(Viagra)에 관한 정보를 제공하여 일반 소비자 를 유인한 후 자신들의 상품인 생칡즙 등의 건강식품을 판매하는 행위는 위 각 표지의 주지성에 편승하여 부당한 이득을 도모하려는 것으로서 부정경쟁방지법 제2조 제1호 가목 및 나목 소정의 상품주체 또는 영업주체 혼동의 위험이 있는 부정경쟁행위에 해당하고, 또한 같은 법 제2조 제1호 다목 소정의 타인의 표지의 식별력이나 명성을 손상하게 하는 부정경쟁행위에 해당하는바, 이러한 피고들의 행위로 인하여 원고들이 영업상의 이익을 침해받을 우려가 있으므로, 이러한 부정경쟁행위의 금지 또는 예방을 구한다는 취지로 본소를 제기하였다.

☞ 항소심(서울고등법원 2001. 12. 11. 선고 99나66719 판결)

원고 화이자 프로덕츠 인크가 상당한 비용과 시간을 들여 개발한 발기기 능장애 치료제인 비아그라(Viagra)는 판매 초기부터 전세계적인 인기를 끌어 현재 'Viagra' 표지는 저명한 표지인 점, 피고들은 위 'Viagra'라는 문자 상표의 영문철자를 그대로 사용한 이 사건 도메인네임을 사용하면서 비아그라(Viagra)와 다른 상품인 생칡즙이라는 건강식품을 판매하고 있는 점 등을 종합해 보면, 발기부전 치료제의 표지로서 국내에 널리 인식된 'Viagra'라는 상품표지가 생칡즙이라는 상품에 사용됨으로써 그 식별력이 손상될 것으로 봄이 상당하므로, 이 사건 도메인네임을 사용하여 피고들이 생칡즙을 판매하는 행위는 'Viagra'라는 표지의 식별력을 손상하게 하는 행위에 해당한다는 이유로 원심판결을 취소함.

Ⅲ. 사안의 쟁점

① 특정 도메인의 이름으로 웹사이트를 개설하여 제품을 판매하면서 그 웹사이트에서 취급하는 제품에 독자적인 상표를 부착하여 사용하는 경우, 그 도메인의 이름 자체가 상품의 출처표시로서 기능한다고 할 수 있는지 여부

② 부정경쟁방지법 제2조 제1호 다목에 규정된 '국내에 널리 인식된'이라는 용어와 '식별력의 손상'이라는 용어의 의미 및 저명한 상품표지가 타인에 의하여 영업표지로 사용되는 경우에도 '식별력의 손상'이 생기는지 여부

Ⅳ. 판단의 요지

1) 부정경쟁방지법 제2조 제1호 다목은 2001. 7. 10. 시행된 현행 부정경쟁방지법에 신설된 규정으로서, "가목 또는 나목의 규정에 의한 혼동을 하게 하는 행위 외에 비상업적 사용 등 대통령령이 정하는 정당한 사유 없이 국내에 널리 인식된 타인의 성명·상호·상표·상품의 용기·포장 그 밖에 타인의 상품 또는

영업임을 표시한 표지와 동일하거나 이와 유사한 것을 사용하거나 이러한 것을 사용한 상품을 판매·반포 또는 수입·수출하여 타인의 표지의 식별력이나 명성을 손상하게 하는 행위"를 부정경쟁행위로 규정하고 있는바, 위 규정의 입법 취지와 그 입법 과정에 비추어 볼 때, 위 규정에서 사용하고 있는 '국내에 널리 인식된'이라는 용어는 '주지의 정도를 넘어 저명 정도에 이른 것'을, '식별력의 손상'은 '특정한 표지가 상품표지나 영업표지로서의 출처표시 기능이 손상되는 것'을 의미하는 것으로 해석함이 상당하며, 이러한 식별력의 손상은 저명한 상품표지가 다른 사람에 의하여 영업표지로 사용되는 경우에도 생긴다.

　　2) 피고들이 이 사건 도메인 이름으로 개설한 웹사이트에서 생칡즙, 재첩국, 건강보조식품 등을 인터넷상으로 판매하는 행위를 한 것은, 원고들의 저명상표와 유사한 표지를 영업표지로 사용한 것에 해당하고, 이처럼 피고들이 위 상표들을 영업표지로 사용함에 의하여 위 상표들의 상품표지로서의 출처표시기능을 손상하였다고 할 것이며, 원심 또한 피고들이 이 사건 도메인 이름을 사용하여 생칡즙 판매 등의 영업을 한 것을 식별력 손상행위 중의 하나로 들고 있으므로, 피고들의 행위가 위 법률 제2조 제1호 다목의 부정경쟁행위에 해당한다고 본 원심은 그 결론에 있어서 정당하다.

　　3) 한편 부정경쟁방지법 제2조 제1호 다목이 "가목 또는 나목의 규정에 의한 혼동을 하게 하는 행위 외에…"라고 규정하고 있기는 하지만, 위 다목의 입법 과정에 비추어 볼 때 위 법률 제2조 제1호 가목의 혼동행위와 다목의 식별력 손상행위는 상반된 관계에 있는 것이 아니라, 별개의 근거로 위 법률에 규정된 것이므로, 위 규정은 "가목 또는 나목의 규정에 의한 혼동이 발생하지 않더라도"라는 취지로 해석함이 상당하고, 그에 따라 특정한 표지의 사용이 위 법률 제2조 제1호 다목과 같은 호 가목, 나목에 모두 해당할 수도 있으므로, 원심이 피고들의 행위가 위 가목과 다목에 모두 해당하는 것으로 판단한 것에 상고이유 제3점에서 주장하는 바와 같은 이유모순의 위법이 있다고 할 수 없다.

　　4) 결국 저명 상표인 'viagra'와 유사한 'viagra.co.kr'이라는 도메인 이름의 사용이 부정경쟁방지법 제2조 제1호 가목 소정의 부정경쟁행위(상품주체혼동행위)에는 해당하지 아니하나, 같은 호 다목의 부정경쟁행위(식별력 손상행위)에는 해당한다.

V. 검   토

부정경쟁방지법 제2조 제1호 다목의 규정은 2001년 상표법조약(Trademark Law Treaty) 가입을 위하여 신설된 규정으로, 유명상표와의 혼동 외에 비상업적 사용 등 정당한 사유 없이 유명상표의 표지의 식별력이나 명성을 손상시키는 행위를 부정경쟁행위의 유형으로 추가하고, 이러한 손상 행위에 대하여는 다른 부정경쟁행위와 달리 고의가 있는 경우에만 손해배상 및 신용회복의 책임을 묻도록 하였다(법 제2조 제1호 다목, 제5조 단서 및 제6조 단서).

이 사건 판결에서 언급된 바와 같이 부정경쟁방지법 제2조 제1호 다목의 '국내에 널리 인식된'이라는 용어는 '주지의 정도를 넘어 저명 정도에 이른 것'을 의미하는데, 동조 가목의 '국내에 널리 인식된'이라는 용어가 '주지의 정도에 이른 것'을 의미하는 것과 비교하면 다목의 규정이 더 높은 수준의 인식의 정도를 요한다고 할 것이다. 따라서 부정경쟁방지법 제2조 제1호 다목 소정의 저명성을 취득한 표지는 동조 가, 나목 소정의 주지성의 요건 또한 충족되었음은 당연하다. 한편 상표법에서도 각각의 규정별로 요구되는 주지의 정도가 다른데, 상표법 제7조 제1항[15] 제11호 및 동항 제12호 규정의 주지의 정도는 국내의 일반거래에 있어서 수요자에게 그 상표나 상품이라고 하면 특정인의 상표나 상품이라는 정도로 인식되게 되는 정도에 그치며, 동항 제9호 규정의 주지의 정도는 그 상품에 대한 수요자 및 거래자 중의 압도적 대다수에게 그 상표가 그의 상표로 현저하게 인식되게 되는 정도를 말하고, 동항 제10호는 경우에 따라서 그 상표에 일정의 양질감이 표창되고 해당 상품에 대한 관계거래자 외에 일반공중의 대부분에까지

---

[15] 제7조(상표등록을 받을 수 없는 상표) ① 다음 각 호의 어느 하나에 해당하는 상표는 제6조에도 불구하고 상표등록을 받을 수 없다.
  9. 타인의 상품을 표시하는 것이라고 수요자간에 현저하게 인식되어 있는 상표(지리적 표시를 제외한다)와 동일 또는 유사한 상표로서 그 타인의 상품과 동일 또는 유사한 상품에 사용하는 상표
  10. 수요자 간에 현저하게 인식되어 있는 타인의 상품이나 영업과 혼동을 일으키게 하거나 그 식별력 또는 명성을 손상시킬 염려가 있는 상표
  11. 상품의 품질을 오인하게 하거나 수요자를 기만할 염려가 있는 상표
  12. 국내 또는 외국의 수요자간에 특정인의 상품을 표시하는 것이라고 인식되어 있는 상표(지리적 표시를 제외한다)와 동일 또는 유사한 상표로서 부당한 이익을 얻으려 하거나 그 특정인에게 손해를 가하려고 하는 등 부정한 목적을 가지고 사용하는 상표

널리 알려지게 됨으로써 저명성을 획득하게 되는 정도를 말하는 것으로 가장 높은 수준의 주지성을 요한다.[16] 따라서 부정경쟁방지법 제2조 제1호 다목의 주지의 정도는 상표법 제7조 제1항 제9호의 주지성보다는 높고 제10호의 주지성과는 비슷한 정도라고 이해될 수 있겠다.

한편 부정경쟁방지법 제2조 제1호 다목 소정의 '식별력의 손상'의 의미와 관련하여 이 사건 판결은 식별력의 손상의 의미란 '특정한 표지가 상품표지나 영업표지로서의 출처표시 기능이 손상되는 것'을 말한다고 하였는데, 이때 '손상'이 식별력의 '약화'의 경우[17]까지도 포함하고 있는 것을 의미하는지에 대해서는 구체적인 설명을 하지 않았다. 생각건대, 사전적·법문언상으로 손상과 약화의 의미가 상이하며, 식별력의 약화까지 제재하였을 경우 자유경쟁에 있어서 후발주자의 성장을 막는 과도한 제재가 될 가능성이 있는 점을 고려하면, 식별력의 손상이란 식별력의 약화가 누적됨에 따라 표지의 권리자가 오랫동안 축적한 신용에 흠이 생기는 상태까지 이른 정도로 이해하는 것이 타당하다고 본다. 하지만 실제 사건에서 식별력의 약화나 손상의 차이를 나누어 판단하기란 쉽지 않을 것이므로 식별력의 손상 여부는 유사표지의 사업 분야, 사용 장소, 주된 수요자층 등을 고려하여 사안에 따라 개별적으로 판단하여야 할 것이다.

이 사건 판결은 피고들이 '비아그라' 표장을 상품표지로서 사용하였다고 볼 수 없으나 피고들이 viagra.co.kr라는 이름의 인터넷사이트에서 건강보조식품 등을 판매하는 행위를 한 것은 원고들의 저명상표와 유사한 표지를 영업표지로 사용한 것에 해당한다고 함으로써 저명한 상품표지가 다른 사람에 의하여 영업표지로 사용되는 경우에도 부정경쟁방지법 제2조 제1호 다목 규정이 적용될 수 있음을 밝혔는데, 이는 동조 다목에서 요하는 저명성은 당해 상품에 관한 거래자 및 일반 수요자들뿐만 아니라 이종상품이나 이종영업에 걸친 일반 수요자의 대부분에까지 알려진 정도의 인식 수준을 말하는 것이라는 점을 고려하면, 일견 타당한 판단이라고 본다.

---

16 최성우·정태호, OVA 상표법, 한국특허아카데미(2012), 239면 참조.
17 누군가가 저명상표와 동일하거 유사한 표지를 계속적으로 사용함으로써 그 상표의 식별력이 감소되는 경우

Ⅵ. 관련문헌

강기중, "도메인 이름에 관한 2개의 판례 비교 해설," 정보법학 제8권 제2호, 한국정보법학회(2004. 12.)

사례 22 '내가 제일 잘 나가사끼 짬뽕' 사건 – 노래 제호의 주지성과 저명성

Ⅰ. 기초사항

사건번호	서울중앙지방법원 2012. 7. 23.자 2012카합996 결정[확정]	
사 건 명	광고사용게재금지가처분	
주　　문	신청 기각	
표　　지	신청인	피신청인
	내가 제일 잘 나가	

Ⅱ. 사실관계

　　신청인은 '테디'라는 예명으로 활동하고 있는 주식회사 와이지엔터테인먼트 소속 작사가 겸 작곡가로서, 위 회사 소속 여성 가요그룹인 '2NE1'의 두 번째 미니앨범 수록곡인 '내가 제일 잘 나가'라는 제호의 대중가요(이하 '이 사건 가요'라 하고, 그 제호를 '이 사건 제호'라 함)를 작사, 작곡한 자이고, 피신청인은 '나가사끼 짬뽕'이라는 명칭의 라면(이하 '이 사건 라면'이라 함)을 생산하여 판매하고 있는데, 2012. 3. 5.경부터 2012. 5. 31.경까지 인터넷 포털사이트 등에서 이라는 문구(이하 '이 사건 표지'라 함)를 사용하여 이 사건 라면에 관한 광고를 하였다.

　　신청인은, 이 사건 제호는 국내에 널리 알려진 신청인의 상품표지인데 피신청인이 이 사건 라면 광고에 이 사건 제호와 동일 또는 유사한 이 사건 표지를 사용하는 것은 부정경쟁방지법 제2조 제1호 가목에서 정한 이른바 '상품주체 혼동행위' 또는 같은 호 다목에서 정한 이른바 '저명상표 희석행위'에 해당하므로, 피신청인이 신청인의 허락 없이 이 사건 제호를 무단으로 사용하는 것은 신청인의 인격권을 침해하는 행위라는 취지로 광고사용게재금지가처분신청을 하였다.

Ⅲ. 사안의 쟁점

노래의 제호인 '내가 제일 잘 나가'가 주지된 표지 또는 저명한 표지에 해당하는지 여부

Ⅳ. 판단의 요지

1) 이 사건 가요가 수록된 미니앨범이 2011. 6. 24.경 발매된 이후 이 사건 가요가 주요 음원 차트에서 1위에 올랐을 뿐만 아니라, 가요순위 방송프로그램에서 1위를 차지하는 등 상당한 인기를 얻은 사실이 소명되므로, 위 소명사실에 의하면 이 사건 제호가 국내 가요시장의 수요자 또는 거래자들 사이에서 신청인의 상품표지로 널리 인식되었다고 볼 여지도 있다. 그러나 부정경쟁방지법 제2조 제1호 가목에서 정한 상품주체 혼동행위에 해당하려면 주지성을 취득한 타인의 상품표지와 동일 또는 유사한 표지를 사용함으로써 타인의 상품과 혼동을 일으킬 우려가 있어야 하는바, 이는 상품표지의 주지성과 식별력의 정도, 표지의 유사 정도, 사용태양, 상품의 유사 및 고객층의 중복 등으로 인한 경업경합관계의 존부, 그리고 모방자의 악의(사용의도) 유무 등을 종합하여 판단하여야 한다(대법원 2001. 4. 10. 선고 98도2250 판결 참조).

2) 이 사건 제호는 국내 가요시장의 수요자 또는 거래자들 사이에 알려진 지 1년 정도밖에 되지 않았고 일반인이 일상생활에서 흔히 사용하는 문구이므로, 그 식별력이 강하다고 보기는 어려운 점, 피신청인이 사용하고 있는 이 사건 표지는 이 사건 제호에다가 '사끼 짬뽕' 부분을 결합한 것이기는 하지만 이 사건 라면 고유의 상품표지인 '나가사끼 짬뽕'을 포함하고 있기도 하므로 이 사건 제호와 이 사건 표지를 전체적, 이격적으로 관찰하였을 때 서로 유사하다고 단정하기 어려운 점, 신청인은 대중가요 작사, 작곡가이고 이 사건 제호는 대중가요에 사용된 표지인 반면에, 피신청인은 식품판매회사이고 이 사건 표지는 라면 광고에 사용되고 있으므로, 신청인의 상품(대중가요)과 피신청인의 상품(라면)이 서로 유사하다거나 고객층이 중복된다고 보기 어려운 점 등을 종합하면 비록 피신청인이 이 사건 표지를 사용함에 있어 이 사건 가요의 인기를 이용하려는 의도가 어느 정도 엿보인다 하더라도 그것만으로 일반 소비자들로 하여금 신청인의 상품과 피신청인의 상품 사이에 혼동을 일으키게 할 우려가 있다고 보기는 어렵다.

3) 이 사건 제호인 '내가 제일 잘 나가'는 국내 가요시장의 수요자 또는 거래자들 사이에서 주지성을 취득하였다고 볼 여지가 있으나, 이 사건 제호가 주지의 정도를 넘어 국내가요시장의 수요자 또는 거래자는 물론 일반 대중에게까지 널리 알려진 '저명한' 상품표지에 해당한다고 보기 어렵다.

Ⅴ. 검 토

이 사건 결정은 노래의 제호가 제3자의 상품에 표지로 이용될 경우, 그러한 제3자의 이용행위가 부정경쟁방지법 제2조 제1호 가목 또는 다목 소정의 부정경쟁행위가 될 수 있는지에 대하여 구체적으로 판단하였다는 점에서 의의가 있다.

이 사건 신청인은 자신이 작사 작곡한 노래의 제호 '내가 제일 잘 나가'를 피신청인이 라면제품인 '나가사끼 짬뽕'의 광고에 이용하였다는 이유로 부정경쟁방지법 제2조 제1호 가목의 상품주체 혼동행위 및 동조 다목의 저명상표 희석행위에 해당한다고 주장하였는데, 이와 같은 신청취지대로 피신청인의 행위가 부정경쟁행위에 해당하는지를 판단하기 위해서는 노래의 제호가 상품표지나 영업표지가 될 수 있는지 여부를 우선적으로 검토하여야 할 것이다. 제호의 표지성과 관련하여, 우리 대법원은 이른바 '뮤지컬 캣츠' 사건(대법원 2015. 1. 29. 선고 2012다13507 판결)에서 "뮤지컬은 각본·악곡·가사·안무·무대미술 등이 결합되어 음악과 춤이 극의 구성·전개에 긴밀하게 짜 맞추어진 연극저작물의 일종으로서, 제목은 특별한 사정이 없는 한 해당 뮤지컬의 창작물로서의 명칭 또는 내용을 함축적으로 나타내는 것에 그치고 그 자체가 바로 상품이나 영업의 출처를 표시하는 기능을 가진다고 보기는 어려우나, 뮤지컬은 제작·공연 등의 영업에 이용되는 저작물이므로, 동일한 제목으로 동일한 각본·악곡·가사·안무·무대미술 등이 이용된 뮤지컬 공연이 회를 거듭하여 계속적으로 이루어지거나 동일한 제목이 이용된 후속 시리즈 뮤지컬이 제작·공연된 경우에는, 공연 기간과 횟수, 관람객의 규모, 광고·홍보의 정도 등 구체적·개별적 사정에 비추어 뮤지컬의 제목이 거래자 또는 수요자에게 해당 뮤지컬의 공연이 갖는 차별적 특징을 표상함으로써 구체적으로 누구인지는 알 수 없다고 하더라도 특정인의 뮤지컬 제작·공연 등의 영업임을 연상시킬 정도로 현저하게 개별화되기에 이르렀다고 보인다면, 뮤지컬의 제목은 단순히 창작물의 내용을 표시하는 명칭에 머무르지 않고 부정경쟁방지법 제2조 제1호 나목에서 정하는 '타인의 영업임을 표시한 표지'에 해당한다"고 함으로써, 원칙적으로 제호의 표지성에 대해 부정하였으나, 특정인의 제작·공연임을 연상시킬 정도로 현저하게 개별화되었을 경우에는 예외적으로 표지성을 인정하였다. 이와 같은 대법원 판례의 입장을 고려하여 이 사건을 살펴보면, 노래의 제호 역시 해당 노래의 내용을 표시하는 명칭에 머무르지 않고 일반 수요자들에게 특정인이 제작한 노래임을 연상시킬 정도로 현저하게 개별화되었다면 노래의 제호 또한 표지성을 갖는다고 보아야 할 것이다. 다만 노래의 제호를 상품표지라고 보아야 할 것인지, 아니면 영업표지로 보아야 할 것인지에 대해서는 다소 불명확하다. 생각해보건대, 해당 노래의 제호가 앨범에 표창되었다면 그 제호는 상품표지의 기능을 갖는다고 할 것이나, 가수의 공연과 관련하여 사용된 것이라면 그 제호는 영업표지로 볼 수 있을 것이다. 이와 관련하여, 이 사건 결정은 노래의 제호가 상품표지가 된다고 판단하였으나, 모든 노래의 제호가 상품표지가 된다고 단정할 것은 아니며, 그 제호가 사용된 대상의 성질 등을 고려하여 판단하여야 할 것이다. 반면에, 피신청인의 이 사건 표지는 광고로서 사용된 것으로 특정 상품을 홍보하기 위한 것이라면 상품표지로 볼 수 있겠으나, '광고' 자체의 성격을 고려한다면 영업표지로 사용되었다고 볼 수도 있을 것이다. 이 사건 표지가 영업표지인지 상품표지인지에 대해서 특별한 언급은 하지 않은 점은 이 사건 결정에서 다소 아쉬운 점이다.

　한편 이 사건 결정은 이 사건 노래의 제호는 상품표지로서 주지의 정도에 이른 것으로 볼 여지도 있지만 저명의 정도에 이르렀다고 볼 수 없다고 하였는데, 저명의 정도는 해당 상품에 대한 관계거래자 외에 일반 공중의 대부분에게까지 널리 알려지게 됨으로써 저명성을 획득하게 되는 정도를 말하는 것으로, 여기서 저명성 취득 여부(국내에 널리 인식되었는지 여부)는 그 사용기간·방법·태양·사용량·영업범위 등과 그 영업의 실정 및 사회통념상 객관적으로 널리 알려졌느냐의 여부 등이 기준이 된다 할 것이다(대법원 2001. 9. 14. 선고 99도691 판결 참조). 이 사건 결정은 구체적인 언급 없이 이 사건 제호의 저명성 취득을 부정하였으나, 이 사건 제호의 사용기간, 영업범위 등을 종합하여 고려하더라도, 이 사건 제호를 저명한 표지로 인정하기에는 다소 무리가 있어 보인다.

사례 23 '버버리 노래방' 사건 – 노래방업소의 상호와 저명성의 손상

Ⅰ. 기초사항

사건번호	대전고등법원 2010. 8. 18. 선고 2010나819 판결[확정]	
사 건 명	부정경쟁행위금지등	
주 문	일부 판결 취소	
표 지	원고, 항소인	피고, 피항소인
	BURBERRY, 버버리	**버버리 노래방**

Ⅱ. 사실관계

원고는 1856년 영국에서 토마스 버버리(Thomas Burberry)에 의하여 설립된 이래 현재까지 주로 의류, 가방 등 패션 관련 제품들을 제조·판매해오고 있는 회사로서, 'BURBERRY'에 대한 상표권자이며, 자신의 제품·영업활동 등과 관련하여 그 상품표지로서 'BURBERRY' 또는 그 한글 음역인 '버버리'를 사용하고 있다. 원고는 국내에도 전국 각지에 60개의 매장을 두고 있고, 원고 제품을 수입·판매하는 원고의 국내 자회사인 버버리코리아 주식회사의 연간 매출액은 2005년에 1,065억 원, 2006년에 1,170억 원, 2007년에 1,309억 원에 이르며, 원고의 등록상표들은 특허청에서 매년 발행되는 '주로 도용되는 국내·외 상표집'에 자주 도용되는 외국의 저명상표로 수록되어 왔다. 2009. 7. 31. 현재 '버버리'라는 검색어로 검색을 할 경우 한국경제신문의 웹사이트에서는 596건의, 매일경제신문의 웹사이트에서는 861건, 중앙일보의 웹사이트에서는 718건, 동아일보의 웹사이트에서는 296건의 원고 관련 기사가 검색된다. 이와 같이 원고의 등록상표인 'BURBERRY' 및 '버버리'는 원고가 제조·판매하는 제품의 상품표지로 한국에서도 일반인에게 널리 알려지게 되었다.

한편 피고는 2003. 11.경부터 천안시 내 지상 건물 네 곳에 '버버리 노래'라고 표기한 외부 간판을 설치하고 '버버리 노래'라는 상호의 노래방(이하 '이 사건 노래방'이라 함) 영업을 하고 있다.

이에 원고는 피고가 원고의 주지 저명한 상품표지인 원고의 등록상표들과 동일 내지 유사한 '버버리 노래'라는 표지를 사용하여 노래방 영업 활동을 하고 있는바, 이는 부정경쟁방지법 제2조 제1호 다목 소정의 부정경쟁행위에 해당하므로 피고에 대하여 침해금지 및 예방청구로서 'BURBERRY' 또는 '버버리' 표장의 사용금지, 손해배상청구로서 20,000,000원 및 이에 대한 지연손해금의 지급을 구하였다.

☞ 제1심(대전지방법원 2009. 12. 18. 선고 2009가합9489 판결)

부정경쟁방지법 제2조 제1호 다목은 타인의 상품 또는 영업임을 표시한 표지와 동일하거나 유사한 것을 사용하여 타인의 표지의 식별력이나 명성을 '손상'하는 행위를 부정경쟁행위에 해당하는 행위로 규율하고 있으므로, 위 부정경쟁행위가 성립하기 위해서는 단순한 추상적 위험의 발생만으로는 부족하고 식별력 손상 또는 명성 손상이라는 구체적인 결과가 객관적으로 존재하거나 그렇지 않다고 하더라도 그러한 가능성이 극히 큰 경우가 아니면 안 되기 때문에 단지 유명상표와 동일·유사한 상품표지 또는 영업표지를 사용한 사실이 있었다고 하여 타인의 표지의 식별력이나 명성의 손상이라는 결과 또는 그 가능성을 추정할 것은 아니고 당해 표지의 사용이 부정경쟁행위에 해당한다고 주장하는 이는 그러한 사용으로 인하여 실제로 자신의 표지의 식별력이나 명성이 손상되었다는 결과 또는 그 가능성에 관하여 별도의 주장·증명을 하여야 하나, 피고의 주장 및 인정사실만으로는 원고의 등록상표의 식별력이나 명성의 손상이라는 결과 또는 그 가능성을 인정하기에 부족하고 달리 이를 인정할 만한 증거가 없으므로, 원고의 주장은 이유 없다는 취지의 **원고 청구를 기각**하였다.

Ⅲ. 사안의 쟁점

피고가 원고의 저명한 표지를 노래방영업의 상호로 사용한 행위가 부정경쟁방지법 제2조 제1호 다목에서 규정하고 있는 '타인의 표지의 식별력이나 명성을 손상하게 하는 행위'로서 부정경쟁행위에 해당하는지 여부

Ⅳ. 판단의 요지

1) 부정경쟁방지법 제2조 제1호 다목은 '타인의 표지의 식별력이나 명성을 손상하게 하는 행위'를 부정경쟁행위로 규정하고 있는바, 위 규정의 입법 취지와 그 입법 과정에 비추어 볼 때, 위 규정에서 사용하고 있는 '식별력의 손상'은 '특정한 표지가 상품표지나 영업표지로서의 출처표시 기능이 손상되는 것'을 의미하는 것으로 해석함이 상당하며 이러한 식별력의 손상은 저명한 상품표지가 다른 사람에 의하여 영업표지로 사용되는 경우에도 가능하고(대법원 2004. 5. 14. 선고 2002다13782 판결 참조), '명성의 손상'은 '특정한 표지의 좋은 이미지나 가치를 훼손하는 것'을 의미하는 것으로 해석된다.

2) 피고가 2003. 11.경부터 현재까지 7년 이상 천안시에서 원고의 등록상표를 노래방업소의 상호로 사용해온 사실이 인정되는바, 그렇다면 비록 원·피고의 영업이 동일·유사하지는 않다고 하더라도, 피고는 저명한 원고의 등록상표를 영업표지로 사용하였고 그 결과 원고의 등록상표의 상품표지로서의 출처표시 기능이 손상되었다고 할 수 있다. 또한 피고는 원고의 등록상표를 중소도시에서 다수인이 비교적 저렴한 가격에 이용할 수 있는 노래방업소의 상호에 이용함으로써 국내에서도 널리 고급패션 이미지로 알려진 원고의 등록상표의 명성을 손상하였다.

3) 따라서 피고가 원고의 등록상표를 노래방영업의 상호로 사용한 행위는 부정경쟁방지법 제2조 제1호 다목에 규정하고 있는 '타인의 표지의 식별력이나 명성을 손상하게 하는 행위'로서 부정경쟁행위에 해당한다.

Ⅴ. 검 토

이 사건은 대중들에게 매우 많은 관심을 받은 사건으로, 현재 이 사건과 관련한 신문기사를 검색하여 보면, '버버리 굴욕', '천안 버버리노래방, 영국 버버리사 이겼다' 등 원고 측이 패소하였다는 취지의 기사들이 다수 검색되고 있다. 이는 기사의 작성자가 원고 측이 패소한 이 사건 원심(제1심)의 결과를 재판상 확정된 판결로 오해하였거나, 항소심의 최종판결이 나기 전에 해당 기사를 작성하였기 때문인 것으로 추측된다. 이러한 이유로 아직도 많은 사람들이 이 사건에 대하여 버버리노래방의 승리로 오해하고 있으며, 심지어 이 사건 판결 이후에 작성된 칼럼이나 기사에서조차 원심 판결 내용을 바탕으로 이 사건을 설명하고 있으나, 이 사건 판결에서 볼 수 있는 바와 같이 항소심 법원은 원고 측의 손해배상 청구액 부분을 제외한 나머지 부분에 대해서 승소 판결을 하였고, 피고의 버버리 표지 사용행위에 대하여 부정경쟁행위로 인정하였다.

비록 이 사건 원심판결과 항소심 판결의 결과가 상이하지만, 두 판례 모두 저명성 판단에 있어서 몇 가지 중요한 쟁점을 구체적으로 설시하였다는 점에서 그 의의가 있다.

우선 이 사건 원심은 "부정경쟁방지법 제2조 제1항 다목의 부정경쟁행위가 성립되기 위해서는 단순한 추상적 위험의 발생만으로는 부족하고 식별력 손상 또는 명성 손상이라는 구체적인 결과가 객관적으로 존재하거나 그렇지 않다고 하더라도 그러한 가능성이 극히 큰 경우가 나타나야 하며, 이러한 식별력 손상 또는 명성 손상에 대한 별도의 증명을 하여야 할 것인데 그러한 식별력 손상이나 명성 손상의 증명책임은 원고에게 있다"고 함으로써 저명표지의 식별력 손상 부분에 대한 구체적인 증명책임이 원고에게 있음을 확인시켜 주었다. 식별력의 손상 여부는 부정경쟁방지법 제2조 제1항 다목 인정 여부에 있어서 중요 요건 중 하나인 점, 기본적으로 민사소송에서 증명책임은 주장하는 자에게 있는 점, 해당 표지의 식별력에 관한 거의 모든 정보들(매출현황, 광고내용, 소비자 선호도 조사내용 등)은 원고 측에서 보유하고 있으며, 이러한 정보들은 대개 영업비밀로서 보호·관리되어 있어 특별한 사유 없이는 제3자가 알기란 사실상 불가능한 점(정보의 비균등성)을 고려하면, 식별력 손상 또는 명성 손상에 대한 별도의 증명이 요구되고 이것에 대한 증명책임은 원고에게 있다고 본 이 사건 원심판결의 태도는 타당하다.

이 사건 원심판결은 주지성, 표지의 동일·유사성, 식별력의 손상 여부 등을 고려하지 않고 원고 청구를 기각하였으나, 항소심에서는 원고의 버버리 표지가 부정경쟁방지법 제2조 제1항 다목 소정의 저명한 상품표지인지 여부에 대하여 구체적으로 판단하였는데, 그 중 법문에 규정된 '명성의 손상'의 의미와 관련하여, "명성의 손상은 특정한 표지의 좋은 이미지나 가치를 훼손하는 것을 의미하며, 피고는 원고의 등록상표를 중소도시에서 다수인이 비교적 저렴한 가격에 이용할 수 있는 노래방업소의 상호에 이용함으로써 국내에서도 널리 고급패션 이미지로 알려진 원고의 등록상표의 명성을 손상하였다"고 함으로써 고가제품에 사용되는 저명상표를 상대적으로 저렴한 업종의 상호로 사용한 것에 대하여 식별력의 손상의 일종으로 판단하였다. 부정경쟁방지법은 타인의 신용에 편승하여 부당한 이익을 얻는 것을 방지하고 그로 인하여 타인의 신용 등이 훼손되는 것을 막기 위해 제정된 것임을 상기한다면, 고가의 이미지로 구축된 표지를 무단으로 저가의 상품(영업)에 사용하는 행위는 타인의 신용 및 고객흡인력을 실추 또는 저해시킨 것이므로 부정경쟁방지법의 취지에도 배치되는 것일 뿐만 아니라 식별력을 손상시키는 행위라고 보는 것이 타당하다고 본다.

[판례상 저명성이 인정된 표장]

[1] 월마트

사건번호	대법원 2005. 3. 11. 선고 2004후1151 판결
표 장	**Wal - Mart, 월마트**
요 지	이 사건 등록서비스표의 출원 당시 선사용서비스표들은 국·내외의 거래자 또는 수요자 사이에서 피고의 서비스표로서 현저하게 인식될 수 있을 정도로 알려져 있었을 뿐만 아니라 피고의 지속적인 선전, 광고 및 사용을 통하여 영업상 신용이나 고객흡인력 등의 무형적 가치가 축적된 **주지·저명한 서비스표로 인정**된다.

[2] TOEFL

사건번호	대법원 2010. 5. 27. 선고 2008후2510 판결
표 장	**TOEFL**
요 지	선사용상표 'TOEFL'은 영어를 모국어로 하지 않는 사람들을 상대로 학문적인 영어구사능력을 평가하는 미국 ETS사(원고 회사를 말한다)의 영어시험(Testing Of English as a Foreign Language) 또는 상표명을 말하고, 국내 포털 사이트인 네이버에 위와 같은 내용이 설명되어 있는 사실, 'TOEFL'과 같은 서비스표가 1983. 2. 25. 영어학력테스트업 등을 지정서비스업으로 하여 서비스표등록된 이후, 선사용상표를 비롯한 'TOEFL'이 포함된 'TOEFL(등록일 : 1988. 7. 7.), TOEFL(등록일 : 1993. 5. 20.)'과 같은 상표들이 정기간행물, 영어능숙도시험 및 평가용으로 사용되는 마그네틱 오디오 테이프 등을 지정상품으로 하여 등록되어 있는 사실, 국내에서 1996년부터 2003년까지 토플시험 응시자는 66만 명에 이르고, 2000년부터 2003년까지 토플시험으로 인한 매출액은 347억 원이 넘으며, 선사용상표의 국내 라이센스업체인 시사영어사가 'TOEFL'과 관련된 영어학습 교재를 발행하여 1994. 5. 1.부터 1995. 3. 31.까지의 매출액은 약 16억 원에 이르고, 1992. 7. 1.부터 1996. 6. 30.까지의 판매부수는 27만부에 달하는 사실, 원고는 국내에서 'TOEFL'과 관련된 정보지를 1993년부터 1998년까지 약

67만부 배포하였고, 위 시사영어사는 1993. 3.부터 1996. 8.까지 선사용상표 등에 관한 광고비로 약 2억 8천만 원을 지출한 사실, 그 이후에도 선사용상표를 사용한 영어학습 교재 등이 계속 국내외에서 널리 생산, 판매되어 오고 있는 사실, 특허법원과 특허청은 선사용상표 등이 영어시험문제집 등에 관하여 저명상표임을 전제로 동일, 유사한 상표의 등록을 거절하거나 그 등록을 무효로 판결(심결)하고 있는 사실을 각 인정할 수 있다. 위 인정 사실에 의하면, 선사용상표는 이 사건 등록상표의 출원 당시에 수요자간에 현저하게 인식될 수 있을 정도로 알려져 있는 **저명상표라고 할 것**이다.

[3] 도형 Gucci

사건번호	대법원 2005. 3. 11. 선고 2004후1151 판결
표　　장	
요　　지	선등록상표들()의 사용기간, 사용방법, 원고 상품의 거래형태, 영업의 범위, 광고 선전의 실태 등의 제반 사정을 고려하여 보면, 선등록상표들은 이 사건 등록상표의 출원일인 2005. 9. 12. 당시 일반 수요자들 사이에 현저하게 인식된 **저명상표라 할 것**이다.

[4] 인텔

사건번호	대법원 2008. 7. 24. 선고 2008후1524 판결
표　　장	인텔, INTEL,
요　　지	원고의 성장 과정, 비교대상상표/서비스표들(인텔, INTEL,)의 사용기간, 광고현황, 이를 부착한 상품의 종류와 매출액 및 브랜드 인지도 등을 종합하여 보면, 비교대상상표/서비스표들은 이 사건 등록서비스표의 등록출원 당시 세계적으로는 물론이고 우리나라에서도 **저명한 정도에 이르렀다**고 할 것이다.

[5] 미니 마우스

사건번호	대법원 2001. 11. 30. 선고 99후918 판결
표　장	**minnie mouse**
요　지	인용상표 "미니 마우스(minnie mouse)"는 미키 마우스(mickey mouse)와 함께 월트 디즈니(walt disney)의 만화영화 속의 주인공 이름으로서 우리 나라를 비롯하여 전세계적으로 주지 **저명한 캐릭터(character)**가 되었다.

[6] 엘지

사건번호	대법원 2007. 11. 29. 선고 2007후3677 판결
표　장	🌐**LG** , **LG**
요　지	럭키금성그룹은 1995.1.1. 그룹 ci(기업이미지) 개정작업을 통하여 '럭키' '금성' '엘지' 등으로 시작되는 27개의 계열사의 이름을 그 상호의 약칭인 "lg"로 통합하는 것으로 그룹의 명칭을 바꾸었는데, lg그룹은 tv, 라디오, 신문 잡지 등의 각종매체를 통한 광고선전비로 1995년 182억원, 1996년 265억원, 1997년 253억원, 1998년 243억원, 1999년 269억원 이상을 지출 한 사실(2000년은 327억원이었고 그 이후 2006년까지 연평균 300억원을 상회하는 비용을 지출하였다), lg그룹의 계열회사 가운데 하나인 원고의 1999년 매출액은 약 10조 5천억 원에 이르는 사실, 2000년경 원고가 자체 적으로 시행한 기업브랜드 인지도 조사에서 원고에 대한 일반 수요자의 인 지도는 무려 98.5%인 사실을 각 인정할 수 있는바, 위 인정사실만으로도, "lg"표장은 이 사건 등록상표의 출원일인 2000. 5. 19. 이미 국내에서 그 사용상품인 각종 전자·통신기계기구 등과 관련하여 **저명한 대기업의 상호 를 지칭하는 표장**으로 되었다고 할 수 있다.

[7] 샤넬

사건번호	대법원 2007. 12. 27. 선고 2006후664 판결
표 장	**CHANEL, 샤넬**
요 지	지정서비스업을 성형외과업, 미용성형외과업, 피부과업, 의료업으로 하고, "*Chanel* 샤넬,성형외과"로 구성된 원고의 이 사건 출원서비스표(출원번호 : 제2002-12852호)는 그 중심적 식별력을 가지는 '샤넬, channel'부분의 호칭이 화장품 등에 사용되는 원심 판시의 **저명상표 "chanel"**과 동일하여 전체적으로 위 저명상표와 유사할 뿐만 아니라, 위 저명상표는 화장품류와 관련하여 널리 알려진 상표인 점, 그 저명상표권자는 화장품류 외 여성의류, 잡화 등 관련 사업을 점차 확장해 온 세계적인 기업인 점, 이 사건 출원서비스표의 지정서비스업은 미용에 관심이 많은 여성이 주된 수요자 층으로서 위 저명상표의 사용상품의 수요자 층과 상당부분 중복되는 점, 이 사건 출원서비스표의 출원 당시에는 미용 목적의 진료가 주로 행해지는 일부 피부과의원 등에서 그 진료에 부수하여 치료용 화장품의 제조·판매업을 겸하기도 하였던 점 등에 비추어 보면, 이 사건 출원서비스표는 그 지정서비스업의 수요자로 하여금 위 저명상표를 쉽게 연상하게 하여 타인의 영업과 혼동을 불러일으킨 경우에 해당한다고 할 것.

[8] 한국갤럽

사건번호	대법원 2008. 12. 24. 선고 2008후4080 판결
표 장	**한국갤럽, GALLUP KOREA, ⓖallup**
요 지	선사용표장인 "ⓖallup"과 그 구체적 사용실태로 보이는 "GALLUP KOREA" 및 "한국갤럽"은 국내의 일반 수요자에서 원고의 서비스업인 여론조사업을 표시하는 것으로 널리 알려져 이 사건 등록서비스표의 출원시인 2004. 12. 31.경에는 이미 **저명한 정도에 이르렀다**고 할 것이다.

[판례상 저명성이 부정된 표장]

[1] 설화수

사건번호	대법원 2007. 2. 8. 선고 2006후3526 판결
표 장	
요 지	선등록상표 1 () 등의 광고를 위해 지출한 비용이 2001년에 3,500만 원, 2002년에 4,200만 원에 불과하고 2003년에 비교적 많은 19억 3,500만 원을 지출하기는 하였으나, 이 사건 등록상표의 출원일인 2003. 5. 12. 이전에 얼마를 지출하였는지를 알 수 없어서 상표의 저명성 판단에 큰 영향을 미치는 광고실적이 높다고 할 수 없고, 선등록상표 1 등을 사용한 기간 또한 저명성을 인정하기에는 비교적 짧은 기간이어서 다른 특별한 사정을 발견할 수 없는 상황에서 선등록상표 1 등의 **저명성을 선뜻 인정하기 어려울 뿐만 아니라**, 선등록상표 1 등을 부착한 상품이 이 사건 등록상표의 출원일 이전까지 전체 화장품 시장에서 차지한 비중, 선등록상표 1 등을 부착한 상품의 종류와 생산량 등의 구체적인 사용실태 등을 알 수 있는 자료도 나와 있지 않다. 그럼에도 원심이 그 인정 사실만으로 선등록상표 1 등의 저명성을 인정한 것은 상표의 저명성 판단에 관한 법리를 오해하거나 심리를 미진하여 판결에 영향을 미친 잘못이 있고, 이 점을 지적하는 상고이유의 주장은 이유 있다.

[2] 타이레놀

사건번호	대법원 2003. 9. 26. 선고 2002후628 판결
표 장	**타이레놀, TYRENOL**
요 지	**원심은**, 한글 "타이레놀"과 영문자 "TYRENOL"을 2단으로 결합한 원고의

상표 1과 위 영문자 부분만으로 이루어진 원고의 상표 2를 사용한 해열진
통제 타이레놀의 2000.경 1년간 전세계 매출액은 약 1조 5천억 원 정도이
고, 미국에서 모든 상품을 통틀어 가장 선호도가 높은 4개 브랜드 중 하나
로 인식되고 있으며, 같은 시기 한국에서의 1년간 매출액은 약 150억 원
정도인 사실, 원고는 1994.경부터 2001. 5.경까지 TV, 라디오, 신문, 잡지
등에 타이레놀, 어린이 타이레놀, 혹은 원고 회사 자체에 대한 광고비로 우
리나라에서 약 100억 원 상당을 지출한 사실, Tyrenol은 그 자체로 특별한
뜻이 없는 인위적으로 만들어낸 조어임에도 민중서림에서 발행하는 에센
스 영한사전은 Tyrenol의 뜻을 진통약이라고 표기하고 있는 사실을 각 인
정한 다음, 위 인정사실에서 나타난 원고의 상표들이 사용된 기간, 방법,
태양, 사용량, 거래범위 등 거래의 실정과 선전광고의 지속성, 기간 및 광
고 방법 등을 종합하여 볼 때, 원고의 상표들은 피고의 이 사건 등록상표
(등록번호 제455218호)의 등록사정일인 1999. 9. 20.은 물론 출원일인
1998. 9. 30. 당시에 이미 진통해열제에 관하여 국내의 일반 수요자나 거래
자 사이는 물론 일반 공중의 대부분에까지 널리 알려질 정도로 **주지·저명
성을 획득**하게 되었고, 한글 "이타레놀"과 영문자 "EETARENOL"을 2단으
로 구성한 이 사건 등록상표와 원고의 상표들이 유사하지는 않지만, 이 사
건 등록상표와 원고의 상표 1은 한글 부분으로만 호칭·관념될 수 있고, 양
상표의 한글 부분은 모두 4음절로서 각각의 음절 구성은 "이·타·레·놀"
과 "타·이·레·놀"로서 완전히 동일하며, 특히 뒤의 두 음절은 순서까지
완전히 일치할 뿐 아니라, 원고의 상표들의 주지·저명성이 앞서 본 바와
같은 정도로 높았음에 비추어 보면, 이 사건 등록상표를 그 지정상품 중
원고의 상표들의 사용상품과 동일·유사한 '진통제', '해열제'에 사용하는
경우 일반수요자로서는 "이타레놀"에서 "타이레놀"을 용이하게 연상하여
거래상 주지·저명한 인용상표들의 사용자나 그와 특수한 관계에 있는 자
에 의하여 "이타레놀"을 상표로 사용하는 진통제·해열제가 생산 또는 판
매되는 것으로 인식될 수 있어 상품의 일반 수요자로 하여금 상품의 출처
를 오인·혼동케 할 염려가 있으므로, 이 사건 등록상표는 상표법 제7조 제
1항 제10호에 의하여 그 등록이 무효로 되어야 한다는 취지로 판단하였다.
타인의 상표가 상표법 제7조 제1항 제10호 소정의 이른바 저명상표인 경
우, 상표 자체로서는 타인의 저명상표와 유사상표라고 할 수 없더라도 상
표의 구성이나 관념 등을 비교하여 그 상표에서 타인의 저명상표가 용이하
게 연상되거나, 타인의 저명상표 또는 상품과 밀접한 관련성이 인정되어
상품의 출처에 오인·혼동을 일으키는 상표는 등록될 수 없고(대법원
2002. 5. 28. 선고 2001후2870 판결 참조), 저명상표에 해당하는지 여부는,

그 상표의 사용, 공급, 영업활동의 기간, 방법, 태양 및 거래범위 등과 그 거래실정 또는 사회통념상 객관적으로 널리 알려졌느냐의 여부 등이 기준이 되며, 위 규정을 적용함에 있어서 타인의 상표가 저명상표인지 여부를 판단하는 기준시는 등록상표의 등록출원시라고 보아야 한다(대법원 1999. 2. 26. 선고 97후3975, 3982 판결 참조).

위 법리와 기록에 의하면, **원고들 상표의 저명 여부를 판단하는 기준시는 이 사건 등록상표의 등록출원일인 1998. 9. 30.이므로,** 위 일자 이후의 원고의 상표들의 사용실적은 원고의 상표들이 위 일자에 저명상표였는지 여부를 판단하는 자료로 삼을 수 없고, 위 일자까지 원고가 4년 9개월 정도의 기간에 타이레놀의 광고비로 5,188,220,000원 가량을, 어린이 타이레놀의 광고비로 1,794,009,000원 가량을 각 지출한 사실(1998. 지출분은 1년치 광고비를 기간에 따라 나눈 추정치임), 민중서림에서 발행하는 에센스 영한사전에 Tylenol이 등록되어 있고 그 뜻이 진통해열제인 아세트아미노펜의 상표명이라고 기재되어 있는 사실이 인정되기는 하지만, 위 일자까지의 원고들 상표가 부착된 상품의 국내 판매실적이나 거래량 등의 상표 사용실적을 입증할 자료가 전혀 없으므로, 앞서 본 저명상표의 판단기준에 비추어 볼 때 위에서 본 정도의 인정사실만으로 원고의 상표들을 상표법 제7조 제1항 제10호 소정의 **'수요자간에 현저하게 인식되어 있는'** 상표라고 보기 어려움에도 불구하고 이와 달리 판단한 **원심판결에는 위 상표법 규정이 정한 이른바 저명상표에 관한 법리를 오해하여 판결에 영향을 미친 위법이 있다.**

나. 표지의 동일·유사 및 그 사용

사례 24 '미피 캐릭터' 사건 – 캐릭터 vs 캐릭터의 동일·유사 판단

Ⅰ. 기초사항

사건번호	서울고등법원 2013. 2. 8.자 2012라1419 결정	
사 건 명	저작권침해금지및부정경쟁행위금지가처분	
주 문	항고 기각	
표 지	신청인, 항고인	피신청인, 피항고인

Ⅱ. 사실관계

　네덜란드국의 아동 그림작가 겸 그래픽 디자이너인 A는 1955년경 흰색의 작고 귀여운 토끼인 '미피(miffy)' 캐릭터를 창작하였고, '미피' 캐릭터는 아래와 같은 변천을 거쳐 1990년대 이후로는 '🐰🐰🐰'와 같은 모습을 띠게 되었다. 신청인은 2011. 4. 15.경 A로부터 '미피' 캐릭터를 포함하여 A가 당시까지 창작한 글과 그림 등 창작물, 그리고 위 계약일 이후 장래에 창작할 글과 그림 등 기타창작물에 관한 저작권을 양수한 뒤, 대한민국을 비롯한 전 세계에서 '미피' 캐릭터를 상품화하여 위 캐릭터의 모양을 띠거나 위 캐릭터가 표시된 인형, 장난감, 의류, 문구 등 각종 제품을 제조, 판매하는 사업을 하고 있다.

　피신청인은 2011. 3.경 '부끄러운 토끼, 부토'라는 명칭으로 흰색의 작고 귀여운 토끼인 '부토(booto)' 캐릭터를 출시한 이래 현재까지 '부토' 캐릭터를 상품화

하여 위 캐릭터의 모양을 띠거나 위 캐릭터가 표시된 인형, 캘린더, 핫팩, 목쿠션 등의 상품을 제조, 판매하고 있다.

이에 신청인은, 자신의 '미피' 캐릭터는 국내에 널리 알려진 주지·저명한 상품표지 또는 영업표지인데, 피신청인이 '미피' 캐릭터와 실질적으로 유사한 '부토' 캐릭터를 표시하여 모자, 향수, 손목시계 등 각종 제품을 제조, 판매하거나 '부토' 캐릭터를 이용한 사업을 영위하는 것은 부정경쟁방지법 제2조 제1호 가, 나목에 규정된 이른바 '상품·영업주체 혼동행위' 또는 같은 호 다목에 규정된 이른바 '저명상표 희석행위'에 해당한다는 이유로 피신청인을 상대로 부정경쟁행위금지가처분신청을 하였다.

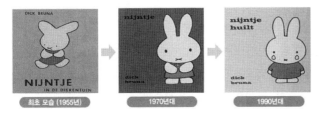

> ☞ 미피의 모습 변천사

- 최초 모습 (1955년)
- 1970년대
- 1990년대

☞ 제1심(대전지방법원 2009. 12. 18. 선고 2009가합9489 판결)

'미피' 캐릭터와 '부토' 캐릭터는 서로 유사하지 않으므로, 피신청인이 '부토' 캐릭터를 표시한 제품을 제조, 판매한다 해도 그로 인하여 국내의 일반 수요자들이 신청인의 상품·영업과 피신청인의 상품·영업 사이에 혼동을 일으키거나 '미피' 캐릭터의 식별력 또는 명성이 손상될 우려가 있다고 보기 어렵다는 이유로 **신청이 기각**됨.

Ⅲ. 사안의 쟁점

캐릭터 vs 캐릭터의 동일·유사 판단

Ⅳ. 판단의 요지

1) 피신청인이 '부토' 캐릭터를 표시하여 인형, 캘린더, 핫팩, 목쿠션 등의 각종 제품을 제조, 판매하거나 '부토' 캐릭터를 이용한 사업을 영위하는 것이 부정

경쟁방지법 제2조 제1호 가, 나목에 규정된 '상품·영업주체 혼동행위' 또는 같은 호 다목에 규정된 '저명상표 희석행위'에 해당하려면, 피신청인의 '부토' 캐릭터가 신청인의 '미피' 캐릭터와 동일 또는 유사함으로 말미암아 신청인의 상품·영업과 피신청인의 상품·영업 사이에 혼동을 초래하거나 '미피' 캐릭터의 식별력 또는 명성을 손상시킬 우려가 있을 것이 요구된다.

2) '미피' 캐릭터와 '부토' 캐릭터의 각 모습을 비교하여 보건대, 양자는 모두 '작고 귀여운 이미지의 흰색 토끼'라는 아이디어에 기초하여 각 신체 부위를 2등신 정도의 비율로 나누어 머리의 크기를 과장하고 얼굴의 모습을 부각시키되 팔다리 등 다른 신체 부위의 모습은 과감하게 생략하거나 단순하게 표현한 점, 얼굴 및 귀가 둥근 모양을 하고 있고 귀가 위쪽으로 쫑긋하게 세워져 있는 점, 두 눈이 작고 까만점으로 표시되어 있는 점 등에 있어서 유사한 면이 있다. 그러나 이와 같은 표현은 '미피' 캐릭터가 '🐰🐰🐰'와 같은 모습을 갖추게 된 1990년경 이전에 이미 만화, 게임, 인형 등에서 귀여운 이미지의 동물 캐릭터들을 표현하는 데에 흔히 사용되었던 것들이고 특히 귀가 위쪽으로 쫑긋하게 세워져 있는 것은 토끼라는 동물의 특성상 필연적으로 유사하게 표현될 수밖에 없는 것이어서 위와 같은 유사점들만으로는 양 캐릭터의 창작적 표현형식이 실질적으로 유사하다고 단정하기 어렵고, '미피' 캐릭터나 '부토' 캐릭터와 같이 단순화의 정도가 큰 캐릭터는 다양하게 표현할 수 있는 방법이 상대적으로 제한되어 있어 일정한 표현상의 차이점만으로 실질적 유사성을 부인할 수 있게 될 여지가 크므로, 이러한 점을 고려하여 '부토' 캐릭터가 창작적 미감의 표현에 있어 '미피' 캐릭터와 실질적으로 유사한지 여부를 신체 부위별로 살펴보기로 한다.

3) 먼저 '미피' 캐릭터 저작자의 창조적 개성이 가장 잘 드러난 부분인 얼굴 내 이목구비의 생김새에 관하여 보건대, '미피' 캐릭터는 코가 생략되어 있는 대신에 입이 X자 모양으로 표현되어 있고 두 개의 귀가 미세한 간격을 둔 채로 위쪽으로 길게 솟아 있는 반면에, '부토' 캐릭터는 코가 Y자 모양으로 표현되어 있는 대신에 입이 목도리에 가려져 보이지 않는 것으로 표현되어 있고 두 개의 귀는 아랫부분이 서로 맞닿아 있으며 마치 두 귀가 합쳐져 하트(♡) 모양을 이루는 것과 같은 모습을 띠고 있다('미피' 캐릭터를 상품화한 봉제인형 중에는 두 귀 사이에 간격이 없는 것도 있으나, 그 경우에도 두 귀가 '부토' 캐릭터처럼 하트 모양을 이루지는 않는다). 다

음으로 몸체 부위의 생김새에 관하여 보건대, '미피' 캐릭터는 몸체 및 팔다리가 목 부분을 중심으로 사방으로 뻗어 있는 듯한 모습을 띠고 있는 반면에, '부토' 캐릭터는 머리와 몸체가 위아래 방향으로 거의 일직선을 이루고 있다. 또한, '미피' 캐릭터는 거의 대부분 의상을 착용하여 동물의 의인화가 두드러질 뿐 아니라 목도리를 두르고 있는 경우에도 목도리가 입을 가리지 않는 반면에, '부토' 캐릭터는 다른 의상을 착용하지 않은 채 비교적 굵고 색상이 있는 목도리만을 두르고 있고 위 목도리가 얼굴 부분과 몸체 부분을 가르는 기준 역할을 할 뿐 아니라 입을 가리는 것으로 표현되어 있다. 이상에서 살펴본 '미피' 캐릭터와 '부토' 캐릭터의 신체 부위별 표현형식에 있어서의 차이점을 종합적으로 고려해 보면, 위와 같은 구체적 차이는 각 개별적으로는 미세한 차이에 불과할지라도 그 미세한 차이들의 조합이 캐릭터의 전체적인 미감에 상당한 차이를 가져온다고 볼 수 있다.

4) 따라서 '미피' 캐릭터와 '부토' 캐릭터는 서로 유사하지 않으므로, 피신청인이 '부토' 캐릭터를 표시한 제품을 제조, 판매한다 해도 그로 인하여 국내의 일반 수요자들이 신청인의 상품·영업과 피신청인의 상품·영업 사이에 혼동을 일으키거나 '미피' 캐릭터의 식별력 또는 명성이 손상될 우려가 있다고 보기 어렵다. 결국 이를 전제로 하는 신청인의 주장도 받아들일 수 없다.

V. 검   토

부정경쟁방지법 제2조 제1호 다목 소정의 부정경쟁행위가 성립되기 위해서는, ① 국내에 널리 인식될 것(저명성), ② 타인의 상품(영업)표지와 동일·유사한 표지를 사용하였을 것, ③ 그 표지가 가지고 있는 식별력이나 명성을 손상하는 행위를 할 것을 요한다. 따라서 이 사건의 피신청인의 행위가 동조 다목의 부정경쟁행위가 되기 위해서는 캐릭터 자체가 상품표지(이하 '영업표지' 포함)가 될 수 있는지 여부를 먼저 검토하여야 할 것이다.

캐릭터의 상품표지성과 관련하여, 우리 법원은 캐릭터 자체는 상품의 출처 표시나 자타상품식별의 기능을 가지기보다는 캐릭터의 대상이 가지는 인기를 상품에 부합하여 해당 상품 자체의 광고선전이나 고객의 유인이 주된 기능이라고 할 것이므로, 캐릭터 자체가 단지 상품에 이용되고 있다는 사실만으로 부족하고 캐릭터가 상품화되어 해당 캐릭터의 상품화 사업을 영위하는 집단의 상품표지로서 수요자들에게 널리 인식되어 있을 경우에 한하여 비로소 보호될 수 있다고 보

고 있다. 이러한 판례의 태도를 고려하여 이 사건을 살펴보면, 미피 캐릭터 자체
는 표지성을 갖추고 있다고 보기는 힘들고, 미피 캐릭터가 상품화되어 해당 캐릭
터의 상품화 사업을 영위하는 집단의 상품표지로 수요자들에게 널리 인식되어
있는지 여부에 따라 미피 캐릭터의 상품표지성 여부가 결정될 것이라고 보아야
할 것이다. 이 사건의 경우, 신청인은 미피 캐릭터를 모든 상품에 대하여 출처표
지의 기능으로서 사용하였다고 볼 수는 없을 것이고, 인형과 같은 일부 상품에
한하여 출처표시로서 사용한 것으로 보아야 할 것이다.

　　한편 표지의 유사 여부 판단과 관련하여, 우리 법원은 "부정경쟁방지법 제2
조 제1호 가목 소정의 상품표지의 유사 여부는 동종의 상품에 사용되는 두 개의
상품표지를 외관, 호칭, 관념 등의 점에서 전체적·객관적·이격적으로 관찰하되,
구체적인 거래실정상 일반 수요자나 거래자가 상품표지에 대하여 느끼는 인식을
기준으로 그 상품의 출처에 대한 오인·혼동의 우려가 있는지를 살펴 판단하여야
하고(대법원 2006. 1. 26. 선고 2003도3906 판결 등 참조), 이러한 법리는 같은 호 나목
소정의 영업표지의 유사 여부 판단에 있어서도 마찬가지이다(대법원 2008. 5. 29. 선
고 2007도10914 판결 등 참조)"고 함으로써, 상표법상 상표의 동일·유사성 판단과 동
일한 판단 방법을 따르고 있다. 동조 다목 '저명상표 희석행위'의 성립요건인 표
지의 유사성 판단에 있어서도 위와 동일한 기준에 따르지 않을 이유가 없다고 본
다. 다만 '캐릭터(도형) vs 캐릭터(도형)'의 동일·유사 판단의 경우 문자 부분이 없
기 때문에 호칭이나 관념의 유사성보다는 외관의 유사성 판단이 지배적일 수밖
에 없을 것이다. 이때 외관이 유사하다는 것은 대비되는 두 개의 상표에 표시된
문자·도형·기호 등 상표의 외관상의 형상을 시각에 호소하여 관찰하였을 경우
그들이 상품의 식별표지로서 서로 혼동되기 쉬운 경우를 말하는 것으로, 외관이
유사한 것인지의 여부를 판단할 때는 특히 이격적·직관적인 관찰이 필요하다(대
법원 1993. 9. 14. 선고 92후544 판결 참조). 이러한 관점에서 이 사건의 미피 캐릭터와
부토 캐릭터를 비교하여 보면, 관념에 있어서 양 표지 모두 '귀여운 토끼'로 관념
될 것이지만, 호칭에 있어서 미피 캐릭터는 '다홍색 옷을 입은 토끼'로 호칭될 것
이나, 부토 캐릭터는 '다홍색 목도리를 하고 있는 토끼'로 호칭될 것이므로 상이
하고, 외관에 있어서 미피 캐릭터는 ×자 모양의 입과 다소 큰 옷이 다른 캐릭터
와 차별성을 가지는 부분이라 할 것인 반면, 부토 캐릭터는 ×자 모양의 입이 없
는 대신 목도리를 하고 있다는 점에서 양 표지의 외관은 상이하다. 따라서 미피

캐릭터와 부토 캐릭터는 전체적으로 비유사하다고 보는 것이 타당하다.

참고로, 이른바 '딸기 소녀 캐릭터 상표' 사건에서, 우리 특허법원(특허법원

2008. 10. 2. 선고 2008허8433 판결[확정])은 등록상표 " "와 선등록상표 " "
는 외관이 유사하고 그 지정상품이 동일하므로, 양 상표가 함께 사용될 경우 일
반 수요자나 거래자들에게 상품 출처에 관한 오인·혼동을 일으키게 할 염려가
있다고 한 바 있다.[18]

한편 캐릭터는 저작권으로서도 보호받을 수 있는데, 타인의 캐릭터의 사용
이 저작권 침해가 되기 위해서는 양 캐릭터간의 '의거성'과 '실질적 유사성'의 요
건이 모두 갖추어져야 한다. 이때 '실질적 유사성'이 있는가의 여부는 창작적인
표현 형식에 해당하는 것만을 가지고 대비하여야 하는 것이 우리 법원의 태도이
며, 이는 우리 저작권법이 정신적 노력에 의하여 얻어진 사사 또는 감정을 말, 문
자, 음, 색 등에 의하여 구체적으로 외부에 표현한 창작적인 표현형식만을 저작

---

18 특허법원 2008. 10. 2. 선고 2008허8433 판결의 요지(상표의 동일·유사 여부 부분) : 이 사건 등
록상표는 딸기형상 도형과 소녀형상 도형을 결합하여 구성한 도형상표이고, 선등록상표는 뱀형
상 도형과 소녀형상 도형을 결합한 도형상표이다. 그런데 선등록상표 중 소녀형상 도형은 몸집에
비하여 상대적으로 큰 얼굴을 가지고 있고, 머리 윗부분에 세 가닥의 머리카락이 돌출되어 있으
며, 머리 측면 부분에 딸기씨 3개 및 머리핀을 붙이고 있는 것을 주요 특징으로 하는 딸기 소녀
캐릭터로서 피고에 의하여 1998년경 창작되어 가방, 의류 등의 상품에 부착되어 사용되었고, 만
화가 이우일에 의해 2000년경 만화의 소재로 된 것을 비롯하여 100여개가 넘는 다양한 만화의
소재로 제작되기도 하는 등 일반 수요자들에게 딸기 소녀로 잘 알려져 있을 뿐만 아니라, 이 사
건 등록상표와 선등록상표가 모두 소녀형상 도형 앞에 딸기형상 도형과 뱀형상 도형을 나란히
배열하여 구성하고 있어서, 양 상표를 직관적으로 관찰할 경우에 소녀형상 부분이 뚜렷하게 눈에
들어오므로 전체적으로 소녀형상 부분에 의하여 인식되고 관찰될 수 있을 것이다. 양 상표를 직
관적으로 관찰할 경우에 인식되는 소녀형상은 이 사건 등록상표가 나르는 형상을 하고 있으면서
머리를 빨간색으로 하였음에 반해, 선등록상표는 서있는 형상을 하고 있으면서 특별히 색깔을 입
히지 않은 차이가 있다. 그러나 이 사건 등록상표의 소녀형상은 일반 수요자들에게 잘 알려진 딸
기 소녀 캐릭터와 같이 몸집에 비하여 상대적으로 큰 얼굴을 가지고 있고, 머리 윗부분에 세 가
닥의 머리카락이 돌출되어 있으며, 머리 측면 부분에 딸기씨 3개 및 머리핀을 붙이고 있는 주요
특징을 그대로 가지고 있어 선등록상표의 소녀형상과 매우 유사하다. 따라서 양 상표는 유사한
딸기 소녀형상으로 인하여 직관적으로 관찰할 경우에 전체적인 외관이 유사하다고 할 것이다. 그
리고 양 상표의 호칭과 관념에 관하여서도, 양 상표는 직관적으로 관찰되는 소녀형상에 의하여
'소녀' 또는 일반 수유자들에게 잘 알려진 '딸기 소녀'로 호칭하고 관념할 수 있을 것이고, 그럴
경우에 양 상표는 호칭과 관념에 있어서도 동일하다. 그러므로 양 상표는 외관, 호칭 및 관념에
있어 서로 동일하거나 유사할 수 있어 양 상표를 동일, 유사한 지정상품에 함께 사용할 경우 일
반 수요자로 하여금 상품 출처의 오인·혼동을 일으킬 염려가 매우 높은 서로 유사한 상표에 해
당한다 할 것이다.

권의 보호 대상으로 삼고 있기 때문이다(대법원 2000. 10. 24. 선고 99다10813 판결 참조). 이처럼 부정경쟁방지법에서 요구하는 유사성 판단기준과 저작권법에서 요구하는 유사성의 판단기준은 동일하다고 볼 수 없으므로 캐릭터를 부정경쟁방지법 소정의 상품표지로 볼 것인지, 저자권법 소정의 미술저작물로 볼 것인지 여부에 따라서 양 캐릭터의 유사 여부 또한 달리 판단되어야 할 것이다. 그러나 이 사건 판결의 경우 저작권 침해 여부의 판단 요건인 실질적 유사성 여부를 판단한 다음 그 결과를 바로 부정경쟁행위의 판단 요건인 표지의 유사성 여부에 적용하였다. 비록 실질적 유사성 여부 판단에서 비유사하다는 결론이 내려졌다 하더라도 위에서 살펴본 바와 같이 저작권법상 실질적 유사성의 판단기준과 부정경쟁방지법상 표지의 동일·유사성 판단기준이 상이하다는 점을 고려하면, 법원이 부정경쟁방지법상 표지의 유사성 판단을 생략한 것은 다소 아쉬운 점이 아닐 수 없다.

사례 25   **'루이비똥 핸드백' 사건 - 개별 도형과 전체 표장의 유사 판단**

Ⅰ. 기초사항

사건번호	대법원 2013. 3. 14. 선고 2010도15512 판결	
사 건 명	상표법위반·부정경쟁방지및영업비밀보호에관한법률위반	
주　　문	파기 환송[19]	
표　　지	피고인	피해자

Ⅱ. 사실관계

피고인은 2009. 5. 초순경부터 2009. 10. 23.경까지 피고인 운영의 'ㅇㅇㅇㅇㅇ' 매장에서 피해자 루이비똥이 특허청에 등록한 상표인 '루이비똥(LOUIS VUITTON)'

의 도형 상표 ''와 유사한 표지인 ''가 부착된 가방 600여개를 750

만원에 판매하고, 지갑 80여개를 100만원에 판매하고, 가방 880여개, 지갑 170여개(판매시가 1,300만원 상당)를 판매 목적으로 보관하여 피해자의 상표권을 침해함과

---

19 대법원은 "원심판결에 상고이유에서 주장하는 바와 같은 디자인등록 및 상표등록과 상표법위반 및 부정경쟁방지법위반의 관계, 고의와 위법성 인식 등에 관한 법리오해 등의 위법이 없다. 이 부분 상고이유 주장도 이유 없다"고 하였고, 다만 이 사건의 부정경쟁방지법위반 부분은 '피해자의 상품과 혼동하게 한 행위' 또는 '이 사건 등록상표의 식별력이나 명성을 손상하는 행위'로 택일적 공소가 제기되었다고 볼 여지가 있으므로 이 점을 명확하게 할 필요가 있고, 다음 위 각 죄가 모두 성립한다고 보더라도 이는 1개의 행위가 수개의 죄에 해당하는 형법 제40조 소정의 상상적 경합의 관계에 있다고 봄이 상당하므로, 이와 결론을 달리한 원심판결에는 법령을 잘못 해석·적용한 위법이 있다고 하지 않을 수 없다는 이유로 파기 환송 판결을 하였다.

동시에, 피고인은 위 루이비똥의 도형상표와 유사한 도형상표를 이용한 가방과 지갑을 제조 판매하여 루이비똥의 상품과 혼동하게 하거나 루이비똥 상표의 식별력이나 명성을 손상하는 행위를 하였다. 위와 같은 피고인의 행위는 부정경쟁방지법 제2조 제1호 다목 소정의 부정경쟁행위에 해당된다는 이유로 기소되었다.

☎ 제1심(서울서부지방법원 2010. 3. 31. 선고 2010고단45 판결)

피고인은 상표권을 침해하였으며, 피고인의 행위는 루이비똥 상표의 식별력이나 명성을 손상하는 행위에 해당한다는 이유로 **유죄(징역 1년 6월, 집행유예 3년)를 선고**함.

☎ 제2심(서울서부지방법원 2010. 11. 4. 선고 2010노368 판결)

피고인은 자신이 사용한 도형상표는 '루이비똥사'의 도형상표와 유사하지 아니하고, 피고인의 도형상표는 디자인등록이 되어 있으며 이를 구성하는 도형들은 상표등록이 되어 있으므로, 피고인에게 상표법위반 및 부정경쟁방지법위반의 점에 대한 고의 및 위법성의 인식이 없으며 피고인이 제조한 가방과 '루이비똥사'의 가방은 판매장소 및 가격에서 현저한 차이가 나서 일반 소비자가 혼동할 가능성이 없음에도 불구하고 이 사건 공소사실에 대하여 유죄를 선고한 원심판결은 법리를 오해한 잘못이 있다는 이유로 항소하였으나, **항소를 기각**함.

Ⅲ. 사안의 쟁점

개별 도형들과 그 개별 도형들이 조합된 전체 표장과 유사한 표장과의 동일·유사성 판단

Ⅳ. 판단의 요지

1) 상표의 유사 여부는 대비되는 상표를 외관, 호칭, 관념의 세 측면에서 객관적, 전체적, 이격적으로 관찰하여 거래상 오인·혼동의 염려가 있는지의 여부에 의하여 판단하여야 하는바, 특히 도형상표들에 있어서는 그 외관이 지배적인 인상을 남긴다 할 것이므로 외관이 동일·유사하여 양 상표를 다 같이 동종상품에 사용하는 경우 일반 수요자로 하여금 상품의 출처에 관하여 오인·혼동을 일으킬 염려가 있다면 양 상표는 유사하다고 보아야 할 것이다(대법원 2000. 12. 26.

선고 98도2743 판결 등 참조). 또한 상표의 유사 여부의 판단은 두 개의 상표 자체를 나란히 놓고 대비하는 것이 아니라 때와 장소를 달리하여 두 개의 상표를 대하는 거래자나 일반 수요자가 상품 출처에 관하여 오인·혼동을 일으킬 우려가 있는지 여부의 관점에서 이루어져야 하고, 두 개의 상표가 그 외관, 호칭, 관념 등에 의하여 거래자나 일반 수요자에게 주는 인상, 기억, 연상 등을 전체적으로 종합할 때 상품의 출처에 관하여 오인·혼동을 일으킬 우려가 있는 경우에는 두 개의 상표는 서로 유사하다(대법원 2007. 2. 26.자 2006마805 결정 참조). 원심판결 이유에 의하

면 원심은, '   '와 같은 피고인의 사용표장을 구성하는 각 도형은 '   '와 같은 피해자의 도형상표(이하 '이 사건 등록상표'라 함)를 구성하는 각 도형들과 유사한 도형들을 모티브(motive)로 하고 있고, 그 도형들의 전체적 구성, 배열 형태 및 표현방법 등이 매우 유사하여, 피고인 사용표장과 이 사건 등록상표는 일반 수요자에게 오인·혼동을 일으킬 우려가 있고 유사하다는 취지로 판단하였고, 원심의 위와 같은 판단은 정당하다.

　　2) 피고인과 공소외 1은 이 사건 범죄사실 이전에 핸드백 등을 지정상품으

로 하여 피고인 사용표장 "   "을 구성하는 개별 도형들 및 이를 다소 변형한

도형들인 " ," " ," " ," " ," " "에 대하여 각각 나누어 상표등록을 받은 사정을 알 수 있는데, 피고인 사용표장은 위 개별 도형들이 일정한 간격을 두고 규칙적으로 배열되어 결합함으로써 이루어진 것이다. 그런데 피고인은 가방이나 지갑에서 일반 수요자가 그 상품의 출처를 식별하는 관행을 감안하여 위 개별 도형들을 일정한 간격을 두고 규칙적·반복적으로 배열한 피고인 사용표장의 형태로 피고인 사용표장을 사용하는 가방이나 지갑 제품 외부의 대부분에 표시하고 있고, 이와 같은 경우 위 별 도형들이 조합된 피고인 사용표장 전체 형태는 자타상품의 출처를 표시하는 별도의 식별력을 가지게 된다고 할 것이다. 또한 이 사건에서는 피고인 사용표장을 구성하는 개별 도형들의 사용이 아니라 위 개별 도형들이 조합된 피고인 사용표장 전체 형태의 사용에 대하여 상표권침해와 부정경쟁행위의 책임을 묻고 있는 것인데, 위 개별 도형 각각의 상표권에 기초한 상표 사용권은 위와 같은 전체 형태의 피고인 사용표장에는 미치지 아니한다고

할 것이므로, 비록 피고인과 공소외 1이 피고인 사용표장을 구성하는 개별 도형
들에 대해 위와 같이 각각 나누어 상표등록을 받아 피고인이 피고인 사용표장을
구성하는 개별 도형들 중 일부에 대하여는 상표권을 보유하고 있고, 나머지 부분
에 대하여는 그 상표권의 사용허락을 받고서 피고인 사용표장을 사용하였다고
볼 여지가 있다고 하더라도, 그러한 사정은 피고인 사용표장 전체 형태의 사용으
로 인하여 이 사건 등록상표에 대한 상표권침해 및 부정경쟁행위가 성립하는 데
장애가 되지 못한다.

　　　3) 피고인은 공소외 1이 디자인등록을 받은 피고인 사용표장의 문양을 이
사건 등록상표의 고객흡인력 등에 편승하기 위한 의도로 사용한 것으로 보이는
점, 또한 피고인이 그와 공소외 1의 등록상표들을 피고인 사용표장의 형태로 조
합하여 별개의 식별표지로서 사용하고 있는 점 등에 비추어 보면, 공소외 1이 피
고인 사용표장인 문양에 대하여 디자인등록을 받았고, 피고인과 공소외 1이 피고
인 사용표장을 구성하는 개별 도형들에 대하여 각각 나누어 상표등록을 받았다
는 사정은 피고인에게 상표법 위반행위 및 부정경쟁방지법 위반행위에 대한 고
의가 없었다거나, 피고인이 자신의 행위가 상표법 위반행위 및 부정경쟁방지법
위반행위에 해당하지 아니한다고 믿은 데에 정당한 이유가 있다고 볼 만한 사유
가 되지 못한다. 그리고 피고인 주장과 같이 피고인이 피고인 사용표장이 사용된
제품에 피고인 사용표장을 사용하는 외에 이 사건 등록상표와 유사하지 않은 다
른 등록상표를 상품 태그에 표시하여 부착하였다고 하더라도, 피고인 사용표장이
사용된 제품 외부의 대부분에 이 사건 등록상표와 유사한 피고인 사용표장이 표
시된 점에 비추어 보면, 상품 태그의 형태로 다른 등록상표를 함께 부착하였다고
하는 피고인 주장의 사정도 피고인에게 상표법 위반행위 및 부정경쟁방지법 위
반행위에 대한 고의가 없었다거나, 피고인이 자신의 행위가 상표법 위반행위 및
부정경쟁방지법 위반행위에 해당하지 아니한다고 믿은 데에 정당한 이유가 있다
고 볼 만한 사유가 되지 못한다.

Ⅴ. 검　토

　　이 사건 판결은 루이비똥이나 구찌 등에서 흔히 볼 수 있는 개별 도형이 반
복적으로 패턴화된 상품표지의 유사판단 방법을 구체적으로 설시하고 있다는 점
에서 그 의의가 있다. 특히 현대 패션 업계에서는 식별력이 미약한 도형이나 문

자 등을 규칙적·반복적으로 패턴화시킨 잡화들을 많이 출시하고 있는데, 이러한 표지에 대해서 오로지 개별 단위(도형 또는 문자)별로 유사판단을 할 경우, (대부분의 개별 단위들은 간단하고 흔한 표지이기 때문에) 식별력 자체 미약하다는 이유로 표지성 자체가 부정되거나, 이 사건에서와 같이 개별 단위 자체가 등록상표인 경우 전체 표장의 권리자와 개별 단위 표장의 권리자 간의 권리 충돌 문제가 생길 수 있다. 생각해 보건대, 만약 개별 단위가 조합된 전체 표장이 자타상품의 출처를 구별할 수 있는 기능을 하고 있고, 이러한 전체 표장을 특정인에게 독점배타적인 권리를 부여해도 경업자 간 자유경쟁 등 공익을 해칠 우려가 없다면, 개별 단위가 아닌 전체 표장을 중심으로 표지의 유사 여부를 판단하는 것이 타당하다. 다만 전체 표장 자체가 개별 단위 표장과 별개의 식별력을 가진 상품표지로서 기능하기 위해서는 규칙적·반복적인 패턴 자체가 독립적인 아이덴티티와 철학을 가지는 수준이어야 할 것이며, 그 표장이 전체로서 독립적인 아이덴티티나 철학을 가지는지 여부는, 개별 단위만으로 이루어진 상품이 출시된 적이 있는지 여부, 개별 단위를 패턴화시킨 계기, 패턴화된 제품이 출시된 시기 및 기간, 일반 수요자들이 특정 패턴을 당해 상품의 진품 여부를 구별할 때 고려 요소로 삼고 있는지 여부, 패턴 방법의 특이성, 개별 단위의 식별력의 정도 등을 종합적으로 고려하여 판단하여야 할 것이다. 특히 개별 단위가 'GG'와 같이 간단하고 흔한 표장으로만 이루어진 표지를 규칙적·반복적으로 배열한 전체 표장의 경우, 그 표장이 개별 단위로 오랫동안 사용됨으로써 식별력을 취득한 것인지, 아니면 'GG'가 규칙적·반복적으로 배열된 전체 표장이 오랫동안 사용됨으로써 식별력을 취득한 것인지 여부에 따라 전자인 경우에는 개별 단위인 'GG'가, 후자인 경우에는 규칙적·반복적으로 배열된 전체 표장이 유사 판단의 대상이 되는 표지가 될 것이다.

아래 우측의 그림은 김동유 작가의 'Audrey Hepburn vs Gregory Peck'이고, 좌측은 우측 그림을 확대한 것이다. 김동유 작가는 그레고리 펙을 단위(pixel)로 하여 오드리 헵번의 이미지를 구성하였다. 아래의 그림은 부분과 전체의 인식이 상이할 수 있음을 시각적으로 잘 보여주는 작품이라는 점에서 이 사건 판결의 태도와도 상통한다.

〈김동유, Audrey Hepburn vs Gregory
Peck(일부) ⓒ 이화익갤러리〉　　〈김동유, Audrey Hepburn vs Gregory
Peck(전체) ⓒ 이화익갤러리〉

Ⅵ. 관련문헌

박태일, "전체 표장에 대한 디자인권 및 이를 구성하는 개별 도형들에 대한
상표권과 전체 표장의 사용으로 인한 상표권침해 및 부정경쟁행위 사이의 충돌
에 관한 연구," IT와법연구 8집, IT와법센터(2014. 2.)

'롤스로이스 도메인' 사건 – 부정경쟁방지법에서 말하는 '사용'의 의미

Ⅰ. 기초사항

사건번호	대법원 2004. 2. 13. 선고 2001다57709 판결	
사 건 명	상표권침해및부정경쟁행위금지등	
주 문	상고 기각	
표 지	원고, 상고인	피고, 피상고인
	ROLLS-ROYCE	**rolls-royce.com** **rolls-royce.net**

Ⅱ. 사실관계

원고는 자동차, 항공기 및 관련 부품(자동차 및 항공기 엔진)을 제조하여 'ROLLS-ROYCE'라는 상표로 판매하는 영국 내 법인으로서 'rolls-royce.com'과 'rolls-royce.net'을 인터넷 도메인 이름(인터넷상의 숫자로 된 주소에 해당하는 숫자·문자·기호 또는 이들의 결합을 의미하는바, 이하 '도메인 이름'이라고만 함)으로 사용하고 있고, 피고는 1999. 6. 5. 삼진정밀이라는 상호로 사업자등록을 하고 있는 선정자 윤평완 명의로 한국전산원 산하 한국인터넷정보센터에 'rolls-royce.co.kr'이라는 도메인 이름(이하 '이 사건 도메인 이름'이라 한다)을 등록하고 이 사건 도메인 이름으로 된 웹사이트를 운영하고 있다. 원고는, 'ROLLS-ROYCE'라는 표장 또는 'ROLLS'와 'ROYCE'라는 문자 및 겹쳐진 'RR'로 구성된 표장에 관하여, 1980. 9. 26. 등록번호 제72034호(지정상품 : 승용차 등), 1981. 12. 17. 등록번호 제79412호(지정상품 : 내연기관 등)로 상표등록을, 1981. 1. 5. 등록번호 제2801호(기술대리인으로서의 조언업 및 기술원조업)와 제2804호(피스톤, 가스터어빈엔진 및 자동차를 포함한 내연기관의 수선업)로 각 서비스표 등록을 마쳤다(이하 'ROLLS-ROYCE'라는 원고의 등록상표 및 등록서비스표를 합쳐 '이 사건 상표'라고만 한다). 이 사건 상표는 영어사전에도 '영국제 고급승용차'를 뜻하는 것으로 기재되어 있을 정도로 오랜 기간 동안 자동차 분야에서 독특한 디자인을 개발하고 우수한 품질의 제품을 생산·판매함으로써 세계적으로 유명한 업체로 성장한 원고의 영업 또는 그 상품을 지칭하는 표장으로서 외국에서는 물론 우리나라에서도 널리 알려져 있다. 한편 피고 등은 이 사건 도메인 이름으로 개설한 웹사이트(이하 '이 사건 웹사이트'라 함)에는 'PROFILE', '항공기', '특허정보', '구매관련', '게시판'의 항목을 두고 있는데, 'PROFILE' 항목에는 피고에 대한 간단한 약력을 기재해 놓았으며, '항공기', '특허정보', '구매관련' 항목에는 해당 항목에 관계되는 관련 사이트의 주소를 소개하고 해당 사이트로 이동할 수 있도록 링크시켜 놓았으나, 이른바 배너광고 등은 전혀 없을 뿐 아니라 모든 정보는 무료로 공개, 운용되고 있다.

이에 원고는 피고들의 행위가 원고의 상표권을 침해하는 행위이거나 부정경쟁행위에 해당하므로 그 금지 또는 예방청구권에 기하여 피고 등에 대하여 이 사건 홈페이지에서 원고의 이 사건 상표 및 이 사건 상표와 동일한 이름을 도메인 이름을 각 사용하지 말 것과 이 사건 도메인의 등록말소 절차이행을 구하였다. 아울러, 원고는 피고 등이 이 사건 도메인을 판매할 의도를 가지고 이 사건 도메인을 소위 무단점유(cybersquattering)하였고, 실제로 피고는 이 사건 도메인을 원고에게 양도하는 대가로 7년간의 영국유학 비용을 요구하거나 수십만 달러를 요구하고 있으므로 이는 금전적인 이익을 받아내기 위하여 타인의 상표를 먼저 등록한 경우와 같으므로 이러한 피고 등의 행위는 상표권 침해가 될 뿐 아니라 부정경쟁방지법에서 규정하는 영리적으로 사용한 경우에 해당한다고 주장하였다.

Ⅲ. 사안의 쟁점

부정경쟁방지법 제2조 제1호 소정의 '사용'의 의미 및 도메인 이름의 양도 대가로 금원 등을 요구하는 행위가 같은 법 제2조 제1호 소정의 부정경쟁행위에 해당하는지 여부

Ⅳ. 판단의 요지

부정경쟁방지법 제2조 제1호 가목의 상품주체 혼동행위에 해당하는 표지의 사용은 '상품에 관련된 일체의 사용행위'를, 같은 호 나목의 영업주체 혼동행위에 해당하는 표지의 사용은 '영업에 관련된 일체의 사용행위'를, 비상업적 사용을 그 적용대상에서 제외하고 있는 같은 호 다목의 식별력이나 명성 손상행위에 해당

하는 표지의 사용은 '상업적 사용'을, 각 의미하는 것으로 해석하여야 할 것이고, 도메인 이름의 양도에 대한 대가로 금원 등을 요구하는 행위는 도메인 이름을 상품 또는 영업임을 표시하는 표지로 사용한 것이라고는 할 수 없어서, 피고 등의 행위가 부정경쟁방지법 제2조 제1호 가목, 나목의 혼동행위나 같은 호 다목 소정의 식별력 또는 명성의 손상행위에 해당하지 아니하므로, 부정경쟁방지법 제2조 제1호의 사용이 '상품이나 영업과 관련 없는 일체의 사용행위'까지도 포함하는 것임을 전제로 하는 상고이유의 주장은 이유 없다.

V. 검 토

이 사건 판결은 부정경쟁방지법 제2조 제1호 소정의 '사용'의 의미를 구체적으로 적시하였다는 점에서 그 의의가 있다.

이 사건 판결은 부정경쟁방지법 제2조 제1호 소정의 '사용'에 대하여 "상품주체 혼동행위(가목)에 해당하는 표지의 사용은 '상품에 관련된 일체의 사용행위'를, 영업주체 혼동행위(나목)에 해당하는 표지의 사용은 '영업에 관련된 일체의 사용행위'를, 비상업적 사용을 그 적용대상에서 제외하고 있는 식별력이나 명성 손상행위(다목)에 해당하는 표지의 사용은 '상업적 사용'을 각 의미한다"고 하였는데, 이 사건 판결의 내용에 따르면 비상업적 사용은 부정경쟁방지법 제2조 제1호 다목 소정의 표지의 사용에 해당하지 않는다. 부정경쟁방지법의 목적이 건전한 상거래질서를 유지함에 있다는 점을 고려하면, 비상업적 사용을 동조 다목에 해당하는 표지의 사용에서 제외하는 것은 타당하다. 아울러, 부정경쟁방지법은 대통령령이 정하는 정당한 사유에 해당하는 행위에 대하여 동조 다목의 부정경쟁행위에서 제외하고 있는데, 이때 '비상업적 사용'이나 '선사용자의 부정한 목적 없는 사용' 등을 정당한 사유로 규정하고 있는바, 법률해석상으로도 비상업적 사용은 식별력이나 명성 손상행위(다목)에 해당하는 표지의 사용으로 볼 수는 없을 것이다. 이처럼 식별력이나 명성의 손상행위의 적용에 있어서 '비상업적 사용'이나 '선사용자의 부정한 목적 없는 사용'에 대해서는 예외적으로 부정경쟁행위로 의율하지 않는 반면에, 상품표지 혼동행위에 있어서는 특별히 '비상업적 사용'이나 '선사용자의 부정한 목적 없는 사용'에 대한 예외를 인정하고 있지 않고 있어, 행위자의 행위양태에 따라서 '비상업적 사용'이나 '선사용자의 부정한 목적 없는 사용'이라 하더라도 동조 가목 소정의 부정경쟁행위에 해당될 수 있다.

생각건대, ① 상품주체 혼동행위(가목)나 저명상표 희석행위(다목) 모두 공정하고 건전한 상거래질서라는 동일한 목적으로 제정된 것이며, ② 저명상표 희석행위에 대해서만 입법적으로 상기 예외규정을 둔 것에 대한 합리적인 계기나 이유가 있었다고 보기 힘들고, ③ 판례는 상품주체 혼동행위는 타인의 상품표지와의 혼동가능성 여부가 판단대상이기 때문에 선의의 선사용자라도 혼동의 위험성이 발생하면 상품주체 혼동행위에 해당된다는 입장이지만, 선의의 선사용자 입장에서는 누군가의 표지가 주지성이 획득되는지 여부에 따라 자신이 범죄자(또는 권리침해자)가 될 것인지 여부가 달려있는 것이어서 '행위가 있어야 죄가 된다'라는 형사법상 대원칙에도 어긋날 뿐만 아니라, ④ 소송실무상으로는 주지 또는 저명성 여부가 가목과 다목을 구분짓는 가장 핵심적인 고려요소로 보고 있는데, 이러한 표지의 인식도 여부에 따라 '선사용자의 부정한 목적 없는 저명상표의 사용'은 권리침해가 부정되고, '선사용자의 부정한 목적 없는 주지상표 사용'은 권리침해라고 보는 것은 선사용자 입장에서는 매우 불공평하며, ⑤ 더욱이 우리 상표법은 주지에는 이르렀으나 저명까지 이르지 아니한 상표를 선의로 사용한 선사용자에 대해서는 선사용권을 부여하여 줌으로써 법적인 보호를 하고 있는 점을 고려하면, 상품주체 혼동행위에 대해서 저명상표 희석행위에서와 같은 예외규정을 두지 않은 것은 비균형적인 입법이라고 본다. 한편 영업주체 혼동행위(나목)의 경우 '영업'이라는 용어 자체에 '상업적'이라는 의미를 내포하고 있으므로, 저명상표 희석행위(다목)와 같은 예외규정이 없다 하더라도 비상업적 사용행위의 경우에는 영업주체 혼동행위에 해당하지 않는다고 보아야 할 것이다. 다만, 이때에도 '선사용자의 부정한 목적 없는 사용'에 대해서 나목 소정의 부정경쟁행위가 될 수 있겠으나, 이 역시 위와 같은 이유로 부당하다. 관련하여, 우리 대법원(대법원 2004. 3. 25. 선고 2002다9011 판결)은 "부정경쟁방지법 제2조 제1호 가목 소정의 부정경쟁행위에 있어서는 '부정경쟁행위자의 악의' 또는 '부정경쟁행위자의 부정경쟁의 목적' 등 부정경쟁행위자의 주관적 의사를 그 요건으로 하고 있지 아니할 뿐더러 부정경쟁방지법상 선의의 선사용자의 행위를 부정경쟁행위에서 배제하는 명문의 규정이 없으므로, 가령 원고가 그 상호에 관한 주지성을 획득하기 이전부터 피고가 원고의 상호의 존재를 알지 못한 채 또는 부정경쟁의 목적이 없는 상태에서 '옥시화이트' 상표를 사용하여 왔다고 하더라도 원고의 상호가 주지성을 획득한 상품의 표지가 되었고, 피고의 그 상표가 주지된 원고의 상호와 혼동될 위험이 존재한다고 인정되는 이 사건에서는 피고의 행위는 부정경쟁방지법 제2조 제1호 가목 소정의 부정경쟁행위를 구성한다"고 판시한 바 있다.

이와 같은 이유로, 선의의 선사용자의 행위를 부정경쟁행위에서 배제할 필요가 있다고 보며, 이를 위하여 선의의 선사용자를 보호하는 취지의 규정을 명문화할 필요가 있다고 본다.

Ⅵ. 관련문헌

○ 도두형, "도메인이름의 사용과 부정경쟁행위," 판례연구 19집, 서울지방변호사회(2012. 5. 9.)

○ 임일도, "도메인 이름과 상표권 등의 보호에 관한 소고," 민사법연구 13집 1호, 대한민사법학회(2005. 6.)

다. 식별력 또는 명성의 손상

사례 27 ‘티파니’ 사건 – 식별력이나 명성을 손상케 하는 행위의 의미

Ⅰ. 기초사항

사건번호	서울지방법원 2003. 8. 7.자 2003카합1488 결정	
사 건 명	표장사용금지가처분	
주 문	일부 인용[20]	
표 지	신청인	피신청인
	TIFFANY, 티파니	HiTIFFANY, 하이티파니

Ⅱ. 사실관계

신청인은 ‘TIFFANY’ 또는 ‘티파니’라는 표지(이하 ‘이 사건 표지’라 함)를 사용하여 보석, 귀금속, 기타 패션제품 등을 디자인, 제작, 판매하는 미국 회사이며, 피신청인은 부동산 개발업, 분양업, 분양 대행업 등을 영위하는 회사이다. 신청인은 이 사건 표지를 사용한 각종 보석류 등을 제조·판매하면서 세련된 디자인, 뛰어

---

20 【주문】
  1. 신청인이 피신청인을 위하여 금 오억(500,000,000) 원을 공탁하거나 위 금액을 보험금액으로 하는 지급보증위탁계약 체결문서를 제출하는 것을 조건으로,
    가. 피신청인은 피신청인의 영업과 관련하여 쇼핑몰, 사무소, 영업소의 내·외부 간판, 플래카드, 포스터, 광고, 명함, 계약서, 거래 서류, 선전광고물에 별지 목록 기재 각 표장을 사용하여서는 아니 된다.
    나. 피신청인은 피신청인의 각 사무소, 영업소, 매장, 창고 내에 보관중인 위 가.항 기재 물건의 완제품 및 반제품에 대한 점유를 풀고, 이를 신청인이 위임하는 집행관에게 인도하여야 한다.
    다. 집행관은 위 명령의 취지를 적당한 방법으로 공시하여야 한다.
  2. 신청인의 나머지 신청을 기각한다.
  3. 소송비용은 피신청인의 부담으로 한다.

난 가공기술 등으로 전세계적으로 명성을 얻어 왔으며, 이 사건 표지에 관하여 60여 개국에 약 250개의 상표 및 서비스표 등록을 하였고, 대한민국 내에서는 1985.경부터 이 사건 표지 또는 'TIFFANY & CO.'에 관하여 다이아몬드 등 보석류, 혁대 등 액세서리류, 향수, 안경, 보석판매대행업 등을 지정상품·서비스업으로 하는 20여 개의 상표 또는 서비스표를 출원·등록하였다. 피신청인은 2003. 4.경부터 서울 중구 충무로2가 지하철 4호선 명동역 인근에 'HiTIFFANY' 및 '하이티파니'라는 명칭(이하 '이 사건 침해표지'라 함)을 사용한 지상 11층, 지하 6층, 연면적 7,000평의 대형쇼핑몰(이하 '이 사건 쇼핑몰'이라 함)을 신축·분양하는 사업을 진행하면서, 그 무렵부터 국내 주요일간지를 통하여 위 분양사업의 홍보 및 수분양자 모집을 위한 광고를 지속적으로 하고 있고, 2003. 4. 9.경에는 특허청에 이 사건 침해표지에 관하여 건물 분양업을 지정서비스업으로 하는 서비스표 출원도 하였다.

이에 신청인은 피신청인이 위와 같이 국내에 주지저명한 이 사건 표지와 동일·유사한 이 사건 침해표지를 무단으로 사용하여 명품브랜드점 분양사업을 하는 것은 부정경쟁방지법 가목, 나목 및 다목 소정의 부정경쟁행위에 해당하고, 그로 인하여 신청인의 영업상 이익이 침해되거나 침해될 우려가 있으므로 그 침해의 금지 및 예방으로서 피신청인은 신청인의 이 사건 표지와 동일·유사한 표장들을 자신들의 상품이나 영업표지로 사용하여서는 아니 된다는 취지로 표장사용금지가처분 신청을 하였다.

Ⅲ. 사안의 쟁점

① 부정경쟁방지법 제2조 제1호 (다)목 소정의 '식별력'이나 '명성'을 손상케 하는 행위의 의미

② 국내에 주지저명한 표지인 '티파니(TIFFANY)'와 동일·유사한 표지 '하이티파니(HiTIFFANY)'를 무단 사용하여 명품브랜드점 분양사업을 하는 것이 부정경쟁방지법 제2조 제1호 가, 나, 다목 소정의 부정경쟁행위에 해당하는지 여부

Ⅳ. 판단의 요지

1) 부정경쟁방지법은 제2조 제1호 다목에서 '비상업적 사용 등 대통령령이 정하는 정당한 사유 없이 국내에 널리 인식된 타인의 성명, 상호, 상표, 상품의

용기, 포장 기타 타인의 상품 또는 영업임을 표시한 표지와 동일 또는 유사한 것을 사용하거나 이러한 것을 사용한 상품을 판매·반포 또는 수입·수출하여 타인의 표지의 식별력이나 명성을 손상하게 하는 행위'를 부정경쟁행위의 한 유형으로 규정하고 있는바, 이러한 타인의 표지의 식별력이나 명성을 손상하게 하는 행위로서의 부정경쟁행위는 ① 상품표지 또는 영업표지가 국내에 널리 인식되었을 것, ② 그 상품표지 또는 영업표지와 동일 또는 유사한 것을 사용하는 행위가 있을 것, ③ 이로 인하여 타인의 표지의 식별력이나 명성을 손상하게 하는 행위가 있을 것 등을 요건으로 하는 반면 당사자 사이의 경쟁관계나 혼동가능성 등은 요구되지 않는다고 할 것이다.

    2) 피신청인들이 이 사건 침해표지를 사용하는 것이 신청인의 이 사건 표지의 식별력이나 명성을 손상하게 하는 행위가 되는가에 관하여 살펴보면, 무릇 부정경쟁방지법 소정의 '식별력'을 손상하게 하는 행위란 특정상품과 관련하여 사용되는 것으로 널리 알려진 표지를 그 특정상품과 다른 상품에 사용함으로써 신용 및 고객흡인력을 실추 또는 희석화시키는 등 자타상품 식별기능을 훼손하는 것, 즉 상품이나 서비스를 식별하게 하고 그 출처를 표시하는 저명 상표의 힘(식별력, 단일성, 독특함, 명성 등)이나 기능이 감소하게 하는 것을 의미한다고 할 수 있겠고, '명성'을 손상하게 하는 행위란 어떤 좋은 이미지나 가치를 가진 주지의 표지를 부정적인 이미지를 가진 상품이나 서비스에 사용함으로써 그 표지의 좋은 이미지나 가치를 훼손하는 행위를 말하는 것이다. 그런데 신청인의 이 사건 표지는 자신의 상품 및 영업표지로서 국내를 비롯해 전세계적으로 널리 알려져 있는 사실, 피신청인이 지하 1층에 귀금속매장, 지상 1, 2층에 준보석, 잡화, 액세서리 매장, 지상 5, 6, 7층에 명품브랜드점을 입점시킬 예정으로 쇼핑몰 분양사업을 추진하면서 이 사건 표지와 관념, 칭호, 외관상으로 동일·유사한 이 사건 침해표지를 사용하여 수요자들로 하여금 신청인의 사업 내지 이 사건 표지와 상당한 연관성이 있다고 인식하게 하는 방법으로 대대적으로 광고하고 있는 사실 등을 종합해 보면, 설령 피신청인의 주장대로 신청인의 취급 상품이 고가라는 등의 이유로 소비자들이 그 출처 혼동을 겪게 될 가능성이 없다고 인정한다 하더라도 이 사건 침해표지의 사용으로 인하여 저명상표와의 상당한 연관성을 인식하게 하거나 저명상표의 독특하고 단일한 출처표시로서의 힘 또는 그러한 독특성이나 단일성에서부터 발현되는 고객흡인력이나 판매력의 감소를 초래할 가능성이 있음을 충분

히 짐작할 수 있으므로, 이 사건 침해표지를 사용하여 피신청인이 위와 같은 내용의 분양사업을 추진하는 행위는 이 사건 표지의 식별력을 손상하게 하는 행위에 해당한다 할 것이다.

　3) 결국 피신청인이 위와 같이 국내에 주지저명한 이 사건 표지와 동일·유사한 이 사건 침해표지를 무단으로 사용하여 명품브랜드점 분양사업을 하는 것은 부정경쟁방지법 제2조 제1호 가, 나, 다목 소정의 부정경쟁행위에 해당하고, 그로 인하여 신청인의 영업상 이익이 침해되거나 침해될 우려가 있으므로 그 침해의 금지 및 예방으로서 피신청인은 신청인의 이 사건 표지와 동일·유사한 표장들을 자신들의 상품이나 영업표지로 사용하여서는 아니 될 의무가 있다.

V. 검   토

　이 사건 결정은 부정경쟁방지법 제2조 제1호 다목 소정의 식별력이나 명성을 손상케 하는 행위의 의미가 무엇인지에 대하여 구체적으로 설시하고 있다는 점에서 그 의의가 있다.

　이 사건 결정은 "부정경쟁방지법 소정의 '식별력'을 손상하게 하는 행위란 특정상품과 관련하여 사용되는 것으로 널리 알려진 표지를 그 특정상품과 다른 상품에 사용함으로써 신용 및 고객흡인력을 실추 또는 희석화시키는 등 자타상품 식별기능을 훼손하는 것, 즉 상품이나 서비스를 식별하게 하고 그 출처를 표시하는 저명 상표의 힘(식별력, 단일성, 독특함, 명성 등)이나 기능이 감소하게 하는 것을 의미하며, '명성'을 손상하게 하는 행위란 어떤 좋은 이미지나 가치를 가진 주지의 표지를 부정적인 이미지를 가진 상품이나 서비스에 사용함으로써 그 표지의 좋은 이미지나 가치를 훼손하는 행위를 말하는 것"이라고 하였다. 이처럼 이 사건 결정은 저명상표의 독특하고 단일한 출처표시로서의 힘 또는 그러한 독특성이나 단일성에서부터 발현되는 고객흡인력이나 판매력의 감소를 초래시킬 경우 식별력이나 명성을 손상하는 행위에 해당한다고 하였는데, 저명상표는 특정상품에 대해 상당히 높은 수준의 아이덴티티를 가지고 있으며, 그 고유한 아이덴티티가 곧바로 기업의 매출, 브랜드 가치 및 고객흡인력에 영향을 미치고 있는 점을 고려하면, 식별력, 단일성, 독특함, 명성 등을 저해하는 행위를 하였는지 여부를 중심으로 식별력이나 명성의 손상 여부를 판단한 이 사건 결정은 앞으로 부정경쟁방지법 제2조 제1호 다목의 부정경쟁행위 여부를 판단함에 있어 참고가 될만한 판례라고 할 것이다.

한편 이 사건에서 피신청인은 신청인의 취급 상품이 고가이기 때문에 소비자들이 그 출처 혼동을 겪게 될 가능성이 없기 때문에 부정경쟁방지법 제2조 제1호 다목의 부정경쟁행위를 하지 않았다는 취지의 주장을 하였는데, 부정경쟁방지법 제2조 제1호 다목은 같은 호 가목, 나목과는 달리 '혼동가능성'을 요건으로 하지 않기 때문에, 위와 같은 피신청인의 주장은 다목의 판단근거가 될 수 없을 뿐만 아니라, 저가를 취급하는 상품에 고가의 이미지인 저명상표를 사용하는 행위는 고가의 이미지로 구축된 저명상표의 식별력이나 명성을 손상시키는 행위로 인정될 수 있으므로 위와 같은 피신청인의 주장을 인정하기에는 무리가 있다고 본다. 참고로, 이와 유사한 사례로서, 국내에 저명한 상품표지로 알려진 '버버리'와 동일한 표지를 노래방의 상호로 사용한 사건(이른바 '버버리 노래방' 사건)에서, 우리 법원은 "피고는 원고의 등록상표('버버리' 표지)를 중소도시에서 다수인이 비교적 저렴한 가격에 이용할 수 있는 노래방업소의 상호에 이용함으로써 국내에서도 널리 고급패션 이미지로 알려진 원고의 등록상표의 명성을 손상하였다"고 판시한바 있다(대전고등법원 2010. 8. 18. 선고 2010나819 판결).

번화한 시내 거리를 돌아다니다 보면, '샤넬 모텔', '구찌 노래방' 등 이른바 명품 이미지를 갖는 표지를 사용한 상호를 심심치 않게 볼 수 있다. 이를 본 사람들 중 몇몇은 '설마 샤넬이 모텔 영업을 하겠어?'라며 패션브랜드로서 샤넬과 숙박업으로서의 샤넬 모텔을 명백히 구분지을 것이다. 하지만 이는 혼동가능성 측면에서 바라보는 반응이다. 만약 이들이 "샤넬 브랜드도 이제 별로구나. 거리에 샤넬 모텔이 다 있다니…"라고 말하였다면, 이는 명성의 손상 측면에서 바라보는 반응일 것이다. 어쨌든 이 사건 결정이나 위 '버버리 노래방' 사건에서 볼 수 있듯이, 모텔이나 노래방 등 비교적 저렴하게 이용할 수 있는 업종에서 저명한 표지와 동일·유사한 표지를 사용하였을 경우 이러한 행위에 대하여 우리 판례는 대체로 부정경쟁행위로 인정하고 있기 때문에 그 사용에 있어서 주의하여야 할 필요가 있어 보인다.

Ⅵ. 관련문헌

조영호, "부정경쟁방지법 제2조 제1호 (다)목 희석화행위 조항에 대한 해석론," 민사법연구 14집 2호, 대한민사법학회(2006. 12.)

4. 원산지오인야기행위(제2조 제1호 라목)

'신토불이 안동삼배' 사건 - '허위의 원산지의 표시'의 의미

Ⅰ. 기초사항

사건번호	대법원 2002. 3. 15. 선고 2001도5033 판결
사 건 명	부정경쟁방지및영업비밀보호에관한법률위반
주 문	파기 환송
표 지	피고인 身土不二, **안동삼배**

Ⅱ. 사실관계

피고인 1은 주식회사 ○○○○ 대표이사로 중국에서 대마(삼베) 원사를 수입하여 장제용품인 수의를 제조·판매하는 자이고, 피고인 주식회사 ○○○○는 삼베제조, 삼베유통업을 목적으로 설립된 법인으로, 상품이나 그 광고에 의하여 허위의 원산지를 표시하거나, 이러한 표시를 한 상품을 판매, 배포, 수입, 수출하여서는 아니됨에도 불구하고, 피고인 1은 1999. 5. 중순경부터 1999. 10. 30.까지 사이에 안동시에 있는 피고인 경영의 ○○○○에서 중국에서 삼베원사인 대마를 수입하여 삼베 수의 등 장제용품을 제조·판매하여 오면서 안동삼베 특품 수의 포장상자 전면 및 사방측명에 '신토불이, 안동삼베 특품', 안동삼베 1품, 2품, 안동삼베명주 1품, 2품 수의 포장상자의 사방측면에 '안동삼배, 안동삼배 1품, 2품, 안동삼베명주 1품, 2품, 국내 최초 100% 대마(삼베)사 개발'이라고 표시하여 놓고, 수의를 담은 포장상자 안에 '안동포 인간문화재 1호'라는 제명하에 인간문화재 ○○○ 여사가 삼베를 베틀에서 짜고 있는 장면과 안동삼배의 품질을 보증한다는 가로 24cm, 세로 12cm 크기의 품질보증서를 넣어, 누가 봐도 국내에서 길쌈으로 지명도가 있고 널리 알려진 안동지역에서 생산한 삼베로 만든 수의인 것처럼 원산지를 오인하게 할 우려가 있는 표시를 하여 경주시 외동읍 입실리 1044 소재 외동농업협동조합의 9개 농업협동조합에 안동삼베특수 수의 등 약 100벌 시가 5,000만원 상당을 납품판매하여 부정경쟁하고, 피고인 주식회사 ○○○○는 그 업무에 관하여 대표자인 피고인 1이 위와 같이 위반행위를 하였다는 이유로 기소되었다.

☞ 제1심(대구지방법원 경주지원 2001. 1. 10. 선고 2000고단70 판결)
구 부정경쟁방지법 제2조 제1호 다목의 '원산지'라 함은 일반적으로 농산물, 수산물, 광물 등의 천연산물은 재배, 채취된 지역을, 섬유제품류, 기계류 등과 같이 가공 또는 제조되는 것은 가공 또는 제조된 곳을 말한다고 할 것인바, 피고인 1이 중국에서 원단을 수입한 것이 아니라 대마 원사를 수입하여 안동에서 이를 제직, 가공하여 대부분의 제조공정이 국내에서 이루어진 이상 피고인 1이 이 사건 수의제품에 '안동'이라고 표시하였다고 하더라도 이를 허위의 원산지를 표시한 것으로 볼 수 없고, 나아가 피고인들이 이 사건 수의만을 판매한 것인 아니라 안동산 대마 원사로 만든 수의(안동포)를 이 사건 수의와 현저히 가격 차이를 두고 제품 명칭을 달리하여 같이 판매해왔던 점 등에 비추어 보면, 검사가 제출한 증거들만으로는 원산지의 오인을 일으키려는 부정경쟁의 의사를 인정하기도 부족하다는 이유로 **무죄를 선고**함.

☞ 제2심(서울서부지방법원 2010. 11. 4. 선고 2010노368 판결)
구 부정경쟁방지법 제2조 제1호 다목의 '원산지'라 함은 특정 생산물과 관련하여 널리 알려지고 특별현저성을 취득한 일정한 장소, 지방, 국가를 일컫는 것으로, 그러한 '원산지'에는 농수산물 등 천연 산출물의 산지 외에, 가공·제조된 상품이 생산된 지명도 포함되나, 그 다음의 라목이 생산, 제조, 가공된 지역에 관한 표지의 경우 단지 실제 생산, 제조, 가공된 지역 이외의 곳에서 생산 또는 가공된 듯이 '오인을 일으키게 하는' 정도만으로도 이를 부정경쟁행위로 보는 것과 달리, 원산지의 표지에 관한 위 다목은, '허위의 원산지의 표지를 하거나 또는 이러한 표지를 한 상품을 판매…하여 원산지의 오인을 일으키게' 할 것을 요한다 할 것이고, 이 사건 기계직 삼베 수의는 중국산 대마 원사를 수입해 와서 피고인 주식회사

○○○○의 안동시 소재 공장에서 이를 가공·제조한 상품인데, 삼베 주의 제품의 특성상 대마 원사의 산지와 품질에 못지않게 제직 장소와 방법도 중요한 이상 그 제품의 '원산지'를 원재료 생산지인 중국으로 볼 것인지, 아니면 가공·제조지인 안동시로 볼 것인지 명확하게 판정하기 어려우므로, 이 사건 기계직 삼베 수의를 중국산이라고 단정할 수는 없고, 따라서 그 삼베 수의가 중국산임을 전제로 피고인 1이 그 포장상자에 국내의 안동시에서 생산되었다는 취지의 '신토불이, 안동삼베'라고 표시한 것을 '허위의 원산지 표지'를 하였다고 평가할 수도 없다는 이유로 **항소를 기각**함.

Ⅲ. 사안의 쟁점

① 부정경쟁방지법 제2조 제1호 라목 소정의 '허위의 원산지의 표시'의 의미

② 중국산 대마 원사를 수입하여 안동에서 만든 삼베 수의제품에 '身土不二(신토불이)' 등의 표기를 한 것이 일반 수요자나 거래자로 하여금 이 수의가 안동에서 생산된 대마로 만든 삼베 수의인 것처럼 삼베 원사의 원산지를 허위로 표시하여 원산지의 오인을 일으키게 하는 행위에 해당하는지 여부

Ⅳ. 판단의 요지

1) 부정경쟁방지법 제2조 제1호 다목[21]에서 '허위의 원산지의 표시'라고 함은 반드시 완성된 상품의 원산지만에 관한 것은 아니고, 거래통념에 비추어 상품 원료의 원산지가 중요한 의미를 가지는 경우에는 그 원료의 원산지를 허위로 표시하는 것도 이에 포함된다고 할 것이고, 이 사건 공소사실은 '…중국에서 삼베 원사인 대마를 수입하여 삼베 수의 등 장제용품을 제조·판매하여 오면서, …누가 봐도 안동지역에서 생산한 삼베로 만든 수의인 것처럼 원산지를 오인하게 할 우려가 있는 표시를 하여' 부정경쟁행위를 하였다는 것이므로, 수의 자체의 허위 원산지 표시를 문제삼고 있는 것이 아니라, 삼베 원사의 원산지에 대한 허위 표시를 문제삼고 있는 것이라 할 것이다. 피고인 1은 중국에서 중국산의 대마를 원료로 한 대마 원사를 수입하여 안동시 소재 자신의 공장에서 기계로 짠 삼베로 만든 수의를 대량 생산하여 농협 등에 납품·판매하였는데, 삼베 수의 제품의 포

---

21 현행 부정경쟁방지법 제2조 제1호 라목의 규정과 동일함.

장상자에 '신토불이(身土不二), 안동삼베 특품(또는 종류에 따라 1품, 2품)', '국내 최초 100% 대마(삼베)사 개발' 등의 표시를 하고, 또한 포장상자 안에는 '안동포 인간문화재 1호'라는 제목하에 경북 무형문화재 1호인 안동포 짜기의 기능보유자 배분영 여사가 삼베를 베틀에서 손으로 짜고 있는 사진을 담은 품질보증서를 넣었고, 한편 안동포는 경북 안동지역에서 재배·수확된 삼(대마)으로 원사를 추출한 후 이를 베틀로 제직하여 수작업으로 만든 삼베로서 품질이 좋은 것으로 일반에 널리 알려져 있다는 것인바, 삼베는 전래적으로 대마를 재배·수확하여 실을 만들고 이를 수직 베틀로 짜는 일련의 생산과정이 특정 지역 내에서 이루어져 왔고, 그러한 지역의 고유한 특성이 반영된 지역명을 삼베의 명칭으로 호칭하는 경우가 많고, 수의 제품은 전통적인 장례용품으로서 외국산보다는 우리 것을 선호하는 경향이 있으며, '신토불이'는 '우리 땅에서 재배·수확된 농산물이 우리 체질에 맞는다'는 의미를 가진 점을 감안하면, 이 사건 수의 제품의 포장상자에 '신토불이, 안동삼베', '국내 최초 100% 대마(삼베)사 개발' 등의 표시를 하고, 또한 포장상자 안에는 '안동포 인간문화재 1호'에 관한 선전문과 사진이 실린 품질보증서를 넣은 것은 일반 수요자나 거래자로 하여금 이 사건 수의가 안동에서 생산(재배)된 대마(삼)로 만든 삼베 수의인 것처럼 삼베 원사의 원산지를 허위로 표시하여 원산지의 오인을 일으키게 하는 행위로 봄이 상당하다.

2) 그럼에도 불구하고, 원심이 피고인들의 행위가 허위의 원산지 표시에 해당하지 않는다는 이유로 이 사건 범죄사실에 대하여 무죄로 판단한 것은 이 사건 공소사실을 잘못 해석하고, 법 제2조 제1호 다목 소정의 허위의 원산지 표시행위에 대한 법리를 오해하여 판결 결과에 영향을 미친 잘못이 있다고 보아야 할 것이고, 이에 관한 상고는 그 이유가 있다.

Ⅴ. 검   토

우리 부정경쟁방지법은 「상품이나 그 광고에 의하여 또는 공중이 알 수 있는 방법으로 거래상의 서류 또는 통신에 거짓의 원산지의 표지를 하거나 이러한 표지를 한 상품을 판매·반포 또는 수입·수출하여 원산지를 오인(誤認)하게 하는 행위」에 대하여 이른바 '원산지오인야기행위'로서 부정경쟁행위의 하나로 규정하고 있다(법 제2조 제1호 라목). 위 규정에 의하면, ① 상품 또는 광고 등에의 표시를 하여야 할 것, ② 거짓의 원산지 표시가 있을 것, ③ 이로 인해 일반 공중에게 원산지에 대한 오인을 일으키게 할 것이 요구된다. 이때 '거짓의 원산지 표시'의 의미에 대하여, 이 사건의 법원은 "반드시 완성된 상품의 원산지만에 관한 것은 아니고, 거래통념에 비추어 상품 원료의 원산지가 중요한 의미를 가지는 경우에는 그 원료의 원산지를 허위로 표시하는 것도 이에 포함된다"고 판시하였는데, 법 제2조 제1호 라목의 규정 취지는 원산지 표시를 올바르게 하는 것[22] 자체에 있는 것이 아니고, 잘못된 원산지 표시로 인한 일반 수요자들의 오인을 방지함으로써 공정한 거래 질서의 확립과 생산자 및 소비자를 보호하는 것에 있으므로, 상품 원료의 원산지가 일반 수요자들이나 거래자들의 의사나 주의력을 기준으로 보았을 때 원료의 원산지가 상품의 거래나 구입에 중요한 요소가 되는 경우에는 그 원료의 원산지를 허위로 표시하는 것 또한 거짓의 원산지 표시 행위에 해당한다고 보는 것이 타당하다.

　한편 법 제2조 제1호 라목 소정의 '오인'을 같은 호 가, 나목 소정의 '혼동'과 동일한 의미로 보아야 할 것인지 여부와 관련하여, ① 우리 부정경쟁방지법에서는 '오인'과 '혼동'을 구별하여 규정하고 있으며, ② 사전적으로도 '오인'[23]과 '혼동'[24]은 동의어가 아닐 뿐만 아니라, ③ 통상 일반 수요자들은, 「Ⓐ 당해 상품의 인지 → Ⓑ 타 상품과의 구별 노력 → Ⓒ 타 상품과의 오인 → Ⓓ 당해 상품과 타 상품과의 혼동 발생」과 같은 일련의 과정을 거쳐 종국적으로 자타상품 간 혼동을 하는 점을 고려하여 보면, '오인'과 '혼동'을 동일한 의미로 해석할 수는 없으며, 오히려 '혼동'의 전단계로서 상품을 보고 잘못 생각될 정도로만 인식되면 족하지 혼동(뒤섞임)에까지 이를 필요는 요하지 않는다고 보는 것이 타당하다. 하지만 실질적인 혼동의 발생뿐만 아니라 혼동의 위험성만으로도 법 제2조 제1호 가, 나목 소정의 '혼동을 일으키게 할 것'의 요건을 충족한 것(이른바 '광의의 혼동')으로 보고 있는 우리 대법원의 태도의 관점에서 보았을 때, '오인'과 '혼동'을 엄격히 구분하여 해석할 실익은 적다.

　참고로, 농수산물의 원산지 거짓 표시 행위의 경우 본법뿐만 아니라 「농수산물의 원산지 표시에 관한 법률」(이하 '농수산물 원산지 표시법'이라 함) 상에서도 금지

---

22 통상 수출입 물품 등의 원산지의 표시나 원산지 판정 등에 구체적인 사항은 「대외무역법」의 규정에 따른다.

23 오인(誤認) : 잘못 보거나 잘못 생각함(네이버 국어사전 참조).

24 혼동(混同) : 1. 구별하지 못하고 뒤섞어서 생각함. 2. 서로 뒤섞이어 하나가 됨(네이버 국어사전 참조).

하고 있는데, 대표적인 금지 행위로는, ① 원산지 표시를 거짓으로 하거나 이를 혼동하게 할 우려가 있는 표시를 하는 행위, ② 원산지 표시를 혼동하게 할 목적으로 그 표시를 손상·변경하는 행위, ③ 원산지를 위장하여 판매하거나, 원산지 표시를 한 농수산물이나 그 가공품에 다른 농수산물이나 가공품을 혼합하여 판매하거나 판매할 목적으로 보관이나 진열하는 행위 등이 있다. 위와 같은 금지행위를 하였을 경우, 농수산물 원산지 표시법은 7년 이하의 징역이나 1억 원 이하의 벌금에 처하도록 규정(법 제14조)하고 있는데, 이는 원산지오인야기행위에 대하여 3년 이하의 징역이나 3천 만 원 이하의 벌금에 처하도록 하고 있는 부정경쟁방지법 규정(법 제18조 제3항 제1호)보다 형량이 높기 때문에 누군가가 원산지오인야기행위를 하였고 대상이 농수산물일 경우 수사기관은 농수산물 원산지 표시법과 부정경쟁방지법 모두에 대해 검토할 필요가 있으며, 양 법은 하나의 행위로부터 두 개의 범죄가 성립하는 것이므로 상상적 경합 관계에 있다고 보아야 할 것이다.

Ⅵ. 관련문헌

이수완, "부정경쟁방지법상 허위의 원산지 표시," 대법원판례해설 41호, 법원도서관(2002. 상)

사례 29 '불가리아 유산균 발효유' 사건 - 불가리아 명칭의 사용이 원산지 오인을 야기하는 행위에 해당하는지 여부

I. 기초사항

사건번호	서울고등법원 2006. 5. 17. 선고 2005나67775 판결[확정]	
사 건 명	가처분이의	
주 문	항소 기각	
표 지	채권자, 피항소인	채무자, 항소인
	불가리스(bulgaris)	**불가리아** **(maeil bulgaria)**

II. 사실관계

채권자는 유처리 가공 식품공업 등을 목적으로 하는 회사로서, 1991. 1.경부터 채권자 표지 '불가리스(bulgaris)'를 부착한 유산균 발효유 제품을 생산·판매하기 시작한 이래 계속하여 채권자 표지 또는 채권자 표지에 '프라임(prime)'이라는 단어를 부가한 표지를 부착한 유산균 발효유 제품을 제조하여 국내에서 판매하고 있다. 또한 채권자는 1990. 12. 1. 특허청에 '불가리스'라는 상표의 등록을 출원하여 1992. 1. 9. 등록결정을 받았고, 그 즈음 '불가리스'에 대하여도 상표등록을 받았다. 한편 채무자는 낙농품 제조판매업 등을 목적으로 하는 회사로서, 2002. 5. 13. 특허청에 '불가리아'라는 상표의 등록을 출원하여 2003. 10. 2. 등록결정을 받았고, 불가리아 국영기업인 A사로부터 한국 내 라이센스를 받은 B주식회사와 사이에 2004. 1. 6. 불가리아에서 채취된 천연 유산균으로 배양한 유산종균을 국내에서 독점적으로 공급받기로 하는 재라이센스 계약을 체결하고, 2005. 4. 10.부터 B로부터 공급받은 유산종균을 사용하여 제조한 유산균 발효유 제품에 채무자 표지를 부착하여 판매하고 있다.

이에 채권자는, 채권자 표지는 채권자가 생산하는 유산균 발효유 제품임을 표시하는 상품표지로서 국내에 널리 알려진 부정경쟁방지법 제2조 제1호 가목 소정의 주지저명한 표지에 해당하는데, 채무자가 유산균 발효유 제품에 채권자 표지와 유사한 채무자 표지 '불가리아'를 부착하여 제조·판매함으로써 채권자가 생산한 제품과 혼동을 일으키고, 나아가 주지저명한 표지인 채권자 표지가 가지는 식별력이나 명예를 손상시키고 있으며, 아울러 이와 같은 채무자의 행위는 채권자 표지의 등록 및 사용이 원산지 허위표시행위 또는 출처지 오인 야기행위로서 부정경쟁행위에 해당한다는 이유로 부정경쟁행위금지 가처분 신청을 하였다.

☞ 제1심(서울중앙지방법원 2005. 7. 29. 선고 2005카합2160 판결)
채무자가 채권자 표지와 유사한 채무자 표지를 이용하여 채권자와 동일한 유산균 발효유 제품에 사용하는 행위는 일반 소비자들에게 상품 출처에 관하여 오인·혼동을 일으킬 가능성이 충분하여 부정경쟁행위에 해당하므로, 채권자로서는 향후 회복하기 어려운 영업상의 손실을 입을 가능성이 있다는 이유로 채권자의 가처분 신청에 대하여 인용결정을 함.

Ⅲ. 사안의 쟁점

유산균 발효유 제품을 제조함에 있어 불가리아에서 수입한 유산종균을 사용하고 있지 아니함에도 불구하고, '불가리스(bulgaris)'라는 문자를 포함한 채권자 표지를 사용하면서, 불가리아와 관련이 있는 것으로 내용의 광고를 실시한 채권자의 행위가, 부정경쟁방지법 제2조 제1호 라목 및 마목 소정의 원산지 허위표시행위 또는 출처지 오인 야기행위로서 부정경쟁행위에 해당하는지 여부

※ 위 부정경쟁방지법 제2조 제1호 라목 및 마목의 부정경쟁행위 주장은, 채권자의 이 사건 신청이 신의칙상 허용될 수 없거나 권리남용에 해당하여 보전의 필요성이 없다는 점을 밝히기 위하여 채무자가 한 것임.

Ⅳ. 판단의 요지

1) 채무자는, 채권자가 채권자 표지를 부착한 유산균 발효유 제품을 제조함에 있어 불가리아에서 수입한 유산종균을 사용하고 있지 아니함에도 불구하고, 불가리아를 연상시킬 수 있는 '불가리스(bulgaris)'라는 문자를 포함한 채권자 표지를 사용하면서, 불가리아와 관련이 있는 것으로 소비자를 호도하는 내용의 광고

를 실시하였는데, 이는 공업소유권의 보호를 위한 파리협약 등에서 지리적 표시에 관한 보호를 선언함으로써 우리나라의 부정경쟁방지법에 반영된 부정경쟁방지법 제2조 제1호 라목 및 마목 소정의 원산지 허위표시행위 또는 출처지 오인 야기행위로서 부정경쟁행위에 해당하므로, 채권자 표지는 부정경쟁방지법의 입법취지에 비추어 보호의 대상이 되는 정당한 방법에 의하여 주지성을 획득한 상품표지라고 할 수 없고, 부정경쟁행위를 한 자가 그 상품표지의 보호를 위하여 제3자를 상대로 부정경쟁행위의 금지를 구하는 것은 신의칙상 허용될 수 없거나 권리남용에 해당할 뿐만 아니라, 이와 같은 상품표지는 상표법에 의하더라도 그 상표등록이 무효로서 말소될 개연성이 있어 이 사건 신청은 보전의 필요성도 없다고 주장한다.

　　2) 채권자는 채권자 표지를 부착한 유산균 발효유 제품을 제조함에 있어 불가리아에서 수입한 유산균, 특히 채무자가 불가리아식 요구르트에 포함되어야 한다고 주장하고 있는 불가리커스균(lactobacillus bulgaricus)을 사용하지 않는 사실, 채권자 표지 중 '불가리스(bulgaris)' 부분은 불가리아의 국명과 앞쪽 3음절이 일치하는 사실, 채권자가 채권자 표지를 부착한 유산균 발효유 제품의 포장에 '불가리아식 활성 발효유'라는 표시를 한 바 있고, 위 제품을 광고함에 있어 '발칸반도의 장수국가', '불가리아의 신비를 만난다, 불가리아식 활성 발효유 불가리스', '불가리아식 정통 발효유' 등의 문구를 사용한 사실을 인정할 수 있다. 그러나 채권자의 위와 같은 행위가 부정경쟁방지법 제2조 제1호 라목 및 마목에서 정한 원산지 허위표시행위 또는 출처지 오인 야기행위에 해당하기 위해서는, 채권자가 위와 같은 문구 등을 사용할 당시 국내의 일반 소비자들 사이에서 '불가리아' 내지 이종의 유산균을 복합한 복합균주를 사용하여 그 풍미와 맛을 내는 방식으로 제조하는 유산균 발효유 제품에만 채권자 표지를 부착하고 있는데, 이와 같이 복합균주를 사용하여 유산균 발효유 제품을 제조하고 그 풍미를 유지하는 방법은 터키의 아나톨리아지방 및 불가리아를 포함한 발칸반도 주변의 동유럽 여러 나라에서 오래 전부터 이용하여 오던 방법이므로, 비록 불가리아에서 전통적으로 수종의 유산균을 이용하여 요구르트를 제조하여 왔고, 이때 사용되는 대표적인 유산균이 불가리커스 균이라고 하더라도, 채권자의 요구르트 제조방법을 '불가리아식'이라고 표현하는 것이 위법하다고까지 단정하기는 어려울 뿐만 아니라, 국내의 일반 소비자들 사이에서 불가리커스 균이 포함되어 있지 아니한 요구르트는 불

가리아식 요구르트가 아니라는 인식이 존재한다고 보이지는 아니하므로, 채권자가 채권자 표지가 부착된 유산균 발효유 제품의 표장에 '불가리아식 요구르트'라는 표시를 하거나 그와 같은 내용으로 광고한 행위가 적절한 것인지 여부는 별론으로 하고 일반 소비자들에게 원산지나 출처지를 오인하도록 만들었다고도 보기 어려운 점, 채권자가 채권자 표지를 부착한 유산균 발효유 제품을 출시할 당시 국내의 유산균 발효유 제품들은 주로 단종의 유산균을 이용하여 유류를 발효시키고, 다시 맛을 내기 위한 첨가물을 추가하는 방식으로 제조되고 있었고, 채권자 표지가 부착된 제품보다 현저하게 저가에 판매되고 있었는데, 채권자가 채권자 표지가 부착된 요구르트는 불가리아를 포함한 발칸반도 주변의 동유럽 여러 나라에서 오래 전부터 이용하여 오던 방법을 사용한 것으로 기존의 요구르트와는 차별성을 가진다는 점을 부각시키기 위해 채권자가 사용하는 전통적인 방식의 유산균 발효유 제품의 생산국으로 유명한 불가리아에 장수하는 사람이 많다는 사정을 인용함으로써 기존의 요구르트보다 건강에 유익하다는 인상을 줄 목적으로 '발칸반도의 장수국가', '불가리아의 신비를 만난다, 불가리아식 활성 발효유 불가리스', '불가리아식 정통 발효유' 등의 광고문구를 사용한 것으로 보일 뿐, 채권자가 불가리아에서 생산되는 유산종균을 사용한다는 인식을 심어주기 위하여 한 것으로 보이지도 아니하고, 소비자들도 채권자가 불가리아에서 유산종균을 수입하여 요구르트를 생산한다고 오인하기에 이르렀다고 보이지 않는 점 등을 종합하여 보면, 채권자가 사회통념상 자신이 제조하는 유산균 발효유 제품에 사용되는 유산종균의 원산지를 불가리아로 허위표시한 것이거나, 채권자가 제조한 유산균 발효유 제품의 출처지를 불가리아로 오인하게 함으로써 부정경쟁방지법 제2조 제1호 라목 및 마목을 위반하였다고 보기 어렵고, 기록에 제출된 자료만으로는 채권자 표지가 부당한 방법에 기하여 주지성을 획득한 상품표지라거나, 채권자가 채권자 표지를 사용하여 부정경쟁행위를 하고 있다거나, 채권자가 채무자를 상대로 채무자 표지의 사용을 금하는 것이 신의칙에 반하는 것이라는 점을 인정하기에 부족하다(불가리스에 관한 신문기사에서 채권자가 생산하는 불가리스에 '불가리커스균'도 포함되어 있다는 취지로 보도된 바 있다고 하더라도, 그 결론에는 차이가 없다).

Ⅴ. 검   토

이 사건은 상품 원료의 원산지를 유추할 수 있는 상품표지와 유사한 상품표지를 사용한 타인의 행위가 부정경쟁방지법 제2조 제1호 가목, 다목, 라목 및 마목 각각의 부정경쟁행위에 해당하는지 여부를 매우 구체적으로 판단한 사례로, 표지의 주지·저명성, 유사성, 혼동가능성을 비롯하여 표지의 식별성(현저한 지리적 명칭, 기술적 표장), 원산지 허위표시, 타 법률과의 충돌 등 부정경쟁행위 소송에서 다루어질 수 있는 많은 쟁점을 담고 있어 소송실무상 리딩 케이스로 검토하기에 좋은 판례 중 하나이다.

특히 법 제2조 제1호 라목 소정의 원산지오인야기행위와 관련하여, 이 사건 판결은 "국내의 일반 소비자들 사이에서 불가리커스 균이 포함되어 있지 아니한 요구르트는 불가리아식 요구르트가 아니라는 인식이 존재한다고 보이지는 아니하므로…"라고 함으로써 표지의 오인 위험을 판단하는 기준을 일반 소비자의 통상적 주의력을 기준으로 판단하였는데, 이는 모든 동종의 행위에 있어서 적용될 것은 아니고, 표지의 오인 위험성은 대상이 되는 상품의 주 수요층을 기준으로 판단하는 것으로 이해하여야 할 것이며, 이 사건의 대상이 되는 상품인 '발효유'의 경우 특정 계층이나 거래자가 아닌 다양한 계층의 일반 소비자들이 구입하는 상품이기 때문에 이 사건은 일반 소비자의 통상적 주의력을 기준으로 표지의 오인 위험성을 판단한 것으로 이해하는 것이 타당하다.

또한 이 사건 판결은 "채권자가 불가리아에서 생산되는 유산종균을 사용한다는 인식을 심어주기 위하여 한 것으로 보이지도 아니하다"라고 하면서 그 근거로서 이 사건 제품에 '불가리아식 요구르트'라는 표시를 하거나 그와 같은 내용으로 광고한 사실을 들었는데, '–식'은 방식이나 의식의 뜻을 더하는 접미사로서 일반 수요자의 관점에서 '불가리아식'은 '불가리아에서 제조되는 방식을 따른'의 의미로 인식될 것으로 예상되며, '불가리아를 원산지로 하는 무엇'이라고 인식되는 것으로 이해할 수는 없을 것이므로, 상기와 같이 판단한 이 사건 판결은 타당하다고 본다. 한편 상표 침해와 관련하여, 우리 법원은 예를 들어 '폴로ST'이나 '폴로스타일'을 비롯해 '폴O'라는 식으로, 타인의 상표를 연상하게 하는 것이라도 폴로브랜드의 이미지에 편성해서 판매하려는 의도가 있다고 판단될 경우 상표권 침해 행위로 판단하고 있는데, 이 사건 판결과 같이 원산지 오인 야기행위 판단에 있어서 「현저한 지리적 명칭' + '–식」과 상표권 침해 행위 판단에 있어서 「타인의 브랜드 명칭' + '스타일」은 판단 기준과 침해 여부의 결론이 상이하므로, 관련 소송에서 위와 같은 「–식」이나 「–스타일」의 기재가 있을 경우 침해

여부를 판단함에 있어서 유의하여야 할 필요가 있다고 본다.

Ⅵ. 관련문헌

이수완, "부정경쟁방지법상 허위의 원산지 표시," 대법원판례해설 41호, 법원도서관(2002. 상)

[서울고등법원 2006. 5. 17. 선고 2005나67775 판결【가처분이의】전문]

채권자, 피항소인	생략
채무자, 항소인	생략
제1심 판결	서울중앙지방법원 2005. 7. 29. 선고 2005카합2160 판결
	변론종결 2006. 3. 29.
판결선고	2006. 5. 17

주문

1. 채무자의 항소를 기각한다.
2. 항소비용은 채무자가 부담한다.

신청취지 및 항소취지

1. 신청취지

가. 채권자 : 채권자와 채무자 사이의 서울중앙지방법원 2005카합1387호 부정경쟁행위금지가처분 신청사건에 관하여 위 법원이 2005. 6. 21.에 한 가처분결정을 인가한다.

나. 채무자 : 위 가처분결정을 취소하고, 채권자의 이 사건 가처분신청을 기각한다.

2. 항소취지

제1심 판결을 취소하고, 채무자의 신청취지와 같은 판결을 구한다.

이유

1. 가처분 결정 및 기초사실

가. 채권자가 채권자의 "불가리스(bulgaris)"라는 상표(이하 '채권자 표지'라 한다)가 주지성 있는 상품표지임을 주장하면서 채무자를 상대로 별지 제1 목록 기재 제품에 "불가리아(maeil bulgaria)"라는 상표(이하 '채무자 표지'라 한다)의 사용금지를 구한 신청취지 기재 가처분 신청사건에 관하여, 서울중앙지방법원이 2005. 6. 21.

담보제공 조건으로 신청을 일부 받아들여 "채무자는 별지 제1 목록 기재 제품에 대하여 별지 제2 목록 기재 표지를 사용하거나, 별지 제2 목록 기재 표지를 사용한 별지 제1 목록 기재 제품을 판매, 반포 또는 수출하여서는 아니 된다. 채무자가 보관하고 있는 위 제품에 대한 채무자의 점유를 풀고, 채권자가 위임하는 집행관에게 그 보관을 명한다. 집행관은 위 각 명령의 취지를 적당한 방법으로 공시하여야 한다. 집행관은 채무자의 신청이 있으면, 보관하고 있는 제1항 기재 제품에서 별지 제2 목록 기재 표지 부분을 말소하고, 위 제품을 채무자에게 반환하여야 한다"는 내용의 가처분을 발령한 사실은 이 법원에 현저하다.

　나. 기초사실

　이 사건 기록에 변론 전체의 취지를 종합하면, 다음 사실을 인정할 수 있다.

　(1) 채권자는 유처리 가공 식품공업 등을 목적으로 하는 회사로서, 1991. 1.경부터 채권자 표지를 부착한 유산균 발효유 제품을 생산·판매하기 시작한 이래 계속하여 채권자 표지 또는 채권자 표지에 "프라임(prime)"이라는 단어를 부가한 표지를 부착한 유산균 발효유 제품을 제조하여 국내에서 판매하고 있다.

　(2) 채권자는 1990. 12. 1. 특허청에 "불가리스"라는 상표의 등록을 출원하여 1992. 1. 9. 등록결정을 받았고, 그 즈음 "불가리스"에 대하여도 상표등록을 받았다.

　(3) 한편, 채무자는 낙농품 제조판매업 등을 목적으로 하는 회사로서, 2002. 5. 13. 특허청에 "불가리아"라는 상표의 등록을 출원하여 2003. 10. 2. 등록결정을 받았고, 불가리아 국영기업인 ○○○○○○○○○○○○○(이하 '○○○○'이라 한다)으로부터 한국내 라이센스를 받은 ○○○○ 주식회사(이하 '○○○○'라 한다)와 사이에 2004. 1. 6. 불가리아에서 채취된 천연 유산균으로 배양한 유산종균을 국내에서 독점적으로 공급받기로 하는 재라이센스 계약을 체결하고, 2005. 4. 10.부터 ○○○○로부터 공급받은 유산종균을 사용하여 제조한 유산균 발효유 제품에 채무자 표지를 부착하여 판매하고 있다.

　2. 피보전채권의 존부에 대한 판단

　가. 채권자의 주장

　채권자는 신청원인으로, 채권자 표지는 채권자가 생산하는 유산균 발효유 제품임을 표시하는 상품표지로서 국내에 널리 알려진 부정경쟁방지 및 영업비밀 보호 등에 관한 법률(이하 '부정경쟁방지법'이라 한다) 제2조 제1호 가.목 소정의 주지 저명한 표지에 해당하는데, 채무자가 유산균 발효유 제품에 채권자 표지와 유사한 채무자 표지를 부착하여 제조·판매함으로써 채권자가 생산한 제품과 혼동을 일으키고, 나아가 주지저명한 표지인 채권자 표지가 가지는 식별력이나 명예를 손상시키고 있으며, 이와 같은 채무자의 행위는 부정경쟁방지법 제2조 제1호 가.목 및 다.목 소정의 부정경쟁행위에 해당한다고 주장한다.

나. 판   단

(1) 채권자 표지가 주지성을 가지는지 여부

기록에 의하면, 채권자는 1991. 1.경부터 14년 이상의 기간 동안 계속하여 채권자 표지 내지 여기에 "프라임(prime)"이라는 문자 부분을 부가한 표지를 부착한 유산균 발효유 제품을 제조·판매하여 왔는데, 위 기간 동안 채권자 표지를 부착한 제품의 총 매출액이 약 5,700억 원을 상회하는 등 전체 유산균 발효유 제품 시장에서의 점유율이 3위권에 속하는 사실, 채권자는 채권자 표지를 신문, 잡지, 라디오, 텔레비전 등 각종 광고매체에 지속적으로 광고하여 왔는데, 위 제품판매 기간 동안 광고 등을 위하여 지출한 비용의 합계가 약 650억 원을 상회하는 사실, 채권자가 위 제품을 출시하면서 다수의 신문에 기존의 유산균 발효유 제품과는 달리 첨가물을 사용하지 아니하고 복합유산균을 이용하여 한국인의 식성에 맞으면서도 유산균이 기존의 유산균 발효유 제품보다 현저하게 많이 포함되어 있다는 사실을 광고하여 왔고, 한국식품연구소의 검사결과 등에서 채권자 표지가 부착된 유산균 발효유 제품에 그 발매 이전의 유산균 발효유 제품보다 현저하게 많은 유산균이 포함되어 있다는 점이 밝혀져 건강식품으로 호평을 받게 된 사실, 중앙일간지에 이른바 '히트상품', '일류 브랜드 상품' 등의 제목 하에 10회 이상 소개된 사실, 아시아 마켓 인텔리전스사(asia market intelligence ltd)가 채무자의 의뢰로 실시한 2002. 11. 19.자 시장보고서에 의하더라도, 채권자 표지의 인지도가 유산균 발효유 제품 시장에 출시되어 있는 상표들 가운데 4위(기능성 유산균 발효유 제품의 상표들 가운데는 3위)를 차지하여 채무자가 저명한 상품표지라고 주장하고 있는 채무자의 상호에 대한 인지도에 근접하는 수준을 보이고 있는 사실을 인정할 수 있다. 이와 같이 채권자 표지를 부착한 유산균 발효유 제품의 매출실적, 광고의 태양 및 비용, 언론보도 내용 및 횟수, 인지도 조사결과 등을 종합하여 보면, 채권자 표지는 국내에서 유산균 발효유 제품과 관련한 거래자 및 수요자들 사이에서 채권자의 상품표지로서 널리 인식되어 있다고 봄이 상당하다.

(2) 유사성 및 혼동 가능성에 대한 판단

부정경쟁방지법 제2조 제1호 가.목에서 정한 바와 같이 타인의 상품과 혼동을 일으키게 하는지 여부는 상품표지의 주지성과 식별력의 정도, 표지의 유사 정도, 사용태양, 상품의 유사 및 고객층의 중복 등으로 인한 경업·경합관계의 존재 여부, 모방자의 악의 유무 등을 종합하여 판단하여야 할 것이고, 특히 상품표지의 유사성은 혼동초래와 직결되는 유력한 판단 근거가 된다고 할 것이다.

먼저 채권자 표지 및 채무자 표지의 유사 여부에 관하여 본다. 위 표지들은 유산균 발효유 제품의 상표로 사용되고 있으므로, 그 유사 여부는 대비되는 상표를 외관, 호칭, 관념의 세 측면에서 객관적, 전체적, 이격적으로 관찰하여 느끼는 직관적 인식을 기준으로 하되, 외관, 호칭, 관념 중 어느 하나가 유사하다면 양 표지는 유사하다고 보아야 하고, 특히 그것이 문자상표라면 호칭의 유사 여부가 가장 중요한 요소가 된다고 할 것이다. 채권자 표지는 "○○"과 "불가리스(bulgaris)"가, 채무자 표지는 "○○(maeil)"과 "불가리아(bulgaria)"가 각각 결합된 상품표지로서, 그 결합에 의하여 전체적으로 새로운 관념을 형성하는 것으로 보이지 않고, 단어와 단어 사이에 특별한 비중의 차이가 있다고 볼 수 없는 점, 위 각 표지 중 "○○" 및 "○○"이라는 문자 부분은 유제품을 생산하는 회사인 채권자 및 채무자의 상호 중 일부로서 이를 호칭한다고 하더라도 채권자와 채무자가 제조하는 다른 제품들과 구별하기 어려운 실정이고, 거래업계에서는 편의상 제품의 상품표지를 축약하여 호칭하려는 경향이 있으므로, 이러한 경우 위 각 표지가 부착된 제품을 호칭함에 있어서는 채권자와 채무자의 상호 부분을 생략한 나머지 부분으로 축약하여 호칭하게 될 것으로 보이는데, 채권자 표지의 "불가리스(bulgaris)" 부분과 채무자 표지의 "불가리아(bulgaria)" 부분은 수요자들의 주의를 끄는 주요 부분에 해당하는 것으로 보이는 점, 채권자가 채권자 표지를 사용함에 있어 "○○"이라는 부분과 "불가리스(bulgaris)"라는 문자 부분을 분리하여 후자에 대하여만 따로 상표등록을 받아 두거나 후자를 강조하는 방법으로 광고하여 온 점, "불가리스(bulgaris)"와 "불가리아(bulgaria)"는 전체 음절의 수가 4음절로 동일하고 앞쪽 3음절은 그 발음과 철자가 동일한데, 여러 음절의 단어에서 어두 부분이 강하게 발음되고 인식되는 것이 우리나라의 일반적인 언어 관행인 점 등을 종합하여 보면, 채권자 표지와 채무자 표지는 그 호칭이 유사하여 전체적으로 유사한 표지로 판단된다.

여기에다가 채권자와 채무자가 제조·판매하는 상품이 복합 유산종균을 사용한 기능성 유산균 발효유 제품으로서 거래업계에서 동일한 제품군으로 인식되고 있고, 그 수요계층이나 영업지역도 전국의 기능성 유산균 발효유 제품 수요자로서 동일한 점, 채무자가 채무자 표지 중 "○○○○"이라는 문자 부분은 작은 크기로 표시하고 채권자 표지와 유사한 "불가리아(bulgaria)"는 용기 상단에서 하단에 이르는 정도의 크기에 세로로 글씨를 표시하거나, 제품의 한 가운데에 다른 글자보다 현저하게 큰 크기로 표시하고 있는 점{최초에는 "불가리아(bulgaris)" 부분만 표시하기도 하였다)}, "○○○○"과 불가리아(bulgaria)"를 함께 표시하는 경우에도 2단으로 표시하고, 두 단어 사이에 제품을 설명하는 다른 문구를 넣어 연속적인 결합상표로 인식하기 어렵게 표시하기도 한 점 등을 종합적으로 고려하여 보면, 채무자는 국내의 동종업계와 수요자들에게 널리 알려진 채권자 표지와 유사한 채무자 표지를 사용함으로써 거래상 일반 수요자들에게 상품의 출처에 관하여 오인·혼동을 일으키고 있다고 할 것이다.

3. 채무자의 주장에 관한 판단
가. 현저한 지명 또는 기술적 표장이라는 주장

채무자는 우선, 채권자 표지 중 "불가리스(bulgaris)"라는 부분은 현저한 지명인 불가리아 국명이자 불가리아의 전통적인 유산균 발효유 생산방법에 의하여 생산된 유산균 발효유 제품을 의미하는 보통명사로서 '불가리안(불가리아) 요구르트'를 의미하는 기술적 표장에 해당하는 "불가리아(bulgaria)"에서 마지막 글자 "아(a)"를 "스(s)"로 치환한 것이거나, 유산균 발효유 제품의 원료인 유산종균을 의미하는 기술적 표장에 해당하는 "불가리커스(lactobacillus bulgaricus)"에서 네 번째 글자 "커(cu)"를 생략한 것에 불과할 뿐이므로, 이와 같이 현저한 지명 또는 기술적 표장의 일부를 고의로 오기함으로써 만들어진 상품표지는 식별력을 가질 수 없고, 부정경쟁방지법 제2조 제1호 가.목 소정의 주지성 있는 표지가 되기 위해서는 식별력을 가지는 부분이 부가되어야 할 것인데, 채권자 표지는 현저한 지명 및 기술적 표장이 가지는 원래의 의미 이상의 의미를 가질 수 없는 "불가리스

(bulgaris)” 부분에 채권자의 상호 중 일부인 “남양”이라는 문자가 부가된 경우에 만 식별력을 가지게 되므로 그 요부는 “남양”이라는 문자 부분이라고 할 것이고, 채무자 표지도 같은 이유에서 그 요부는 “매일(maeil)”이라는 문자 부분이라고 할 것이므로, 채권자 표지 및 채무자 표지의 요부를 비교하면 관념, 호칭, 외관이 모두 달라 일반 소비자로 하여금 혼동을 초래하게 할 위험이 없다고 주장한다.

그러나 ① “불가리스(bulgaris)”는 채무자가 현저한 지명 내지 기술적 표장이라고 주장하는 “불가리아(bulgaria),” ‘불가리안(불가리아) 요구르트’, “불가리커스(blugaricus)”와 동일하지 아니함이 명백하고, 이는 채권자가 국어사전에 기재되어 있지 아니한 새로운 용어를 만든 것으로 보아야 할 것이므로, 위 “불가리스(bulgaris)”라는 상품표지가 일반 소비자들에게 지명이나 상품의 성질에 대한 즉각적인 정보를 제공하는 현저한 지명이나 기술적 표장 그 자체에 해당한다고 보기 어렵고, 오히려 상품의 성질을 알기 위해서는 상상, 사고, 지각을 요하는 암시적 상표 또는 조어 상표에 해당하는 것으로 보이며, 적어도 현저한 지명 및 기술적 표장에 변형을 가한 것으로서 평소 사용하지 아니하는 형태로 사용하는 경우에 해당하므로, 그 자체가 현저한 지명 및 기술적 표장이 가지는 원래의 의미와는 다른 별개의 의미를 가지게 되었다고 할 것인 점{채권자는 유산균 발효유 제품의 원료로 사용되는 유산종균의 명칭인 “불가리커스(bulgaricus)”에서 영감을 얻어 채권자 표지를 사용하게 되었다고 주장하고 있는데, 이와 같은 상품표지의 사용 경위와는 무관하게 채권자 표지가 소비자들에게 위 유산종균에 대한 즉각적인 정보를 제공하지는 않는 것으로 판단된다}, ② 앞서 본 바와 같이 채권자가 채권자 표지를 14년 이상 자신의 상호 중 일부인 ‘○○’과 분리하여 “불가리스(bulgaris)” 부분을 강조하는 방법으로 사용하여 왔고, 소비자들도 채권자가 생산한 유산균 발효유 제품을 축약하여 호칭할 때 “불가리스”라는 명칭을 사용하고 있는 것으로 보이는 점 등의 제반사정을 종합하여 보면, 채권자 표지 중 “불가리스(bulgaris)” 부분은 최초 사용될 당시부터 식별력이 있었던 것으로 보일 뿐만 아니라, 적어도 그 사용에 의하여 식별력을 가지게 된 상품표지라고 할 것이므로, 채무자의 위 주장은 이유 없다. 게다가 부정경쟁방지법 제2조 제1호 가.목에 의하여 널리 알려진 표지를 보호하는 취지는, 그 표지에 투자한 비용과 노력, 그로 인하여 일반 소비자들에게 널리 알려지게 된 성과를 보호하고, 이에 부당하게 편승하려는 자에 의한 경쟁질서의 왜곡을 막는 데 있다고 할 것이므로, 현저한 지리적 명칭이나 기술적 표장으로서 상표법상 등록적격을 갖추지 못하여 상표법의 독점적 보호를 받지 못하는 표장이라고 하더라도 여전히 표지로서의 기능을 하면서 그것이 오랫동안 사용됨으로써 거래자나 일반 수요자들이 어떤 특정인이 생산한 상품임을 표시하는 것으로 인식하는 경우에는 특별한 사정이 없는 한 부정경쟁방지법 제2조 제1호 가.목이 보호하는 표지가 될 수 있다고 할 것인데, 채권자표지가 채무자의 주장과 같이 지리적 명칭이나 기술적 표장에 해당된다고 하더라도 앞서 본 바와 같이 채권자의 지속적인 사용 및 광고 등에 의하여 주지된 표지로 인정되는 이상, 채무자의 위 주장은 어느 모로 보더라도 이유 없다.

나. 채권자 표지는 그 1차적 의미에 해당하는 "불가리아(bulgaria)" 자체에는 효력이 미치지 않는다는 주장

채무자는 두 번째로, 채권자 표지 중 "불가리스(bulgaris)" 부분은 현저한 지명 및 기술적 표장이므로 원래의 의미 이상의 의미를 가질 수 없다고 할 것인데, 현저한 지명 및 기술적 표장 그 자체가 가지는 1차적 의미는 동종 영업에 종사하는 자들이 자유로이 사용할 수 있는 영역으로서 상표등록 자체가 불가능하고, 비록 현저한 지명 및 기술적 표장을 포함하는 상품표지가 주지성을 획득하였다고 하더라도 그와 같은 상품표지를 사용하는 자는 향후 언제라도 동종 영업에 종사하는 자들이 그와 같은 현저한 지명 및 기술적 표장을 사용할 것을 예견하면서 그 상품표지를 사용하기 시작하는 것이므로, 그와 같은 상품표지의 권리범위는 주지성을 획득한 자의 영업임을 표시하는 2차적 의미에 해당하는 부분에 한정되고, 1차적 의미에 해당하는 부분에까지 미치지 않는다고 할 것이므로, 채권자 표지의 "불가리스(bulgaris)" 부분의 권리범위도 채권자의 영업임을 표시하는 부분에 그치고 그 1차적 의미에 해당하는 "불가리아(bulgaria)" 자체에는 미치지 않는다고 할 것이어서, 채무자 표지는 채권자 표지의 권리범위에 속하지 아니하는 영역이라고 주장한다.

그러나 앞서 본 바와 같이 채권자 표지 중 "불가리스(bulgaris)"는 현저한 지명 및 기술적 표장 그 자체가 아니고, 식별력을 가지는 상품표지로서 현저한 지명 및 기술적 표장 이상의 독자적인 의미를 가지고 있다고 할 것인데, ① 비록 채무자의 표장 중 "불가리아(bulgaria)" 부분 그 자체는 현저한 지명에 해당한다고 하더라도 이를 사용하여 채권자 표지와 혼동을 일으킴으로써 채권자 표지의 독자적인 식별력을 침해하는 것까지 일반적으로 허용된다고 보기 어려운 점{채무자가 침해하는 채권자의 권리는 "불가리스(bulgaris)"라는 상품표지의 식별력에 대한 것이고, 채권자가 "불가리아(bulgaria)"라는 현저한 지명에 대한 독점권을 가지고 있어 그 독점권을 침해하게 되는 것이 아니다}, ② "불가리아(bulgaria)"라는 표지가 현저한 지명에 해당하는 것은 별론으로 하고, 국내 거래업계에서 '불가리아식 요구르트'가 특정의 조성비를 가지는 방식으로 제조되는 요구르트를 지칭하는 기술적 표장이라거나 다른 요구르트와는 다른 별개의 제품군을 형성하는 것으로 인식되고 있다고 볼 수 없는 상황에서, 채무자가 "불가리아(bulgaria)"라는 표지를 요구르트에 사용하는 것이 국내 거래업계의 통념상 즉각적으로 '불가리아식 요구르트'라는 정보를 제공하는 기술적 표장의 사용에 해당한다고 보기 어렵고, 위 상품표지가 동종 영업에 종사하는 자들이 장래에 반드시 사용해야 할 개연성을 가진 표장이라고 단정하기도 어려우므로, "불가리아(bulgaria)"라는 상품표지가 "불가리스(bulgaris)"라는 주지의 상품표지가 있는 유산균 발효유 제품 시장에서 기술적 표장으로서 동종 영업에 종사하는 자들이 임의로 사용할 수 있는 개방된 영역에 속한다거나, 채권자가 "불가리스(bulgaris)"라는 상품표지를 사용하게 될 것이라는 점을 예견하고도 그러한 위험을 감수하면서 위 상품표지를 사용한 것이라고 보기 어려운 점, ③ 설령 동종 영업에 종사하는 자들이 "불가리아(bulgaria)"라는 표지를 현저한 지명 내지 기술적 표장의 의미로 사용할 수 있다고 하더라도, 이는 어디까지나 제품의 성상을 설명하기 위한 정당한 목적으로 그 목적을 달성하기 위한 범위 내에서 소비자에게 그와 같은 표지가 기술적 표장을 의미하는 것임을 명백히 알 수 있도록 하는 방법으로만 사용할 수 있다고 할 것인데, 국내 거래업계에서 "불가리아(bulgaris)"라는 상품표지가 기술적 표장에 해당한다는 인식이 존재한다고 보기는 어려운 상황에서 일반 소비자가 기술적 표장인지 여부를 명백히 인식할 수 있도록 하는 조치를 취하지 아니한 채 채무자의 상호 중 일부를 부가하여 사용하는 것이 기술적 표장으로서의 사용이라고 보기 어렵고, 나아가 이로 인하여 채권자 표지의 식별력을 손상시키는 부정경쟁의 목적으로 이와 같은 행위에 이르는 것까지 보호된다고 할 수는 없는 점(기록상 아래에서 보는 바와 같이 채무자가 채무자 표지를 사용하는 행위는 부정경쟁의 목적에 기한 것으로 보인다) 등에 비추어 보면, 채무자 표지가 공공에게 개방된 영역에 속하는 상표 사용행위라는 취지의 위 주장도 이유 없다.

**다. 채권자 표지의 등록 및 사용이 원산지 허위표시행위 또는 출처지 오인 야기행위
로서 부정경쟁행위에 해당한다는 주장**

채무자는 세 번째로, 채권자는 채권자 표지는 부착한 유산균 발효유 제품을
제조함에 있어 불가리아에서 수입한 유산종균을 사용하고 있지 아니함에도 불구
하고, 불가리아를 연상시킬 수 있는 "불가리스(bulgaris)"라는 문자를 포함한 채권
자 표지를 사용하면서, 불가리아와 관련이 있는 것으로 소비자를 호도하는 내용
의 광고를 실시하였는데, 이는 공업소유권의 보호를 위한 파리협약 등에서 지리
적 표시에 관한 보호를 선언함으로써 우리나라의 부정경쟁방지법에 반영된 부정
경쟁방지법 제2조 제1호 라.목 및 마.목 소정의 원산지 허위표시행위 또는 출처
지 오인 야기행위로서 부정경쟁행위에 해당하므로, 채권자 표지는 부정경쟁방지
법의 입법취지에 비추어 보호의 대상이 되는 정당한 방법에 의하여 주지성을 획
득한 상품표지라고 할 수 없고, 부정경쟁행위를 한 자가 그 상품표지의 보호를
위하여 제3자를 상대로 부정경쟁행위의 금지를 구하는 것은 신의칙상 허용될 수
없거나 권리남용에 해당할 뿐만 아니라, 이와 같은 상품표지는 상표법에 의하더
라도 그 상표등록이 무효로서 말소될 개연성이 있어 이 사건 신청은 보전의 필요
성도 없다고 주장한다.

부정경쟁방지법은 타인의 정당한 노력에 무임승차하는 행위를 방지하기 위
하여 주지성 있는 표지와 동일·유사한 표지의 사용을 금지하는 것이므로, 이와
같은 부정경쟁방지법의 입법취지를 고려하면, 부정한 방법 또는 부정경쟁적 의도
에 따라 상표등록을 출원하였다거나 상품표지를 사용하는 것 자체가 부정경쟁행
위에 해당하는 경우와 같이 상품표지에 대한 보호를 포기함으로써 오히려 공정
한 경쟁질서를 유지할 수 있는 특별한 사정이 있는 경우에는, 부정경쟁방지법의
입법목적을 달성하기 위하여 주지성 있는 상품표지에 대한 보호를 포기함이 상
당하다고 볼 여지도 없지 아니하다.

채권자가 위와 같은 부정한 방법에 의하여 채권자 표지에 관한 주지성을 획
득하였고, 그 상품표지를 사용하는 것 자체가 부정경쟁행위에 해당하는지 여부에
관하여 본다.

기록에 의하면, 채권자는 채권자 표지를 부착한 유산균 발효유 제품을 제조
함에 있어 불가리아에서 수입한 유산균, 특히 채무자가 불가리아식 요구르트에
포함되어야 한다고 주장하고 있는 불가리커스 균(lactobacillus bulgaricus)을 사용하

지 않는 사실, 채권자 표지 중 "불가리스(bulgaris)" 부분은 불가리아의 국명과 앞쪽 3음절이 일치하는 사실, 채권자가 채권자 표지를 부착한 유산균 발효유 제품의 포장에 "불가리아식 활성 발효유"라는 표시를 한 바 있고, 위 제품을 광고함에 있어 "발칸반도의 장수국가," "불가리아의 신비를 만난다, 불가리아식 활성 발효유 불가리스," "불가리아식 정통 발효유" 등의 문구를 사용한 사실을 인정할 수 있다.

그러나 채권자의 위와 같은 행위가 부정경쟁방지법 제2조 제1호 라.목 및 마.목에서 정한 원산지 허위표시행위 또는 출처지 오인 야기행위에 해당하기 위해서는, 채권자가 위와 같은 문구 등을 사용할 당시 국내의 일반 소비자들 사이에서 "불가리아" 내지 이종의 유산균을 복합한 복합균주를 사용하여 그 풍미와 맛을 내는 방식으로 제조하는 유산균 발효유 제품에만 채권자 표지를 부착하고 있는데, 이와 같이 복합균주를 사용하여 유산균 발효유 제품을 제조하고 그 풍미를 유지하는 방법은 터키의 아나톨리아지방 및 불가리아를 포함한 발칸반도 주변의 동유럽 여러 나라에서 오래 전부터 이용하여 오던 방법이므로, 비록 불가리아에서 전통적으로 수종의 유산균을 이용하여 요구르트를 제조하여 왔고, 이때 사용되는 대표적인 유산균이 불가리커스 균이라고 하더라도, 채권자의 요구르트 제조방법을 '불가리아식'이라고 표현하는 것이 위법하다고까지 단정하기는 어려울 뿐만 아니라, 국내의 일반 소비자들 사이에서 불가리커스 균이 포함되어 있지 아니한 요구르트는 불가리아식 요구르트가 아니라는 인식이 존재한다고 보이지는 아니하므로, 채권자가 채권자 표지가 부착된 유산균 발효유 제품의 표장에 '불가리아식 요구르트'라는 표시를 하거나 그와 같은 내용으로 광고한 행위가 적절한 것인지 여부는 별론으로 하고 일반 소비자들에게 원산지나 출처지를 오인하도록 만들었다고도 보기 어려운 점, ③ 채권자가 채권자 표지를 부착한 유산균 발효유 제품을 출시할 당시 국내의 유산균 발효유 제품들은 주로 단종의 유산균을 이용하여 유류를 발효시키고, 다시 맛을 내기 위한 첨가물을 추가하는 방식으로 제조되고 있었고, 채권자 표지가 부착된 제품보다 현저하게 저가에 판매되고 있었는데, 채권자가 채권자 표지가 부착된 요구르트는 불가리아를 포함한 발칸반도 주변의 동유럽 여러 나라에서 오래 전부터 이용하여 오던 방법을 사용한 것으로 기존의 요구르트와는 차별성을 가진다는 점을 부각시키기 위해 채권자가 사용하는 전통적인 방식의 유산균 발효유 제품의 생산국으로 유명한 불가리아에

장수하는 사람이 많다는 사정을 인용함으로써 기존의 요구르트보다 건강에 유익하다는 인상을 줄 목적으로 "발칸반도의 장수국가," "불가리아의 신비를 만난다, 불가리아식 활성 발효유 불가리스," "불가리아식 정통 발효유" 등의 광고문구를 사용한 것으로 보일 뿐, 채권자가 불가리아에서 생산되는 유산종균을 사용한다는 인식을 심어주기 위하여 한 것으로 보이지도 아니하고, 소비자들도 채권자가 불가리아에서 유산종균을 수입하여 요구르트를 생산한다고 오인하기에 이르렀다고 보이지 않는 점 등을 종합하여 보면, 채권자가 사회통념상 자신이 제조하는 유산균 발효유 제품에 사용되는 유산종균의 원산지를 불가리아로 허위표시한 것이거나, 채권자가 제조한 유산균 발효유 제품의 출처를 불가리아로 오인하게 함으로써 부정경쟁방지법 제2조 제1호 라.목 및 마.목을 위반하였다고 보기 어렵고, 기록에 제출된 자료만으로는 채권자 표지가 부당한 방법에 기하여 주지성을 획득한 상품표지라거나, 채권자가 채권자 표지를 사용하여 부정경쟁행위를 하고 있다거나, 채권자가 채무자를 상대로 채무자 표지의 사용을 금하는 것이 신의칙에 반하는 것이라는 점을 인정하기에 부족하다(불가리스에 관한 신문기사에서 채권자가 생산하는 불가리스에 '불가리커스 균'도 포함되어 있다는 취지로 보도된 바 있다고 하더라도, 그 결론에는 차이가 없다). 채무자의 위 주장도 이유 없다.

라. 부정경쟁방지법 제15조에 따른 적용 배제 주장

채무자는 네 번째로, 부정경쟁방지법 제15조에서 상표법 등 다른 법률에 부정경쟁방지법과 다른 규정이 있는 경우에는 부정경쟁방지법의 규정을 적용하지 아니하고 다른 법률의 규정을 적용하도록 규정하고 있는데, 채무자는 채무자 표지에 관한 상표권자로서 소비자들에게 불가리쿰이나 바이탈푸드로부터 불가리아의 천연 유산균을 배양한 유산종균을 수입하여 유산균 발효유 제품을 제조하고 있다는 사실을 알리기 위한 정당한 목적에서 채무자 표지를 상표적으로 사용하고 있으므로, 상표법에 의한 적법한 권리의 행사로서 부정경쟁방지법 제15조에 의하여 부정경쟁방지법의 적용이 배제된다고 주장한다.

부정경쟁방지법 제15조는 상표법 등 다른 법률에 부정경쟁방지법과 다른 규정이 있는 경우에는 부정경쟁방지법의 규정을 적용하지 아니하고 다른 법률의 규정을 적용하도록 규정하고 있으나, 한편 상표권의 등록이 자기의 상품을 타인의 상품과 식별시킬 목적으로 한 것이 아니고 국내에서 널리 인식되어 사용되고 있는 타인의 상표와 동일 또는 유사한 상표를 사용하여 일반 수요자로 하여금 타인의 상품과 혼동을 일으키게 하여 이익을 얻을 목적으로 형식상 상표권을 취득하는 것이라면 그 상표의 등록출원 자체가 부정경쟁행위를 목적으로 하는 것으로서, 설령 권리행사의 외형을 갖추었다고 하더라도 이는 상표법을 악용하거나 남용한 것이 되어 상표법에 의한 적법한 권리의 행사라고 인정할 수 없으므로, 이러한 경우에는 부정경쟁방지법 제15조의 적용이 배제된다고 할 것이다(대법원 2004. 11. 11. 선고 2002다18152 판결 참조).

그런데, ① 앞서 본 바와 같이 채권자 표지가 주지성을 가지게 된 이후에 채무자가 채무자 표지를 사용하기 시작한 점, ② 거래업계에서 채권자와 채무자가 생산하는 제품을 약칭할 때 "불가리스," "불가리아"로 호칭할 것으로 보이고, 채권자와 채무자가 생산하는 제품의 종류, 수요계층, 영업지역이 동일하여 일반 소비자에게 상품출처에 대한 오인·혼동을 야기하는 점, ③ 채무자가 불가리쿰으로부터 라이센스를 받은 바이탈푸드로부터 유산종균을 수입하기로 하고 재라이센스 계약을 체결한 날이 2004. 1. 6.인데, 그 이전인 2002. 5. 13. "불가리아(bulgaria)"라는 문자를 포함한 채무자 표지에 대하여 상표등록을 출원한 점, ④ 채무자는 이 사건에서 "불가리아"라는 상품표지가 기술적 표장이므로 동종 업자가 언제든지 이를 사용할 수 있는 영역에 해당한다고 주장하고 있으므로, 이에 의하면 채무자로서는 미리 상표등록을 출원하더라도 그 후에 제3자가 자신의 상호 일부와 "불가리아"라는 상품표지를 결합한 상표등록을 출원하게 되면 이를 막을 수 없는 것으로 알고 있었을 것이고, 채무자 스스로도 언제든지 "불가리아"라는 상품표지를 사용할 수 있다고 인식하고 있었다고 할 것인데, 위와 같이 유산종균을 수입하기로 약정하기 이전부터 주지성 있는 채권자 표지와 유사한 "불가리아(bulgaria)"라는 문자가 포함된 채무자 표지에 대하여 상표등록을 출원한 점을 고려하면, 채무자가 바이탈푸드로부터 유산종균을 수입하게 된 것이 채무자 표지를 사용하게 된 유일한 동기는 아니라고 판단되는 점, ⑤ 불가리쿰 등으로부터 유산종균을 수입하는 외국의 기업들도 대부분 불가리아에서 수입한 유산종균을 사용하여 제조한 제품이라거나 불가리아에서 생산하는 방식과 동일하게 제품을 생산하고 있음을 표시함에 있어 자신의 상표와는 별도로 '불가리안 요구르트(bulgarian yoghurt)'라는 제품 설명을 부기하는 방법을 사용하고 있는 것으로 보이는 점 등의 제반사정을 종합하여 보면, 채무자가 채무자 표시를 사용하는 행위는 국내에서 널리 인식되어 사용되고 있는 타인의 상표와 동일 또는 유사한 상표를 사용하여 일반 수요자로 하여금 타인의 상품과 혼동을 일으키게 하여 이익을 얻을 목적으로 형식상 상표권을 취득한 경우에 해당하여 상표법에 의한 적법한 권리의 행사라고 할 수 없으므로, 채무자의 위 주장도 이유 없다(채무자는, 2000년 초경부터 불가리아의 국영기업으로서 불가리아 내에서 독점적으로 불가리아 유산종균의 생산 및 판매에 관한 권한을 부여받고 있으면서 해외 라이센스를 제한하여 오직 한 국가 내에서는 한 기업에 대하여만 독점적으로 불가리아 유산균을 사용한 정통 불가리아 요구르트를 제조하도록 철저히 통제하고 있는 회사인 '불가리쿰'으로부터 유산종균을 수입하기 위하여 접촉을 시도하여 왔고, 2002. 4. 27. 불가리쿰과 양해각서를 체결한 후 불가리쿰의 동의 하에 2002. 5. 13. 채무자 표지에 대하여 상표등록을 출원하였다고 주장하나, 설령 채무자의 위 주장이 맞는다고 하더라도, 채무자가 직접 유산종균을 수입하기로 하고 계약을 체결한 회사는 바이탈푸드인데 그 이전에 접촉을 시도하고 양해각서를 체결한 회사는 불가리쿰으로서 채무자의 주장 자체에 서로 모순되는 부분이 있는 점 등 이 사건 기록에 나타난 제반사정을 종합하여 보면, 채무자에게 위와 같은 목적이 전혀 없었다고 볼 수는 없다).

4. 보전의 필요성

앞서 본 바와 같이 채무자가 채권자 표지와 유사한 채무자 표지를 이용하여 채권자와 동일한 유산균 발효유 제품에 사용하는 행위는 일반 소비자들에게 상품 출처에 관하여 오인·혼동을 일으킬 가능성이 충분하여 부정경쟁행위에 해당하므로, 채권자로서는 향후 회복하기 어려운 영업상의 손실을 입을 가능성이 있다. 따라서 이 사건 가처분신청은 보존의 필요성도 인정된다.

5. 결   론

그렇다면, 채권자의 이 사건 가처분신청은 피보전권리 및 보전의 필요성이 인정되므로, 서울중앙지방법원이 2005. 6. 21. 한 위 가처분결정을 이를 인가함이 상당하다고 할 것인바, 제1심 판결은 이와 결론을 같이하여 정당하므로, 이를 다투는 채무자의 항소는 이유 없어 이를 기각하기로 하여, 주문과 같이 판결한다.

재판장 판사 주기동 판사 최재혁 판사 구희근

제1목록
유산균 발효유 제품 끝.

제2목록
1. 불가리아
2. bulgaria
3. 기타 "불가리아" 또는 "bulgaria"를 포함하는 문자 끝.

5. 출처지오인야기행위(제2조 제1호 마목)

<table>
<tr><td>사례 30</td><td>'초당두부' 사건 - '상품의 생산, 제조, 가공 지역의 오인'의 의미</td></tr>
</table>

Ⅰ. 기초사항

사건번호	대법원 2006. 1. 26. 선고 2004도5124 판결	
사 건 명	부정경쟁방지및영업비밀보호에관한법률위반	
주 문	상고 기각	
표 지	피해자	피고인
	초당두부	**정남초당두부**

Ⅱ. 사실관계

피고인이 화성시 소재 공장에서 두부제품을 생산하면서 그 상표에 '초당두부', '초당순두부' 등의 표지를 사용한 것은 부정경쟁방지법 제2조 제1호 마목 소정의 상품이 생산·제조 또는 가공된 지역 이외의 곳에서 생산 또는 가공된 듯이 오인을 일으키게 하는 표지를 사용하는 행위에 해당된다는 이유로 기소되었다.

☞ 제1심(수원지방법원 2003. 12. 30. 선고 2002고단2957 판결)

피고인의 이 사건 두부제품이 강릉시 초당마을에서 제조된 것으로 오인될 우려가 있다는 이유로 유죄를 선고함.

☞ 제2심(수원지방법원 2004. 7. 12. 선고 2004노194 판결)

비록 피고인이 위 상표에 지명을 뜻하는 '정남'이라는 표지를 사용하였다거나 소재지 표시를 하였다고 하더라도, 평균적인 주의력을 지닌 일반 수요자들이 위와 같이 상표에 '초당두부'라는 표지를 사용한 두부제품을 접할 경우 강릉시 초당마을에서 생산된 것으로 오인할 위험성이 없다고 볼 수 없으므로, 피고인의 위 주장은 이유 없다는 이유로 항소를 기각함.

Ⅲ. 사안의 쟁점

① 부정경쟁방지법 제2조 제1호 마목에 정한 상품의 생산, 제조, 가공 지역의 오인을 일으키게 하는 표지의 의미

② '초당' 이외의 지역에서 생산하는 두부제품에 '초당'을 사용하는 행위가 부정경쟁방지법 제2조 제1호 마목에서 정한 상품의 생산, 제조, 가공 지역의 오인을 일으키는 행위에 해당하는지 여부

Ⅳ. 판단의 요지

1) 강릉시 인근의 초당마을에서는 약 100년 전부터 여러 가구에서 다른 지방의 두부제조방법과는 달리 지하수나 수돗물을 사용하지 않고 소금물을 간수로 사용하지도 않으며 동해의 청정해수를 간수로 사용하여 두부를 생산하여 왔고, 그 특이한 제조방법으로 인하여 다른 지방의 두부와는 다른 독특한 맛을 지닌 것으로 알려지게 되었는데, 그 특이한 제조방법과 그 특별한 맛을 좋아하는 강원도 일대 또는 다른 지역의 사람들도 초당마을에서 생산되는 두부를 먹기 위해 모여들었고, 나중에는 위 두부에 관한 기사가 여러 신문이나 책자 등에 소개되면서 전국적으로 알려지게 된 사실 등을 인정할 수 있는바, 이에 비추어 보면 '초당두부'라는 표지는 강릉시 인근 초당마을에서 생산된 두부로서 동해의 청정해수를 직접 간수로 사용하는 방법으로 생산되어 다른 지방의 두부와 달리 독특한 맛을 지닌 두부를 가리키는 명칭으로 일반 수요자들 사이에 널리 알려지게 되었다고 봄이 상당하고, 비록 현재 피고인을 비롯한 전국의 두부제조업자들이 황산칼슘이나 염화칼슘을 간수로 사용하고 단지 소금으로 간을 한 두부를 생산하면서 그 상표에 '초당두부'라는 표지를 사용하고 있음은 물론 이 사건 고소인을 비롯한 초당마을 인근의 두부제조업자들도 기술적 어려움 등을 이유로 해수를 간수로 사용하고 있지 않는다고 하더라도, 일반 수요자들로서는 여전히 '초당두부'라는 표지를 접하면 직관적으로 강릉시 초당마을에서 생산된 두부를 연상한다고 판단된다.

2) 부정경쟁방지법 제2조 제1호 마목에서 '상품의 생산, 제조, 가공 지역의 오인을 일으킨다' 함은 거래 상대방이 실제로 오인에 이를 것을 요하는 것이 아니라 일반적인 거래자 즉 평균인의 주의력을 기준으로 거래관념상 사실과 다르

게 이해될 위험성이 있음을 뜻하며, 이러한 오인을 일으키는 표지에는 직접적으로 상품에 관하여 허위 표시를 하는 것은 물론, 간접적으로 상품에 관하여 위와 같은 오인을 일으킬만한 암시적인 표시를 하는 것도 포함된다(대법원 1999. 1. 26. 선고 97도2903 판결 참조). 피고인이 생산하여 판매한 두부제품 중 낱개로 용기·포장하여 판매하지 않는 두부는 그 자체에 '초당'이라는 글자가 음각으로 새겨져 있으면서 그 운반기구를 덮는 비닐에 '정남초당맛두부, 경기도 화성시 (상세지번, 업체명 생략)'로 표시되어 있고, 낱개로 용기·포장하여 판매하는 두부는 그 용기에 부착된 주표시면에 상표인 '정남초당두부', '정남초당연두부', '정남초당순두부'가 큰 글자로 표시되어 있고, 그 옆이나 아래 부분에 작은 글씨로 식품의약품안전청 고시 '식품등의 표시기준'에 따른 업소명 및 소재지 표시로서 '제조원 : (업체명 생략), 경기도 화성시 (상세지번 생략)'로 표시되어 있는 사실을 인정할 수 있는바, 위 고시는 식품위생법 제10조의 규정에 의하여 식품 등의 위생적인 취급을 도모하고 소비자에게 정확한 정보를 제공함을 목적으로 하는 것으로서 부정경쟁방지법의 입법취지와는 차이가 있어 위 고시의 기준에 따라 업소명과 소재지를 표시하였다고 하여 곧바로 일반 수요자들이 생산 또는 가공된 지역에 관하여 오인을 일으킬 가능성이 없다고 단정할 수 없는 점, 일반적인 주의력을 지닌 소비자들이라면 두부제품을 구입할 때 그 제조원의 소재지까지 확인한다고 단정하기 어려운 점, 일반 수요자들로서는 '정남'이라는 표지를 접했을 때 이를 화성시에 있는 지명을 가리키는 것으로 인식하기 어려운 점 등을 고려하여 볼 때, 비록 피고인이 위 상표에 지명을 뜻하는 '정남'이라는 표지를 사용하였다거나 소재지 표시를 하였다고 하더라도, 평균적인 주의력을 지닌 일반 수요자들이 위와 같이 상표에 '초당두부'라는 표지를 사용한 두부제품을 접할 경우 강릉시 초당마을에서 생산된 것으로 오인할 위험성이 없다고 볼 수 없다.

V. 검 토

우리 부정경쟁방지법은 "상품이나 그 광고에 의하여 또는 공중이 알 수 있는 방법으로 거래상의 서류 또는 통신에 그 상품이 생산·제조 또는 가공된 지역 외의 곳에서 생산 또는 가공된 듯이 오인하게 하는 표지를 하거나 이러한 표지를 한 상품을 판매·반포 또는 수입·수출하는 행위"에 대하여 이른바 '출처지오인야기행위'로서 부정경쟁행위의 하나로 규정하고 있다(법 제2조 제1호 마목). 본목의 규정은 라목의 원산지 허위표시규정을 확장한 것으로, 라목의 행위가 허위의 원산지를 표시함으로써 원산지의 오인을 하게 하는 행위인 반면, 본목의 행위는 허위의 여부를 따지지 않고 출산지 등의 표지가 사실과 다르게 혼동을 일으키게 하는 행위 및 그러한 표지를 한 상품을 판매 기타의 방법으로 유통 상태에 두는 행위 등으로 포함하며, 예컨대 중국산 전자제품에 대하여 일본어로 중국산임을 밝히면서 일본을 연상케 할 수 있는 상징물들을 표시함으로써 마치 일본에서 제조된 것처럼 암시적인 표시를 하는 행위가 이에 해당한다.25 본목은 '출처지(상품이 생산·제조 또는 가공된 지역)'에 대한 오인을 야기하는 행위를 방지하고자 규정된 것인바, 상품에 포함된 재료, 용도, 제조방법, 판매계통이나 상품의 특성에 대해 혼동을 일으키게 하는 행위 또는 공법상 특수법인, 공공연구기관 및 협회 또는 연맹 등과 같은 단체에 대하여 혼동을 일으키게 하는 행위의 경우는 본목 소정의 부정경쟁행위에 해당한다고 볼 수 없다.

이 사건 판결은 "'초당두부'라는 표지는 강릉시 인근 초당마을에서 생산된 두부로서 동해의 청정해수를 직접 간수로 사용하는 방법으로 생산되어 다른 지방의 두부와 달리 독특한 맛을 지닌 두부를 가리키는 명칭으로 일반 수요자들 사이에 널리 알려지게 되었다고 봄이 상당하다"고 하여, 마치 '상품의 특정 품질·명성 또는 그 밖의 특성이 본질적으로 특정 지역에서 비롯된 경우일 것'이 본목의 또 다른 요건인 것처럼 판시하였는데, 본목은 생산·제조 또는 가공된 지역 외의 곳에서 생산 또는 가공된 듯이 오인하게 하는 표지를 사용할 경우 성립하는 것으로, 법문언상 상기 '상품의 특정 품질·명성 또는 그 밖의 특성이 본질적으로 특정 지역에서 비롯된 경우일 것'은 본목의 필수 요건이라고 할 것은 아니다. 하지만 일반 수요자들의 관점에서, 일반 수요자들이 특정 상품을 보았을 때 특정 지역의 출처지로 인식하였지만 실제 그 상품의 출처지가 특정 지역에서 제조된 것이 아니었을 경우 출처지에 대한 「오인」이 발생하는 것이므로, 일반 수요자의 오인 여부가 하나의 요건으로 되어 있는 본목의 규정상 '상품의 특정 품질·명성 또는 그 밖의 특성이 본질적으로 특정 지역에서 비롯된 경우일 것'은 사실상 본목 판단에 있어서 선행되는 판단요소라고 보아야 할 것이다.

한편, '초당식 두부', '초당스타일 두부' 등과 같이 유형이나 양식 등의 표현을 수반하여 출처지를 표시하였을 경우에도 본목의 부정경쟁행위에 해당하는지

25 윤선희, 부정경쟁방지법, 법문사(2012), 152-153면.

여부가 문제가 될 수 있는데, 이와 관련하여, 서울고등법원은 이른바 '불가리아 발효유' 사건(서울고등법원 2006. 5. 17. 선고 2005나67775 판결)에서, "채권자의 요구르트 제조방법을 '불가리아식'이라고 표현하는 것이 위법하다고까지 단정하기는 어렵다"고 하면서, "기존의 요구르트와는 차별성을 가진다는 점을 부각시키기 위해 채권자가 사용하는 전통적인 방식의 유산균 발효유 제품의 생산국으로 유명한 불가리아에 장수하는 사람이 많다는 사정을 인용함으로써 기존의 요구르트보다 건강에 유익하다는 인상을 줄 목적으로 '발칸반도의 장수국가', '불가리아의 신비를 만난다, 불가리아식 활성 발효유 불가리스', '불가리아식 정통 발효유' 등의 광고문구를 사용한 것으로 보일 뿐, 채권자가 불가리아에서 생산되는 유산종균을 사용한다는 인식을 심어주기 위하여 한 것으로 보이지도 아니하다"고 하여, '양식'의 표현을 수반하여 출처지를 표현한 것만으로 본목의 부정경쟁행위에 해당하는 것으로 단정할 수 없고, 그러한 표현에도 불구하고, 즉 비록 직접적인 출처지 표시가 아니었다고 할 수 있음에도 불구하고, 그러한 표현으로 인하여 일반 수요자들이 출처지에 대한 오인을 일으킬 경우에는 본목에서 규정하는 잘못된 출처지 표시에 해당한다고 할 것이라는 입장이다. 반면에, 우리 부정경쟁방지법은 자유무역협정에 따라 보호하는 지리적 표시에 대하여는 제2조 제1호 라목 및 마목의 부정경쟁행위 이외에도 지리적 표시에 나타난 장소를 원산지로 하지 아니하는 상품에 관하여, 「"종류," "유형," "양식" 또는 "모조품" 등의 표현을 수반하여 지리적 표시를 사용하는 행위」를 금지하고 있다(법 제3조의2 제1항 제3호). 생각건대, 부정경쟁방지법 제3조의2 제1항과 동법 제2조 제1항 마목은 모두 원산지나 출처지 표시를 보호하기 위해 제정된 것으로 그 취지가 동일하고, 우리 법원은 간접적으로 상품에 관하여 출처지에 관하여 오인을 일으킬만한 암시적인 표시를 하는 것도 마목 소정의 부정경쟁행위로 보고 있는 점을 고려하면, 유형이나 양식 등의 표현을 수반하여 출처지를 표시하여 대중에게 오인을 야기하였을 경우 그러한 행위 역시 본목의 부정경쟁행위에 해당한다고 보는 것이 타당하다고 본다.

　참고로, 상표법은 '국내 또는 외국의 수요자간에 특정 지역의 상품을 표시하는 것이라고 인식되어 있는 지리적 표시와 동일 또는 유사한 상표로서 부당한 이익을 얻으려 하거나 그 지리적 표시의 정당한 사용자에게 손해를 가하려고 하는 등 부정한 목적을 가지고 사용하는 상표'에 대하여 상표등록이 불가능한 표장의 하나로 규정하고 있다(상표법 제7조 제1항 제12호의2). 아울러, 표시·광고의 공정화에 관한 법률은 국내 특정지역에서 생산되는 상품이 일반적으로 소비자들에게 선호되는 경향이 있다는 사실을 이용하여 당해 상품이 국내 유명산지에서 생산된 것처럼 사실과 다르게 표시광고하거나 소비자를 오인시킬 우려가 있는 표시광고행위 등에 대하여 부당한 표시·광고행위로 보아 이를 금지하고 있으며, 이러한 부당한 표시·광고 행위를 하거나 다른 사업자 등으로 하여금 하게 한 사업자 등은 2년 이하의 징역 또는 1억 5천만 원 이하의 벌금에 처할 수 있다(표시·광고의 공정화에 관한 법률 제3조 제1항 및 제17조 제1호). 다만, 출처지오인야기행위에 대하여 표시·광고의 공정화에 관한 법률을 적용하는 경우, 공정거래위원회가 전속고발권을 가지므로 검사는 공정거래위원회의 고발이 있어야 공소를 제기할 수 있다.

〈참고 법령〉

[표시·광고의 공정화에 관한 법률(일부)]

제3조(부당한 표시·광고 행위의 금지) ① 사업자등은 소비자를 속이거나 소비자로 하여금 잘못 알게 할 우려가 있는 표시·광고 행위로서 공정한 거래질서를 해칠 우려가 있는 다음 각 호의 행위를 하거나 다른 사업자등으로 하여금 하게 하여서는 아니 된다.

1. 거짓·과장의 표시·광고
2. 기만적인 표시·광고
3. 부당하게 비교하는 표시·광고
4. 비방적인 표시·광고

② 제1항 각 호의 행위의 구체적인 내용은 대통령령으로 정한다.

[표시·광고의 공정화에 관한 법률 시행령(일부)]

제3조(부당한 표시·광고의 내용) ① 법 제3조 제1항 제1호에 따른 거짓·과장의 표시·광고는 사실과 다르게 표시·광고하거나 사실을 지나치게 부풀려 표시·광고하는 것으로 한다.

… 중략(제2항 내지 제4항) …

⑤ 제1항부터 제4항까지의 규정에 따른 부당한 표시·광고의 세부적인 유형 또는 기준은 공정거래위원회가 정하여 고시할 수 있다. 이 경우 공정거래위원회는 미리 관계 행정기관의 장과 협의하여야 한다.

[부당한 표시·광고행위의 유형 및 기준 지정고시(일부)]

10. 원산지, 제조자에 관한 표시·광고

자기가 공급하는 상품의 원산지 및 제조자에 관하여 표시·광고할 경우 아래와 같이 사실과 다르게 또는 모호하게 표시·광고하여 소비자를 오인시킬 우려가 있는 표시·광고행위는 부당한 표시·광고가 된다.

가. 국내에서 제조되었음에도 불구하고(수출 불합격품 또는 수출반품을 포함한다) 외국문자, 외국어등으로만 표시·광고함으로써 그 표시·광고된 내용으로 보아서는 국산품인지 수입품인지를 식별하기가 불가능하거나 곤란하게 표시·광고하는 행위

단, 국내에서 제조되었더라도 원산지가 외국산에 해당되는 경우에 있어 그 해당국가의 언어나 문자 등을 표시·광고하는 경우는 제외한다.

나. 외국에서 수입된 상품을 마치 국산품인 것처럼 원산지를 사실과 다르게 표시·광

고하거나 또는 당해상품의 원산지와 관계없는 국가의 문자, 국기 등을 사용하여
표시·광고하면서 실제 원산지를 표시·광고하지 아니하거나 소비자가 이를 식
별하기 곤란하게 표시·광고하는 행위

　단, 외국에서 수입된 상품이라도 원산지가 국산에 해당되는 경우에 있어 당해
제품이 국산품인 것으로 표시·광고하는 경우는 제외한다.

다. 외국회사와 기술제휴하여 국내에서 생산·판매하는 상품인 경우에 외국상표나
외국제조회사의 명칭만 표시·광고하고 국내에서 생산된 상품이라는 사실은 표
시·광고하지 아니하거나 소비자의 식별이 곤란하게 표시·광고하는 행위

　단, 외국회사와 기술제휴하여 국내에서 생산·판매하는 상품인 경우에도 원산
지가 외국산에 해당되는 경우에 있어 그 해당국가의 상표 등을 표시·광고하는
경우는 제외한다.

라. 일부재료나 성분만 수입되고 실제는 국내에서 제조, 조립 또는 가공되었는데도
불구하고 외국에서 생산 또는 수입된 것처럼 표시·광고하고 제조업자를 표시·
광고하지 아니한 행위

　단, 일부 재료나 성분만 수입되고 실제는 국내에서 제조·조립 또는 가공되었
어도 원산지가 외국산에 해당되는 경우에 있어 당해제품의 원산지가 그 해당국
가인 것으로 표시·광고하는 경우는 제외한다.

마. 자기가 제조하는 상품에 타사업자의 상표나 상호를 표시·광고하여 타사업자가
제조한 것처럼 표시·광고하거나 소비자가 식별하기 곤란할 정도로 타사업자의
상표와 유사한 상표를 표시·광고함으로써 일반소비자로 하여금 제조자를 혼동
시킬 우려가 있는 표시·광고행위

바. 국내 특정지역에서 생산되는 상품이 일반적으로 소비자들에게 선호되는 경향이
있다는 사실을 이용하여 당해상품이 국내 유명산지에서 생산된 것처럼 사실과
다르게 표시·광고하거나 소비자를 오인시킬 우려가 있는 표시·광고행위

사. 제조자 식별이 곤란한 제품을 다수의 사업자로부터 구입·판매함에도 불구하고,
특정 사업자가 공급한 제품만을 판매하는 것처럼 그 사업자의 상표 또는 상호를
표시·광고하는 행위

<예 시>

－ 한국에서 제조된 상품임에도 불구하고 상품사용설명서, 포장용기등에 영어,
일본어 등으로 표기함으로써 당해상품이 마치 미국산 또는 일본산 상품인 것
처럼 표시·광고하는 경우

－ 외국의 유명상표·제조업체로고·제품디자인·포장용기 등이 적법하게 사용될
수 없는 국내제조상품에 대하여 동 상표 등을 이용하거나 이를 모사하여 표
기함으로써 외국산 상품인 것처럼 표시·광고하는 경우

- 저개발국에서 수입한 완구류에 대하여 원산지 또는 제조원을 표시·광고하지
  아니하고 한글로 상품설명서를 작성하거나 태극기를 그려넣어 마치 국산품인
  것처럼 소비자를 오인시킬 우려가 있거나 원산지 또는 제조원을 표시·광고하
  더라도 소비자가 이를 식별하기가 곤란하게 표시·광고하는 경우
- 한국에서 제조하였거나 외국회사와 기술제휴하여 국내에서 생산 또는 반제품
  을 수입하여 국내조립하였는데도 불구하고 "Made in U.S.A," "Made in
  Japan" 등이라고 외국상품인 것처럼 표시·광고하는 경우
- 강화도에서 생산된 돗자리가 아닌데도 불구하고 "강화돗자리"라고 표시·광
  고하는 경우

[참고]

○ 원산지 : 수입제품에 대하여는 다음 각 호의 1에 해당하는 생산·가공 또는 제조를
  행한 국가를 원산지로 보며 기타 원산지 판정에 관한 기준은 대외무역법령등의 규정
  에 의한다.

1. 당해물품의 전부를 생산한 국가
2. 당해물품이 2개국 이상에 걸쳐 생산·가공·제조된 경우에는 그 물품에 대하여 실질
   적인 변화를 가져오게 하고 당해물품으로서의 새로운 특성을 부여한 행위를 최종적
   으로 행한 국가(원산지 표시와 관계되는 표시·광고수단) : 외국문자·외국어, 외국
   국명, 외국지명, 외국국기, 외국문장, 외국의 사업자명, 외국의 디자이너성명, 외국상
   표, 기타 이와 유사한 방법

6. 타인 상품 사칭행위 또는 상품의 품질·내용·수량 등 오인야기행위 (제2조 제1호 바목)

사례 31 '사진도용' 사건 – '광고에 상품의 품질, 내용 또는 수량에 오인을 일으키게 하는 선전'의 의미

Ⅰ. 기초사항

사건번호	대법원 1989. 6. 27. 선고 87도1565 판결
사 건 명	부정경쟁방지법위반
주 문	상고 기각

Ⅱ. 사실관계

피고인은 피해자 아남산업(주) 생산의 자주색 2극매입콘센트를 자신이 생산한 제품인 것처럼 사진을 찍어 이를 팜플렛으로 인쇄하여 배포하였고, 이러한 피고인의 행위가 구 부정경쟁방지법(1986. 12. 31. 법률 제3897호로 개정되기 전의 것) 제2조 제5호 소정의 부정경쟁방행위에 해당한다는 이유로 기소되었다.

Ⅲ. 사안의 쟁점

'광고에 상품의 품질, 내용 또는 수량에 오인을 일으키게 하는 선전'의 의미

Ⅳ. 판단의 요지

1) '(상품의) 광고에 상품의 품질, 내용 또는 수량에 오인을 일으키게 하는 선전'을 한다 함은 상품광고를 함에 있어 허위광고나 과대광고 등과 같이 상품의 품질 등에 오인을 일으키는 표시 등을 하는 경우를 말하고, 이 사건에서와 같이 비록 타인의 상품을 자기의 상품인 것처럼 팜플렛으로 인쇄하여 배포하였다 하더라도 자기 상품의 품질 등에 관하여 아무런 표시를 하지 아니하였다면 이는 동

호 전단 소정의 '타인의 상품을 사칭'하는 경우에 해당할 뿐 '상품의 품질 등에
오인을 일으키게 하는 선전'을 한 경우에는 해당하지 않는다.

　2) 원심이 피고인의 행위를 '상품의 품질 등에 오인을 일으키게 하는 선전'
을 한 경우에 해당한다고 판단한 것은 위와 같은 법리를 오해한 것이어서 위법하
다 할 것이나, 위에서 본 바와 같이 피고인의 행위는 '타인의 상품을 사칭'한 경
우에 해당하여 어차피 범죄를 구성할 뿐만 아니라 양죄는 그 죄질이 동일하여 동
일법조에서 처벌되고 있으므로 원심의 위와 같은 위법이 판결결과에 영향을 미
친 바는 없다.

V. 검　토

　우리 부정경쟁방지법은 '타인의 상품을 사칭(詐稱)하거나 상품 또는 그 광고
에 상품의 품질, 내용, 제조방법, 용도 또는 수량을 오인하게 하는 선전 또는 표
지를 하거나 이러한 방법이나 표지로써 상품을 판매·반포 또는 수입·수출하는
행위'에 대하여 부정경쟁행위의 하나로 규정하고 있다(법 제2조 제1호 바목). 본목의
행위는 수요자에 대한 수요를 부정하게 조장하는 행위이자 시장의 일반적 파괴
를 가져오는 행위로서 라목의 원산지 오인유발행위나 마목의 생산지 등 오인유
발행위 등과 같이 고객을 부정하게 획득하는 행위를 의미한다.[26]

　본목 소정의 '타인의 상품을 사칭하는 행위'는 국내 일반수요자로 하여금 타
인의 상품인 것처럼 허위의 사실을 말하거나 진실을 은폐함으로써 일반수요자들
에게 착오를 일으키는 행위를 말하는 것으로, 수단과 방법에 제한이 없으며, 작
위이건 부작위이건, 적극적이건 소극적이건 상관없이 거래관계에서 지켜야 할 신
의칙에 반하여 타인의 상품인 것처럼 일반수요자를 착오에 빠지게 하는 모든 행
위가 본목의 대상이 될 수 있다. 따라서 이 사건 판결에서와 같이 타인의 상품을
자신의 상품인 것처럼 팜플렛으로 인쇄하여 배포하였다면, 이는 타인의 상품을
사칭하는 행위(적극적 사칭행위)에 해당된다고 할 것이고, 나아가 상대방이 타인의
상품인지 여부에 대하여 질의하였을 때 그렇다고 대답하였다면, 그러한 행위 역
시 타인의 상품을 사칭하는 행위(소극적 사칭행위)에 해당될 수 있을 것이다. 한편
'타인의 상품을 사칭하는 행위'에서 '타인'이 반드시 특정되어야 하는 것인지 여부
와 관련하여, 본목은 부당하게 고객을 유인하여 이익을 취하는 것을 방지하기 위

---

26 윤선희, 부정경쟁방지법, 법문사(2012), 157면.

해 제정된 것이므로, '타인'이 누구인지 구체적인 상호까지 모르더라도 적어도 타인이나 타인의 상품이 국내 일반 거래계에 있어서 특정 이미지나 브랜드로 연상되는 정도에는 이르러야 한다고 보는 것이 타당하다. 따라서 가령 자신이 제작한 가방에 단순히 'MADE IN FRANCE'라고 표시하는 행위는 본목의 사칭행위로 볼 것은 아니다.

또한 '광고에 상품의 품질, 내용 또는 수량에 오인을 일으키게 하는 선전'의 의미와 관련하여, 이 사건 판결은 "(상품의) 광고에 상품의 품질, 내용 또는 수량에 오인을 일으키게 하는 선전을 한다 함은 상품광고를 함에 있어 허위광고나 과대광고 등과 같이 상품의 품질 등에 오인을 일으키는 표시 등을 하는 경우를 말한다"고 하였는데, 거짓으로 전문가, 전문기관 또는 공공기관 등으로부터 품질을 보증받은 것처럼 하는 행위 역시 본목에 해당된다. 구체적으로, 『특허』, 『실용신안』, 『디자인』, 『KS』, 『○○박람회 ○○상 수상』, 『○○장관상』 등을 상품에 표시하는 행위는 전문가, 전문기관 또는 공공기관 등으로부터 품질을 보증받은 것처럼 하는 행위에 해당한다. 같은 견해로서, 우리 대법원(대법원 2007. 10. 26.자 2005마977 결정) 역시 "부정경쟁방지법은 제2조 제1호 바목에서 상품에 상품의 품질·내용 등의 오인을 일으키는 표지를 하는 행위를 부정경쟁행위의 하나로 규정하고, 제4조 제1항에서 부정경쟁행위로 인하여 자신의 영업상 이익이 침해되거나 침해될 우려가 있는 자는 부정경쟁행위자에 대하여 법원에 그 행위의 금지 및 예방을 청구할 수 있다고 규정하고 있는데, 본래부터 품질을 보증하는 정부기관의 인증이 아니더라도 전국적인 운동협회 등이 운동용품에 대하여 부여하는 인증은 일반 수요자들에게 품질에 대한 실질적인 보증의 효과를 줄 수 있어 그 협회 등의 허락을 받지 아니하고 자신의 운동용품 등의 상품에 그 인증표지를 하는 행위는 위 법 제2조 제1호 바목이 말하는 부정경쟁행위에 속하고, 그 협회 등의 공인을 받아 인증표지를 사용하고 있는 동종의 영업을 하는 자로서는 법원에 그러한 부정경쟁행위의 금지를 청구할 수 있다"고 하여 특정협회가 부여하는 인증표지를 그 협회의 허락 없이 자신의 상품에 사용하는 행위를 본목의 부정경쟁행위로 인정한 바 있다.

아울러 본목의 상품의 품질에 오인을 일으키게 하는 행위로는 콘크리트 제품에 '칼라콘크리트'라는 표지로 상품을 판매하는 행위 등이 있을 수 있다.

한편 공연업, 학원업, 출판업 등의 영업(서비스업)에 대해서 타인의 영업으로

사칭하거나 광고에 서비스의 품질 등에 오인을 일으키게 하는 행위 또한 본목의
규정에 의해 제한될 수 있는지와 관련하여, 긍정하는 입장(대표적으로, 정호열 교수
님)과 부정하는 입장(대표적으로, 윤선희 교수님)으로 나뉜다. 생각건대, 우리 부정경
쟁방지법은 상품과 영업을 명확히 구분하여 사용하고 있고, 상표법 역시 상품과
서비스업을 별개로 취급하고 있을 뿐만 아니라, 본목의 규정에는 '상품'이라고 명
시되어 있는 점을 고려하면, 본목은 상품에만 한정하여 판단하는 것으로 보는 것
이 타당하며, 영업은 본목의 규정에 해당되지 아니한다고 보아야 할 것이다. 다
만 본목의 규정 취지나 영업에 있어서도 소비자 기만이나 품질 오인을 일으키는
행위가 빈번한 현실 상황을 고려하였을 때, 입법론적인 측면에서 본목을 영업의
범위까지 확장하는 것이 필요해 보인다.

이 사건 판결과 유사한 사례로, 대법원은 2005. 9. 29. 선고 2005도5623 판
결에서 "피고인 2 주식회사가 서울산업진흥재단과 대한무역투자진흥공사가 공동
주관하는 서울산업아이티(IT)중남미시장개척단의 일원으로 참가하게 되자, 위 피
고인의 대표이사인 피고인 1이 2003. 7. 초순경 위 행사의 주관사로서 위 행사의
홍보책자인 'SEOUL VENTURE TOUR 2003'을 제작하는 서울산업진흥재단에 피
고인 2 주식회사의 제품에 대한 홍보자료를 제공함에 있어, 피해자가 개발하여
2003. 5. 9. 상표등록과 특허출원까지 마친 통합보안시스템 제품인 '사이버디펜스
(Cyber Defence)'를 마치 피고인 2 주식회사가 개발한 제품인 것처럼 '피고인 2 주
식회사가 모든 통합보안기능을 사이버디펜스라는 제품에 통합시켰다'라는 취지의
영문표기와 위 사이버디펜스 제품의 구조를 도면과 함께 설명하는 내용의 자료
를 서울산업진흥재단에 제공하여, 서울산업진흥재단으로 하여금 위와 같은 영문
표기 및 내용이 포함된 책자를 제작하게 한 후, 피고인 1이 2003. 7. 14.부터 같
은 달 22.까지의 기간 동안 위 행사에 참가하여 멕시코의 멕시코시티 무역관과
브라질의 상파울로 무역관에서 현지 바이어들을 상대로 피고인 2 주식회사 제품
의 판매활동을 하면서 위 책자를 배포한 것은 피해자의 제품인 사이버디펜스를
피고인 2 주식회사의 제품인 것처럼 사칭한 행위에 해당한다고 할 것"이라고 하
여 자신의 제품 판매활동을 하면서 피해자 제품을 자신이 개발한 제품인 것처럼
설명하는 책자를 배포한 것은 피해자의 제품을 자신의 제품인 것처럼 사칭하는
행위에 해당한다고 판단한 바 있다.

참고로, 우리 상표법은, 등록을 하지 아니한 상표 또는 상표등록출원을 하지

아니한 상표를 등록상표 또는 등록출원상표인 것 같이 상품에 표시하는 행위, 등록을 하지 아니한 상표 또는 상표등록출원을 하지 아니한 상표를 등록상표 또는 등록출원상표인 것 같이 영업용 광고·간판·표찰·상품의 포장 또는 기타 영업용 거래서류 등에 표시하는 행위, 지정상품 외의 상품에 대하여 등록상표를 사용하는 경우에 그 상표에 상표등록 표시 또는 이와 혼동하기 쉬운 표시를 하는 행위에 대하여 허위표시죄에 해당하는 것으로 보아 3년 이하의 징역 또는 2천만원 이하의 벌금에 처하도록 하고 있으며,27 우리 형법은, 사람을 기망하여 재물의 교부를 받거나 재산상의 이익을 취득한 자에 대하여 10년 이하의 징역 또는 2천만원 이하의 벌금에 처하도록 하고 있는바, 경우에 따라서 본목의 부정경쟁행위는 상표법상 허위표시죄 또는 형법상 사기죄에도 해당될 수 있다.

---

27 우리 특허법 역시 특허된 것이 아닌 물건, 특허출원 중이 아닌 물건, 특허된 것이 아닌 방법이나 특허출원 중이 아닌 방법에 의하여 생산한 물건 또는 그 물건의 용기나 포장에 특허표시 또는 특허출원표시를 하거나 이와 혼동하기 쉬운 표시를 하는 행위 등에 대하여 허위표시죄로 처벌하고 있다(특허법 제224조).

[부당한 표시·광고행위의 유형 및 기준 지정고시(일부)]

5. 품질, 성능, 효능 등에 관한 표시·광고

    자기가 공급하는 상품의 품질, 성능, 효능 등에 관하여 표시·광고할 경우 아래와 같이 사실과 다르게 또는 과장하여 표시·광고하거나 모호하게 표시·광고하여 소비자를 오인시킬 우려가 있는 표시·광고행위는 부당한 표시·광고가 된다.

    가. 품질 또는 성능이 일정한 수준에 해당하지 아니함에도 불구하고 당해수준에 해당한다고 하거나 당해수준에 해당하는 것처럼 표시·광고하는 행위

    나. 성능이 발휘될 수 있는 판단기준을 명시하지 아니하고 막연히 일정 성능을 발휘한다고 표시·광고하는 행위

    다. 일부 또는 부분에 관련되는 품질 또는 성능을 전체에 관련되는 품질 또는 성능인 것처럼 과장하여 표시·광고하는 행위

    라. 표시·광고된 상품의 성능이나 효능이 객관적으로 확인될 수 없거나 확인되지 아니하였는데도 불구하고 확실하게 발휘되는 것처럼 표시·광고하는 행위

        <예 시>

        − "휘발유 1ℓ로 ○○㎞주행"이라고만 하고 그것이 혼잡한 시내에서의 기준인지 또는 고속도로에서의 기준등인지를 분명히 밝히지 않는 경우
          ○ 이 경우 "시내에서 ○○㎞, 고속도로상에서 ○○㎞, 평균주행거리 ○○㎞" 등으로 표시·광고하면 부당한 표시·광고행위에 해당하지 아니한다.

        − 정부기관 등 공인기관으로부터 의약품으로 약효를 인정받지 아니하였는데도 불구하고 각종 질병을 치료 또는 예방하는 효과가 있는 것처럼 표시·광고하는 경우

        − 미국의 정부기관이 인정한 내용은 "당해사업자가 제시한 자료를 근거로 살펴볼 때 건강에 유익한 것으로 고려된다"라고 한 것에 불과한데도 "○○효능을 미국정부기관이 공인"이라고 표시·광고하는 경우

6. 규격, 용량, 수량 등에 관한 표시·광고

    자기가 공급하는 상품이 일정한 기준규격 또는 기준용량에 해당하는 경우 아래와 같이 사실과 다르게 또는 과장하여 표시·광고하거나 모호하게 표시·광고하여 소비자를 오인시킬 우려가 있는 표시·광고행위는 부당한 표시·광고가 된다.

    가. 규격이 일정한 기준에 해당하지 아니함에도 불구하고 당해규격에 해당한다고 하거나 해당하는 것처럼 표시·광고하는 행위

    나. 실제 용량 또는 수량과 다르게 용량 또는 수량을 표시·광고하는 행위

다. 용량을 실제보다 크게 나타내기 위하여 외형의 크기를 내형의 크기인 것처럼 표
시·광고하는 행위

<예 시>
‑ KS규격 또는 외국공인규격등에 해당하지 아니함에도 불구하고 "KS규격" 또
는 "외국기관등에 의하여 공인된 규격"이라는 내용으로 표시·광고하는 경우
‑ 어떤 냉장고의 실내용적은 "250ℓ"인데도 불구하고 당해냉장고의 용량을 표
시·광고함에 있어서 외형적인 "300ℓ"를 기준으로 하여 "300ℓ형 신모델상
품 개발"이라고만 표시·광고하여 마치 내용적 300ℓ형을 새롭게 개발한 것
처럼 표시·광고하는 경우
‑ 포장 용기상 표시용량은 "20kg(Net)"인데도 불구하고 실제내용량은 "20kg미
만"인 경우
‑ 냉방기나 온방기의 경우 적정한 사용면적은 "15평"인데도 "24평형"이라고 과
장하여 표시·광고하는 경우

7. 대리인의 상표권자의 동의 없는 상표사용행위(제2조 제1호 사목)

사례 32 **'YES! 상표' 사건 - '대리인의 상표권자의 동의 없는 상표 사용행위'의 취지 및 그 의미**

Ⅰ. 기초사항

사건번호	서울고등법원 2011. 10. 27.자 2011라1080 결정
사 건 명	가처분이의
주 문	1. 제1심 결정을 취소한다. 2. 서울중앙지방법원 2010카합860 표장사용금지등가처분 신청사건에 관하여 위 법원이 2010. 11. 23. 채권자와 채무자 사이에 한 가처분결정을 취소하고, 그에 해당하는 채권자의 가처분신청과 채권자 승계참가인의 신청을 기각한다. 3. 소송총비용은 각자 부담한다.
표 지	**YES!**

Ⅱ. 사실관계

채권자는 'yes! golf'라는 영업표지를 사용하면서 'YES!' 또는 ' ⓨⒺⓈ '라는 상표(이하 '이 사건 상표'라고 함)로 퍼터 등의 제품을 제조 및 판매하는 미국 법인이다. 채권자는 2005. 5. 16. 주식회사 ○○○○코리아(이하 '○○○○코리아'라고 함)와 사이에, ○○○○코리아가 계약일부터 2006. 9. 30.까지 이 사건 상표가 부착된 채권자의 c-groove 퍼터, 골프가방 등을 국내에서 독점적으로 판매할 수 있도록 하는 계약(이하 '이 사건 판매대리점 계약'이라 한다)을 체결하였다. 아울러, 채권자는 2006. 4. 1. 채무자(당시의 상호는 주식회사 cccc앤유테크놀러지였다가 2007. 4. 2. 현재의 상호로 변경되었다)와 사이에 계약기간을 2006. 4. 1.부터 2009. 3. 31.까지로 정하여 아래와 같은 내용의 계약(이하 '이 사건 제1차 계약'이라 함)을 체결하였고, 2009. 4. 1.

다시 채무자와 사이에 계약기간을 2009. 4. 1.부터 2012. 3. 31.까지로 정한 계약(이하 '이 사건 제2차 계약'이라 한다. 계약기간을 제외하고는 이 사건 제1차 계약과 그 내용이 같다)을 체결하였다. 이후 채권자는 2010. 1. 24. 채무자에게 채무자가 채권자의 지적재산권을 침해하고 라이선스 수수료 등을 지급하지 아니하였다는 등의 사유로 이 사건 제2차 계약의 해지를 통지하였다. 한편, 채무자 회사의 대표이사 장○○은 국내에 골프퍼터 등을 지정상품으로 하여 '   ', '   ', 'YES!'와 같은 상표를 출원·등록하였고, 채무자는 장○○의 허락을 받아 위 상표가 부착된 퍼터 및 그 포장상자 등 관련된 제품(이하 '이 사건 퍼터 등'이라 함)을 생산·판매하였다.

이에, 채권자는, 채무자가 이 사건 판매대리점 계약상 ○○○○코리아의 지위를 인수하였고, 채무자의 귀책사유로 채권자가 이 사건 판매대리점 계약을 해지하였는데, 이 사건 판매대리점 계약 제7조 a항은 해지 즉시 채무자로 하여금 이 사건 상표의 사용을 중단할 의무를 부과하고 있으므로 채무자는 계약상 이 사건 상표와 동일 또는 유사한 상표의 사용을 중지할 의무가 있으며, 이 사건 상표는 채권자의 상표나 채권자의 영업을 표시한 표지로서 국내에 널리 인식되었으므로, 채무자가 이 사건 상표와 동일 또는 유사한 표장을 사용하여 이 사건 퍼터 등을 제조·판매하는 등의 행위는 부정경쟁방지법 제2조 제1호 가목 또는 나목이 정한 부정경쟁행위에 해당할 뿐만 아니라, 채권자는 파리협약 또는 세계무역기구 회원국인 일본과 캐나다 등의 나라에서 2005년경부터 2008년경까지 사이에 'yes! golf', 'yes!', '   ', 'YES!'라는 상표를 등록하였고, 채무자는 이 사건 판매대리점 계약 또는 이 사건 제1, 2차 각 계약상 부정경쟁방지법 제2조 제1호 사목이 정한 채권자의 '대리인이나 대표자'에 해당하므로, 채무자가 위와 같이 등록된 상표들과 동일 또는 유사한 표장을 사용하여 이 사건 퍼터 등을 제조·판매하는 등의 행위는 위 조항이 정한 부정경쟁행위에 해당한다는 이유로 2010. 3. 29. 서울중앙지방법원 2010카합860로 채무자를 상대로 표장 사용금지 등 가처분 신청을 하였다.

서울중앙지방법원은 2010. 11. 23. 채권자의 신청을 일부 받아들여 담보제공을 조건으로 '채무자는 별지 제1목록 기재 표장을 부착 또는 표시한 골프 퍼터 및 그 포장상자, 카탈로그, 선전광고물을 생산, 판매, 반포, 수출, 전시하여서는 아니 된다'는 등의 내용으로 별지 제2목록 기재 제품 중 골프 퍼터 및 그와 관련된 물품에 대해서만 생산·판매 등의 금지를 명하는 이 사건 가처분결정을 하였다.

채무자는 2010. 12. 20. 서울중앙지방법원 2010카합3819 호로 이의신청을
하였고, 한편 승계참가인이 2011. 1. 20. 채권자의 파산관재인으로부터 채권자
가 2005년경부터 2008년경까지 사이에 일본과 캐나다에서 등록한 'yes! golf',
'yes!', (Yes!), 'YES!' 상표에 관한 상표권 및 위 상표와 관련된 영업권 일체를
양도받은 다음 2011. 3. 29. 승계참가신청을 하여, 서울중앙지방법원은 2011. 6.
30. 이 사건 가처분결정을 승계참가인과 채무자에 대한 가처분결정으로서 인가하
는 제1심 결정을 하였다.

Ⅲ. 사안의 쟁점

'대리인의 상표권자의 동의 없는 상표사용행위'의 취지 및 그 의미

Ⅳ. 판단의 요지

1) 채무자의 이 사건 퍼터 등의 판매행위가 부정경쟁방지법 제2조 제1호 가
목 또는 나목에서 정한 부정경쟁행위에 해당하려면, 우선 이 사건 상표가 채권자
의 상표 또는 채권자의 영업임을 표시하는 표지로서 국내에 널리 인식된 점이 인
정되어야 할 것이다. 그러므로 보건대, 이 사건 상표가 부착된 퍼터는 ○○○○
코리아와 채무자가 채권자 등으로부터 수입하여 국내에 판매한 이래 2005년
12,716개, 2006년 32,995개, 2007년 61,400개, 2008년 33,250개, 2009년 21,275
개가 판매된 사실, 국내 주요 언론에서 이 사건 상표가 부착된 퍼터가 소개된 사
실, 국내외 유명 골프선수들 중 일부가 위 퍼터를 사용하고 있는 사실, 2005년경
부터 수차례 골프잡지에 이 사건 상표가 부착된 퍼터가 광고되었는데, 그 광고의
대부분은 채권자가 아닌 채무자에 의하여 이루어진 사실은 인정되기는 한다. 그
러나 위 인정사실만으로는 2005년경부터 장○○의 노력에 의하여 이 사건 상표
가 알려지기 시작하였지만, 골프용품 종합브랜드가 아닌 퍼터 한 가지 품목으로
는 그 인지도를 높이기가 어려워 2010년 기준으로 골프 용품 업계와 소비자들에
게 이 사건 상표의 인지도는 아직 낮은 단계인 사실 및 2010년 기준으로 국내의
골프 클럽의 시장규모는 6,000억 원 정도로 추산되고 약 80여 개 브랜드의 골프
클럽이 출시되고 있는 사실에 비추어, 이 사건 상표가 채권자의 상표임을 표시한

표지 또는 채권자의 영업임을 표시한 표지로써 국내에 널리 인식되어 있음을 인정하기에 부족하고 달리 이를 인정할 소명자료가 없다.

2) 부정경쟁방지법 제2조 제1호 사목(이하 '이 사건 규정'이라 함)은 아래와 같이 규정되어 있는바, 특히 밑줄 그은 부분에 관하여 당사자 사이에 아래와 같은 다툼이 있다.

> 다음의 어느 하나의 나라에 등록된 상표 또는 이와 유사한 상표에 관한 권리를 가진 자의 대리인이나 대표자 또는 **그 행위를 한 날부터 1년 이전에 대리인이나 대표자이었던 자**가 정당한 사유 없이 해당 상표를 그 상표의 지정상품과 동일하거나 유사한 상품에 사용하거나 그 상표를 사용한 상품을 판매·반포 또는 수입·수출하는 행위
> (1) 「공업소유권의 보호를 위한 파리협약」 당사국
> (2) 세계무역기구 회원국
> (3) 「상표법 조약」의 체약국

즉, 채무자는 채무자가 설령 채권자의 국내 대리점으로서 채권자의 '대리인'의 지위에 있었다 하더라도 그 대리관계가 종료한 지 1년이 경과하였으므로 이 사건 규정에서 정한 '1년 이전에 대리인이었던 자'에 해당하지 아니하여 채무자의 이 사건 퍼터 등의 제조·판매 행위는 부정경쟁행위가 아니라고 주장하고, 이에 대하여 승계참가인은 '그 행위를 한 날'은 '그 행위를 시작한 날'의 의미로 보아야 하는데 채무자가 이 사건 제2차 계약 종료 이후 1년 안에 이 사건 퍼터 등을 제조·판매하기 시작하였으므로 채무자의 행위는 이 사건 규정에서 정한 부정경쟁행위에 해당한다고 주장한다. 살펴보건대, 등록된 상표에 관한 상표권은 등록된 국가에만 그 효력이 미치는 것이 원칙이지만, 이 사건 규정은 그 효력의 범위를 확대하여 국제적인 부정경쟁을 방지하고자 규정된 것으로서, 상표에 관하여 권리자와 대리인 또는 대표자의 관계에서의 신뢰관계의 파괴를 방지하고자 과거의 대리인 또는 대표자에 있던 자의 행위를 규제하는 한편, 대리인 또는 대표자의 관계가 종료된 이후에도 과도하게 장기간 그들의 사업활동을 구속하는 것이 가혹하다는 취지에서 '그 행위를 한 날로부터 1년'이라는 제한을 둔 것으로 보인다. 또한 이와 같이 속지주의 원칙의 예외적 규정인 이 사건 규정은 그 요건을 해석함에 있어서 함부로 원칙을 훼손하여서는 아니 되는 엄격성이 요구된다. 이를 바탕으로 보면 이 사건 규정에서 말하는 '그 행위를 한 날'은 부정경쟁행위의

판단을 요하는 개개의 행위가 '시작된 날'이 아닌 실제 그 행위가 '행해진 날'을 의미한다고 봄이 상당하다. 그런데 채권자와 채무자 사이의 대리점 관계는 채권자의 해지의 의사표시에 의하여 2010년 1월경 종료된 사실이 인정되고, 지금은 그로부터 1년이 경과하였음이 역수상 명백하므로 앞서 인정한 바와 같이 채무자가 현재 이 사건 퍼터 등을 제조·판매하고 있더라도 채무자를 더 이상 이 사건 규정에서 요구하는 '그 행위를 한 날로부터 1년 이전의 대리인이나 대표자'라고 할 수는 없다. 또한 채권자가 판매금지를 구하는 이 사건 퍼터 등 중 어느 것이 채무자가 그 1년의 기간 안에 생산한 것인지 여부가 불분명하고 달리 특정할 소명자료가 없는 이 사건에서, 채무자로 하여금 그 부분만을 따로 구분하여 판매 등의 침해금지를 명할 수도 없다.

V. 검   토

우리 부정경쟁방지법은 "파리협약 당사국, 세계무역기구 회원국, 상표법조약의 체약국 중 어느 하나의 나라에 등록된 상표 또는 이와 유사한 상표에 관한 권리를 가진 자의 대리인이나 대표자 또는 그 행위일 전 1년 이내에 대리인이나 대표자이었던 자가 정당한 사유 없이 해당 상표를 그 상표의 지정상품과 동일하거나 유사한 상품에 사용하거나 그 상표를 사용한 상품을 판매·반포 또는 수입·수출하는 행위"에 대하여 이른바 '대리인의 상표권자의 동의 없는 상표사용행위'로서 부정경쟁행위의 하나로 규정하고 있다(법 제2조 제1호 사목). 본목은 외국 상표권자의 국내 대리점, 총판 등 대리인이나 대표자가 동일·유사한 상표를 사용한 상품을 판매 등을 하는 것을 방지하여 공정한 국제거래질서를 확립하기 위하여 제정된 것이다. 외국기업의 표시는 국내에서 주지하거나 저명하지 않는 한 부정경쟁방지법 제2조 제1호 가, 나, 다목에 의한 보호를 받을 수 없기 때문에 국내에서 타인이 동일·유사한 표시를 사용하였다고 하여 이를 금지할 수는 없으나, 기업이 국제적으로 활동하는 경우 진출하는 국에 대리점이나 특약점을 두고 그곳을 거점으로 영업활동을 전개하는 경우가 적지 않으며, 기업의 활동상황을 보다 잘 알 수 있는 대리점 등이 진출국에서 사용하고 있는 상표나 이후 사용계획이 있는 상표를 무단으로 사용하거나 앞질러 무단으로 상표등록출원을 하여 상표권을 취득할 가능성이 있는데, 본목은 이러한 대리점 등의 신의칙 위반행위를 금지하기 위하여 2001년 부정경쟁행위의 한 유형으로 우리 부정경쟁방지법에 도입된

것이다.[28]

본목에서 말하는 '대리인 또는 대표자'라 함은 일반적으로 국외에 있는 상표에 관한 권리를 가진 자의 그 상품을 수입하여 판매·광고하는 대리점, 특약점, 위탁판매업자, 총대리점 등을 가리키며, 계약에 의하여 대리점 등으로 된 자와 해당 상표를 사용한 자가 서로 다른 경우에도 양자의 관계, 영업형태, 대리점 등 계약의 체결 경위 및 이후의 경과 등 제반 사정에 비추어 대리점 등으로 된 자와 해당 상표를 사용한 자가 서로 다른 것이 편의적, 형식적인 것에 불과하다고 인정되는 때에는 본목을 적용함에 있어서 양자는 실질적으로 동일인으로 보는 것이 타당하다.

한편, 이 사건 판결에서 본목 소정의 '그 행위를 한 날부터 1년 이전(현행법은 '1년 이내'임)에 대리인이나 대표자이었던 자'의 의미에 대하여, 본목은 속지주의 원칙의 예외적 규정으로서 해석에 있어서 엄격성이 요구된다는 취지로, 본목 소정의 '그 행위를 한 날'은 부정경쟁행위의 판단을 요하는 개개의 행위가 '시작된 날'이 아닌 실제 그 행위가 '행해진 날'을 의미한다고 보았는데, 만약 본목의 부정경쟁행위가 인정되어 피해자가 불법행위로 인한 손해배상을 청구할 경우, 원칙적으로 불법행위로 인한 손해배상채무의 지연손해금의 기산일이 불법행위 성립일인 점을 고려하면, '그 행위를 한 날'은 이 사건 판결에서와 같이 '그 행위가 행해진 날'로 이해하는 것이 타당하다.

참고로, 2011년 12월 2일 개정법 이전에는 본목은 '1년 이전'이라는 표현을 사용하였는데, 이와 관련하여, 이를 문리적으로 해석할 경우 부정경쟁행위를 한 날부터 '1년 이전'에 대리인이나 대표자이었던 자에 대한 제한을 의미하나, 실질적으로 제한하려는 범위는 현재의 대리인이나 대표자 및 그 행위를 한 날부터 '1년 이내'의 대리인이나 대표자로 보는 것이 타당하기 때문에 이를 수정하여 제도 운영의 안정성 및 통일성을 꾀하기 위하여 '1년 이내'로 정정하자는 논의가 있었고, 이를 반영하여 현재에는 '1년 이내'라는 표현을 사용하고 있다.[29]

---

28 윤선희, 부정경쟁방지법, 법문사(2012), 165 – 166면.
29 윤선희, 앞의 책, 172면.

8. 정당한 권한 없는 자의 도메인이름 선점행위(제2조 제1호 아목)

사례 33   'Myspace도메인이름' 사건 – '그 밖의 상업적 이익을 얻을 목적'의 의미

Ⅰ. 기초사항

사건번호	서울중앙지방법원 2007. 8. 30. 선고 2006가합53066 판결[확정]	
사 건 명	도메인이전결정취소등	
주 문	원고가 주식회사 사이덴터티에 등록한 도메인이름 "myspce.com"에 대한 피고의 이전등록청구권은 존재하지 아니함을 확인한다.[30]	
표 지	원고	피고
	myspace.com	**Myspace**

Ⅱ. 사실관계

원고는 각종 웹사이트를 운영하거나 웹사이트의 홈페이지 제작 등 인터넷 관련 사업을 하고 있는 자이고, 피고는 미국 법인으로서 웹사이트를 운영하면서 이용자들의 블로그나 미니홈페이지를 통한 친교 공간과 대화방의 운영과 같은 인적 네트워킹 서비스나 각종 정보제공 검색 서비스, 음악 서비스 등을 제공하고 있는 자이다. 피고는 'MySpace, Inc.'라는 상호를 가지고 1996. 2. 22. 'Myspace.com'이라는 도메인이름을 등록하여 보유하고 있다가 2003년 무렵부터 그 도메인이름을 이용해서 웹사이트(www.myspace.com)를 개설하여 이를 이용해 블로그나 미니홈페이지를 통한 인적 네트워킹 서비스, 인터넷 대화방 운영, 각종 정보제공을 위한 검색서비스 등을 제공하고 있으며, 피고의 웹사이트에서는 'myspace movies, MySpace Music, MySpace Specials' 등과 같은 검색 카테고리가 사용되고 있고,

---

30 【청구취지】 원고가 주식회사 사이덴터티에 등록한 도메인이름 "myspce.com"에 대한 피고의 사용금지청구권 및 이전등록청구권이 모두 존재하지 아니함을 확인한다.

그 카테고리를 검색하면 해당 카테고리의 범주에 포함되는 각종 정보(음악듣기, 동영상보기 등 포함)가 제공되고 관련된 다른 웹사이트로 링크(link)되도록 설정되어 있어 피고의 도메인이름이 피고가 제공하는 서비스의 출처를 식별하는 기능을 가지고 있다. 또한 피고는 2004년 무렵 인터넷 네트워킹 서비스에 관한 상표로서 'MYSPACE'라는 표장을 미국 특허상표청(USPTO)에 제2911041호로 등록하였다. 더욱이 피고의 웹사이트에는 2006년 12월을 기준으로 전 세계적으로 1억 3,000만 명 이상이 회원으로 가입되어 있고, 그 중 우리나라 국적 보유자는 3만 명을 초과하고 있었고, 현재 피고의 상호나 상표 또는 웹사이트, 피고가 운영하는 회사와 관련하여 우리나라의 인터넷 포털사이트 중 최고의 이용자 순위를 보유하고 있는 네이버(www.naver.com)의 기사검색서비스나 지식검색서비스 등을 통해 1,400여 건의 기사가 제공된 것을 비롯하여 차순위의 인터넷 포털사이트의 각종 정보제공 서비스를 통해서도 1,000여 건에 이르는 기사가 제공되었으며, 그 포털사이트 이용자들의 검색건수로 보아도 네이버의 지식검색서비스를 통한 검색건수가 3,000여 건, 개인 블로그 등의 검색을 통한 검색건수도 4,000여 건에 이르고, 차순위 포털사이트를 통한 검색건수도 수천여 건에 이른다. 피고가 2003년 무렵 'Myspace.com'이라는 도메인이름을 이용해 웹사이트를 열고 인터넷서비스 사업을 시작한 이후 2003. 12. 무렵에 소외 로드릭슨(Rickson Rodrickson)은 피고의 도메인이름 중에서 하나의 철자만 생략하거나 부가한 형태의 도메인이름 4개(MySpce.com, MySpcae.com, MySpae.com, MySpacee.com)를 등록하였고, 이에 대하여 피고는 2005. 12. 30. 로드릭슨을 상대로 그와 같은 도메인이름들이 피고 상표인 Myspace의 의도적인 오타에 해당하여 피고의 상표권 등을 침해한다는 이유로 그 사용중지 등을 요구하였다. 이와 같은 상황에서 로드릭슨은 도메인이름들을 모두 원고를 비롯한 제3자에게 양도하게 되었는데, 원고는 2006. 3. 무렵 원고의 대리인 소외인을 통해 로드릭슨으로부터 'myspce.com'이라는 도메인이름(2003. 11. 14. 창설등록, 이하 '이 사건 도메인이름'이라 함)을 미화 22,000달러에 매수하여 우리나라 법인으로서 도메인이름 등록기관(Registrar)인 (주)사이덴터티(도메인이름등록사이트 www.cypack.com)에 등록하여 보유하고 있다.

　원고는 이 사건 도메인이름을 매수한 후 그 도메인이름을 이용해서 웹사이트를 개설하지 않고 있다가 2006. 8. 무렵에 이르러 이 사건 도메인이름(myspce.com)으로 원고가 운영하는 다른 웹사이트(www.website.net)로 연결되어 서비스가 되도록 도메인 포워딩(forwarding)을 시켜 놓았고, 그 포워딩이 된 웹사이트에는 'Myspace'라는 검색카테코리가 여러 곳에서 사용되고 있었고, 그 카테고리를 검색하면 인터넷상에서의 이용자들 사이의 만남이나 대화를 주선하거나 음악 서비스 등을 제공하는 또 다른 개별 웹사이트로 링크되도록 설정되어 있었으며 그 링크된 웹사이트 중에는 속칭 음란사이트도 포함되어 있었다. 원고는 이 사건 소송 계속 중 이 사건 도메인이름을 이용해 웹사이트(www.myspce.com)를 개설하여 디자인이 우수하여 추천할 만한 다른 사람의 웹사이트를 소개하고, 배너광고를 통해 다른 사람의 웹사이트로 링크되는 서비스를 제공하고 있다. 그런데 그 소개되거나 링크된 웹사이트 중에는 피고의 웹사이트에서 인터넷 이용자들이 개인의 미니홈페이지를 만들거나 장식을 할 때 필요한 각종 이미지, 소품, 음악플레이어, 기타 도구를 판매하는 웹사이트도 포함되어 있다.

　　피고는 2006. 4. 7. 미국의 국가중재위원회(National Arbitration Forum)에 대하여 원고를 상대로 하여 원고가 정당한 권리 없이 악의적으로 피고의 상표와 유사한 도메인이름을 보유하고 있다는 이유로 그 도메인이름을 피고에게 이전등록을 명하여 줄 것을 요구하는 분쟁처리신청을 하였다. 인터넷주소관리기구(Internet Corporation For Assigned Names and Numbers, 이하 'ICANN'이라 한다)는 일반최상위 도메인(generic Top-Level Domain)에 관하여 통일도메인이름분쟁해결정책(Uniform Domain Name Dispute Resolution Policy, 이하 'UDRP'라 함)과 그 절차규정(Rules for Uniform Domain Name Dispute Resolution Policy)을 도메인이름의 등록자와 제3자 사이에 도메인이름의 사용과 관련한 분쟁의 해결을 위한 강제적 행정절차(mandatory administrative proceeding)로 마련해 두고 있다(미국의 국가중재위원회는 UDRP에 따른 분쟁해결기관 중 하나이다). 특히, ① 도메인이름이 타인의 상표 또는 서비스표와 동일하거나 혼동을 일으킬 정도로 유사하고, ② 도메인이름의 보유자에게 그 도메인이름에 관한 정당한 권리나 이익이 없으며, ③ 도메인이름의 보유자가 그 도메인이름을 악의적으로 등록·사용하고 있음이 증명되는 경우에는 그 도메인이름의 등록을 취소하거나 정당한 권리자에게 이전할 수 있도록 규정하고 있다(UDRP 제4조 a항, 제3조). ICANN은 등록기관으로 하여금 등록약관에 UDRP의 내용이 포함되도록 강제하고 있고, 이에 따라 등록기관은 등록약관에다가 등록약관에 동의한 도메인이름 등록자는 UDRP에 동의한 것으로 간주한다는 취지의 규정을 두고 있다. 원고도 (주)사이덴터티에 이 사건 도메인이름을 등록할 당시 UDRP에 동의한 것으로 간주한다는 취지가 기재된 도메인등록약관에 동의하였다. 원고의 신청에 대해서 미국 국가중재위원회는 2006. 6. 19. UDRP 제4조 a항에 따라 원고의 도메인이름이 피고의 상표에서 모음인 'a'자만이 빠진 것으로서 피고의 상표와 혼동을 일으킬 정도로 유사하고, 원고가 피고의 상표를 잘못 입력한 인터넷 사용자들을 원고의 웹사이트로 유인하고자 할 목적으로 그러한 도메인이름을 보유하고 있으므로 원고에게는 그 도메인이름에 관한 정당한 권리 내지 이익이 없고, 악의가 인정된다는 이유로 원고에 대하여 그 도메인이름을 피고에게 이전하라는 내용의 결정을 하였다. 이에 불복하여 원고는 UDRP 제4조 k항에 따라 그 결정을 통보받은 날로부터 10영업일 이내인 2006. 6. 22.에 서울중앙지방법원에 이 사건 소를 제기하였고, 이로 인해 그 이전결정의 집행이 보류된 상태이다{피고는 도메인이름 이전신청 당시 UDRP에 따른 결정에 대한 불복과 관련한 관할법원으로 이 사건 도메인이름의 등록기관인 (주)사이덴터티의 주된 사무소가 있는 서울중앙지방법원을 선택하였다(UDRP 제4조 k항, 절차규정 제1조, 제3조 b항 xiii호 참조)}.

Ⅲ. 사안의 쟁점

① 부정경쟁방지법 제2조 제1조 아목에 정한 '국내에 널리 인식된 타인의 영업표지'의 의미 및 국내에 널리 인식되었는지 여부의 판단 기준

② 타인의 표지와 동일하거나 유사한 도메인이름을 등록하여 보유하기만 하는 경우에도 부정경쟁방지법 제2조 제1호 아목에 정하는 부정경쟁행위에 해당하는지 여부 및 타인의 표지와 도메인이름의 유사성의 판단 기준

③ 부정경쟁방지법 제2조 제1호 아목에 정한 '그 밖의 상업적 이익을 얻을 목적'의 의미

④ 부정경쟁행위 금지의 효과로서 부정경쟁행위자가 가진 도메인이름의 등록이전청구권이 인정되는지 여부

Ⅳ. 판단의 요지

1) 국내에 널리 인식된 타인의 상품이나 영업임을 표시하는 표지는 국내의 전역 또는 일정한 범위 내에서 거래자 또는 수요자들이 그것을 통하여 특정의 상품이나 영업을 다른 상품이나 영업으로부터 구별하여 널리 인식하는 경우를 말한다. 단순히 상품이나 영업의 내용을 서술적으로 표현하거나 통상의 의미로 사

용하는 일상용어 등은 상품이나 영업에 대해 자타구별기능이나 출처표시기능이
없어 식별력을 가지지 못하므로 표지에 포함되지 않지만 그러한 경우라도 그것
이 오랫동안 사용됨으로써 거래자 또는 수요자들이 어떤 특정의 상품이나 영업
을 표시하는 것으로 널리 인식하게 된 경우에는 부정경쟁방지법이 보호하는 상
품이나 영업상의 표지에 해당한다. 또한, 그 표지가 국내에 널리 인식되었는지
여부는 그 사용기간, 방법, 태양, 사용량, 영업범위 등과 그 영업의 실정 및 사회
통념상 객관적으로 널리 알려졌느냐의 여부가 일단의 기준이 된다(대법원 1997. 12.
12. 선고 96도2650 판결, 2005. 11. 25. 선고 2005도6834 판결 참조). 이 사건에서 보면, 피
고의 상호와 운영하는 웹사이트에서 사용되고 있는 'Myspace'는 '나의 공간' 내지
'나의 영역'이라는 의미를 갖고 있고, 피고는 웹사이트 이용자들이 그 사이트 내
에서 블로그나 미니홈페이지를 만들고 이를 통해 이용자들 상호간에 친교를 나
눌 수 있도록 하는 가상의 공간을 제공해 주는 인적 네트워킹 서비스를 제공하거
나 인터넷 대화방을 운영하고 각종 정보제공을 위한 검색서비스 등을 제공하고
있다. 위와 같은 사정에 비추어 보면, 피고의 'Myspace'는 피고의 영업의 내용을
서술적으로 표현하거나 통상의 의미로 사용하는 일상용어나 특정 영업을 일반적
으로 지칭하는 보통명칭으로도 볼 수 없고, 일반적으로 분류된 영업의 종류 중
하나를 특정하여 다른 종류의 영업과 구별하기 위해 사용되는 보통명칭으로도
볼 수 없다. 피고가 제공하는 인터넷서비스와 관련하여 사용하는 'Myspace'는 다
른 영업과의 구별기능을 하는 객관적인 거래의 표지로서 기능한다. 또한 피고의
상호나 상표 또는 웹사이트에 대한 일간지나 인터넷 뉴스의 게재건수와 그 기사
의 내용, 인터넷 포털사이트를 통한 인터넷 이용자들의 검색건수, 피고의 웹사이
트에 가입한 회원의 수 등에 비추어, 피고의 'Myspace'는 원고가 이 사건 도메인
이름을 등록할 무렵은 물론 이 사건의 변론종결일을 기준으로 해서 보더라도 국
내의 일반 수요자들에게 널리 알려지고 또한 특정 출처의 영업임을 연상시킬 정
도로 개별화되기에 이르러 자타 영업의 식별기능을 가지게 되었다. 따라서 피고
의 'Myspace'는 부정경쟁방지법 제2조 제1호 아목에 정해진 '타인의 표지'에 해당
하고, 국내에서 거래자 또는 수요자 사이에 널리 인식되어 주지성을 취득하였다
고 봄이 상당하다.

  2) 부정경쟁방지법 제2조 제1호 아목은 타인의 표지의 인지도와 신용에 편
승하여 부정한 이익을 얻을 목적이나 타인에게 손해를 가할 목적으로 타인의 표

지와 동일하거나 유사한 도메인이름을 등록하여 보유하는 것을 방지하고자 하는 취지에서 규정된 것으로서 도메인이름을 등록하여 보유하기만 하면 그 도메인이름을 사용한 웹사이트를 개설하지 아니하여 어떤 표지를 사용하였다고 할 수 없는 경우에도 위 규정에서 정하는 부정경쟁행위에 해당한다. 따라서 타인의 표지와 도메인이름의 유사성을 판단함에 있어서는 도메인이름 가운데 식별력을 갖는 부분을 기준으로 표지 그 자체를 형식적으로 대비함은 물론 그 이외에 당해 도메인이름을 타인의 표지로 오인하는 데 기여하는 일체의 요소들을 참작하여 그 양자 표지의 외관, 호칭 또는 관념에 기초한 인상, 기억, 연상 등에 비추어 양자를 전체적·이격적으로 관찰·비교하여 유사한 것으로 받아들일 우려가 있는지, 아닌지를 기준으로 판단해야 한다. 이 사건에서 원고의 도메인이름 중 식별력을 갖는 부분에 해당하는 'myspce' 부분과 피고의 영업표지인 'Myspace'를 비교하여 보면, myspce는 피고의 영업표지 중에서 철자 'a'만 생략된 형태로 되어 있어 외관, 호칭을 전체적·이격적으로 관찰하여 보았을 때에 서로 유사하다. 또한, 원고는 도메인이름을 원고가 운영하는 다른 웹사이트로 포워딩되도록 하는 방법으로 사용하였는데 그 포워딩이 된 웹사이트에는 피고의 영업표지에 해당하는 'Myspace'라는 검색 카테고리가 여러 곳에서 사용되고 있었고, 그 카테고리를 검색하면 피고가 제공하는 인터넷서비스와 유사한 서비스를 제공하는 또 다른 개별 웹사이트로 링크되도록 설정되어 있었다. 원고는 이 사건 소의 진행 도중 이 사건 도메인이름을 사용하는 웹사이트를 개설하여 타인의 웹사이트를 소개하거나 타인의 웹사이트로 링크되는 서비스를 제공하고 있는데 그 타인의 웹사이트 중에는 피고의 웹사이트에서 인터넷 이용자들이 개인의 미니홈페이지를 만들거나 장식할 때 필요한 각종 아이템을 판매하는 웹사이트도 포함되어 있다. 위와 같은 원고의 도메인이름의 사용과 이를 이용해서 개설한 웹사이트의 운영 실태에 비추어 보면, 이 사건 도메인이름이 피고의 영업표지 중 'a' 철자만이 생략된 형태로 되어 있어 인터넷 이용자들이 피고의 도메인이름을 입력하려다가 오타가 발생하면 원고의 웹사이트로 유인되고, 원고의 웹사이트가 피고의 표지를 검색메뉴로 사용하거나 링크되어 있는 다른 웹사이트들을 통해 피고의 인터넷서비스와 유사한 서비스를 제공함으로써 피고의 웹사이트와 실질적으로 동일한 기능을 하므로 인터넷 이용자들이 원고의 웹사이트를 피고의 웹사이트로 오인할 가능성이 크다. 따라서 이 사건 도메인이름은 피고의 영업표지와 유사하다.

3) 부정경쟁방지법 제2조 제1호 아목에서 부정경쟁행위의 주관적 요건으로 규정하고 있는 '그 밖의 상업적 이익을 얻을 목적'이라 함은, 표지에 대하여 정당한 권원이 있는 사람 또는 제3자에게 판매하거나 대여할 목적, 또는 정당한 권원이 있는 사람의 도메인이름의 등록 및 사용을 방해할 목적 외에 공서양속 내지는 신의성실의 원칙에 반하는 형태로 자신이 적극적으로 이익을 얻거나 타인에게 재산상 손해나 신용의 훼손 등 유형, 무형의 손해를 야기함으로써 반사적으로 이익을 얻고자 하는 목적을 의미하는 것으로 해석된다. 원고는 이 사건 도메인이름을 등록하기 이전부터 각종 도메인이름을 사용하여 인터넷 서비스업을 하던 사람으로서 피고가 피고의 영업표지를 사용하여 인터넷 서비스사업을 개시한 이후인 2006. 3. 무렵 피고의 영업표지와 일부 철자만을 달리 한 도메인이름들을 여러 개 보유하고 있던 로드릭슨으로부터 역시 피고의 영업표지에서 철자 'a'만 생략된 형태의 이 사건 도메인이름을 매수하여 등록하였다. 그 후 약 5개월 가량 도메인이름을 사용하지 않다가 2006. 8. 무렵에 이르러 그 도메인이름을 원고가 운영하는 다른 웹사이트로 포워딩이 되도록 하는 방법으로 사용하였는데 그 포워딩된 웹사이트에서는 피고의 영업표지가 사용된 검색카테고리가 있음은 물론 피고가 제공하는 인터넷서비스와 유사한 서비스를 제공하거나 속칭 음란사이트로 링크되도록 하였다. 또한, 원고가 이 사건 소의 진행 도중 이 사건 도메인이름을 사용하여 개설한 웹사이트에서도 피고의 인터넷서비스와 관련된 웹사이트로 링크되는 서비스를 제공하고 있다. 위와 같은 이 사건 도메인이름의 창설과 이전 과정, 원고의 도메인이름의 사용과 웹사이트의 운영 실태를 종합하여 보면, 원고에게 피고의 도메인이름을 입력하려다가 일부 철자를 잘못 입력한 인터넷 이용자들을 원고가 운영하는 웹사이트로 유인하여 그 유인된 이용자들에게 피고와 유사한 인터넷 서비스를 제공하고 피고의 신용을 손상시킬 수 있는 웹사이트로 연결되도록 함으로써 원고가 적극적으로 재산상 이익을 얻음은 물론 피고에게 유형, 무형의 손해를 가하여 반사적으로 이익을 얻고자 하는 목적이 있었다고 추인할 수 있다. 따라서 원고가 피고로부터 피고의 영업상 표지와 유사한 이 사건 도메인이름을 사용하는 것에 대한 권원을 얻었다고 인정할 증거가 없는 이상 원고가 이 사건 도메인이름을 등록하여 보유하고 있는 것은 부정경쟁방지법 제2조 제1호 아목에 정해진 부정경쟁행위에 해당한다.

4) 원고는 현재까지 이 사건 도메인이름을 이용한 웹사이트를 개설하여 도

메인이름을 사용하고 있고, 피고의 인터넷 서비스와 유사한 인터넷 서비스를 제
공하고 있으므로 원고의 부정경쟁행위로 인하여 피고의 영업상 이익이 침해되거
나 침해될 우려가 있다고 인정된다. 따라서 피고는 부정경쟁방지법 제4조에 기초
해서 원고에 대해 부정경쟁행위의 금지를 청구할 수 있으므로 원고는 피고에 대
하여 이 사건 도메인이름을 사용하지 않을 의무가 있다. 그러나 부정경쟁방지법
상 부정경쟁행위 금지의 효과로서 그 도메인이름의 등록말소에 갈음하여 부정경
쟁행위자가 가진 도메인이름을 자기에게 이전할 것을 청구할 수 있는 도메인이
름의 등록이전청구권을 가진다고까지 해석할 수는 없다.

Ⅴ. 검   토

이 사건 판결은 부정경쟁방지법 제2조 제1호 아목의 의의, 요건 및 판단방법
을 구체적으로 제시하였다는 점에서 본목의 리딩케이스라 할 수 있다.

부정경쟁방지법 제2조 제1호 아목은 정당한 권원이 없는 자가 부정한 목적
으로 국내에 널리 인식된 타인의 성명, 상호, 상표, 그 밖의 표지와 동일하거나
유사한 도메인이름을 등록·보유·이전 또는 사용하는 행위에 대하여 부정경쟁행
위로서 규정하고 있는데, 이러한 정당한 권한 없는 자의 도메인 이름 선점행위를
'사이버스쿼팅'이라고도 한다. 이처럼 본목의 부정경쟁행위가 성립하기 위해서는
① 타인의 성명, 상호, 상표, 그 밖의 표지 등의 주지성이 있을 것, ② 타인의 표지
등과 동일하거나 유사한 도메인이름의 등록·보유·이전 또는 사용하는 행위가
있을 것, ③ 부정한 목적이 있을 것을 요한다. 본목은 2004년 개정 당시 도입된
것으로 본목 도입 이전까지만 하더라도 사이버스쿼팅에 대하여 상표법이나 부정
경쟁방지법 제2조 제1호 가, 나, 다목의 규정에 의해 해결하고 있었으나, 인터넷
의 급속한 확대 보급에 따라 부정한 목적으로 타인의 유명표장을 도메인이름으
로 도용하여 등록, 사용하는 행위가 급증하는 현실과 도메인이름을 등록하여 보
유하기만 할 뿐, 그 도메인이름을 사용한 웹사이트를 개설하지 아니하여 어떤 표
지를 사용하였다고 할 수 없는 경우에는 위 가, 나, 다목의 규정으로 해결할 수
없다는 사정 등을 반영하여 정당한 권한 없는 자의 도메인이름 선점행위를 법개
정을 통하여 독립적인 하나의 부정경쟁행위의 유형으로서 도입하게 된 것이다.
따라서 현재 법규정상 타인의 사이버스쿼팅은 일차적으로 본목의 규정에 따라야
할 것이지만, 경우에 따라서는 부정경쟁방지법 제2조 제1호 가, 나, 다목의 규정

이 동시에 적용될 수 있다. 특히 부정경쟁방지법 제2조 제1호 가, 나목의 해당 여부 판단에 있어서, 해당 표지의 사용자가 부정한 목적이 있었는지 여부는 위 가, 나목의 판단 시 고려하지 않는다는 것이 우리 법원의 판례의 태도이기 때문에 사이버스쿼팅 피해자가 법원에 금지청구 등을 함에 있어 본목 외에 위 가, 나, 다목에 의한 부정경쟁행위까지 함께 주장만 한 실익은 현재에도 존재한다. 한편 본목은 '도메인이름'을 보호대상으로 삼고 있기 때문에 포털사이트 등의 스폰서링크 아래에 주지저명한 표장을 표시하는 것은 그 자체가 도메인이름으로 사용한 것이 아니므로 본목의 규정이 적용될 수는 없을 것이다.

이 사건 판결은 피고의 상호나 상표 또는 웹사이트에 대한 일간지나 인터넷 뉴스의 게재건수와 그 기사의 내용, 인터넷 포털사이트를 통한 인터넷 이용자들의 검색건수, 피고의 웹사이트에 가입한 회원의 수 등을 근거로, 피고의 'Myspace'는 국내에서 거래자 또는 수요자 사이에 널리 인식되어 주지성을 취득하였다고 판단함으로써, 본목 소정의 '국내의 널리 인식된'의 의미를 부정경쟁방지법 제2조 제1호 가, 나목과 동일한 수준의 주지의 정도로 판단한 것으로 보이는데, 도메인이름의 선점은 영업이나 상품 표지의 사용에 비하여 비교적 짧은 시간에 저비용으로 가능하다는 점, 사이버스쿼팅 행위자가 반복적으로 당해 사이트를 폐지한 다음 또 다른 유사 사이트의 개설 행위를 반복할 경우 현행 사법시스템으로 이러한 반복행위를 강제하기에는 피해자가 입는 시간적·경제적 타격이 매우 크다는 점, 인터넷 쇼핑몰의 상호 같이 주지의 정도에는 이르지 않았지만 인터넷을 주된 영업의 장소로 이용하는 업체의 경우 사이버스쿼팅의 피해에 노출될 가능성이 크다는 점 등을 고려하여 보면, 본목의 주지의 정도를 위 가, 나목의 주지의 정도보다 완화해서 해석할 필요가 있다고 본다.

또한 이 사건 판결은 'Myspace'과 'myspce'가 서로 유사한 것으로 판단하였는데, 우리가 영문으로 된 교통표지판에서 목적지의 영문명칭이 길 경우 모음을 생략하는 방법으로 짧게 기재하는 것을 보더라도, 영문의 명칭은 자음이 모음에 비해 더 강하게 인식되는 점을 고려하면, 'Myspace'과 'myspce' 서로 유사한 것으로 판단한 이 사건 판결은 타당하다.

한편 이 사건 판결은 부정경쟁방지법 제4조에 기초하여 피고는 원고에 대하여 도메인이름의 사용을 금지할 청구권만을 가질 뿐, 부정경쟁방지법상 부정경쟁행위 금지의 효과로서 그 도메인이름의 등록말소에 갈음하여 부정경쟁행위자가 가진 도메인이름을 자기에게 이전할 것을 청구할 수 있는, 즉 도메인이름의 '등록이전청구권'을 가진다고까지 해석할 수는 없다고 보았는데, 부정경쟁방지법 제4조 제2항 제3호에서 '등록말소'만을 규정하고 있을 뿐 명시적으로 '이전등록'을 규정하고 있지 않은 점, 같은 항 제4호 '그 밖에 부정경쟁행위의 금지 또는 예방을 위하여 필요한 조치'에 이전등록이 포함된다고 단정하기도 어려운 점, 주지·저명한 상표 등의 표지를 보호하기 위하여 도메인이름의 사용금지나 등록말소만으로도 충분함에도 이전등록까지 인정하는 것은 목적과 수단의 비례, 보충성의 원칙에 반하는 점, 만약 하나의 도메인이름에 관하여 다수의 권리자가 이전등록을 청구할 경우 누구에게 우선권을 부여하여야 할 것인지를 결정하기 어려운 점 등의 사정을 종합하면 부정경쟁방지법에 관한 법률상 부정경쟁행위 금지의 효과로서 부정경쟁행위의 대상이 된 도메인이름의 이전등록청구권까지 인정된다고 볼 수는 없을 것이다(광주지방법원 2008. 7. 17. 선고 2007가합11141 판결 참고).

VI. 관련문헌

문선영, "국제적 도메인이름분쟁의 재판관할권과 도메인이름 이전등록청구권의 인정여부," 법학연구 제12집 제1호, 인하대학교법학연구소(2009. 4.)

9. 상품형태 모방행위(제2조 제1호 자목)

사례 34 '마가렛트' 사건 – '상품의 형태'의 의미

I. 기초사항

사건번호	대법원 2008. 10. 17.자 2006마342 결정
사 건 명	부정경쟁행위금지가처분
주 문	재항고 기각
상 품	<table><tr><td>신청인</td><td>피신청인</td></tr><tr><td></td><td></td></tr></table>

II. 사실관계

'마가렛트' 쿠키를 제조·판매하고 있던 신청인은 신청인의 마가렛트 쿠키와 비슷한 포장박스를 사용한 '마로니에' 쿠키를 제조·판매한 피신청인의 행위가 부정경쟁방지법 제2조 제1호 자목의 부정경쟁행위에 해당한다는 이유로 부정경쟁행위금지가처분 신청을 하였다.

III. 사안의 쟁점

상품의 용기나 포장이 부정경쟁방지법 제2조 제1호 자목 소정의 '상품의 형태'의 범위에 포함되는지 여부

Ⅳ. 판단의 요지

1) 부정경쟁방지법 제2조 제1호 자목은 부정경쟁행위의 한 유형으로서 타인이 제작한 상품의 형태(형상·모양·색채·광택 또는 이들을 결합한 것을 말하며, 시제품 또는 상품소개서상의 형태를 포함함)를 모방한 상품을 양도·대여 또는 이를 위한 전시를 하거나 수입·수출하는 행위를 규정하고 있다. 여기에서 '상품의 형태'라 함은 일반적으로 상품 자체의 형상·모양·색채·광택 또는 이들을 결합한 것을 의미하고, '상품의 형태'의 범위에 당해 상품의 용기·포장이 당연히 포함되는 것은 아니라 할 것이다. 그러나 상품의 용기·포장도 상품 자체와 일체로 되어 있는 용기·포장의 모방을 상품 자체의 모방과 실질적으로 동일시할 수 있는 경우에는 위 규정상의 상품의 형태에 포함된다고 할 것이다. 한편 '모방'이라 함은 타인의 상품의 형태에 의거하여 이와 실질적으로 동일한 형태의 상품을 만들어 내는 것을 말하며, 형태에 변경이 있는 경우 실질적으로 동일한 형태의 상품에 해당하는지 여부는 당해 변경의 내용·정도, 그 착상의 난이도, 변경에 의한 형태적 효과 등을 종합적으로 고려하여 판단하여야 한다.

2) 신청인의 마가렛트 포장(이하 '이 사건 포장'이라 함)은 종이로 만든 직육면체 상자 형상으로서 그 안에 마가렛트 상품이 2개씩 포장된 봉지들이 여러 개 담긴 채 봉해져 일체로서 전시·판매되고 있어 포장을 뜯지 않으면 그 내용물이 실제로 외관에 나타나지 않음을 알 수 있다. 그렇다면 이 사건 포장은 마가렛트 상품 자체와 일체로 되어 있어 이 사건 포장을 모방하는 것이 실질적으로 마가렛트 상품 자체를 모방하는 것과 동일시된다고 할 것이므로, 이 사건 포장은 부정경쟁방지법 제2조 제1호 자목에서 정하는 '상품의 형태'에 포함된다고 봄이 상당하다. 한편 이 사건 포장과 피신청인의 마로니에 포장을 비교하여 보면, 이 사건 포장과 피신청인의 포장은 전체적인 색감이나 타원형의 존재 및 그 위치, 제품사진의 배치와 구성 등에 있어 어느 정도 유사한 면이 있다. 그러나 양 포장은 배경 그림의 소재와 모양 등 그 차이점 또는 적지 아니한바, 피신청인의 포장에서 변경된 내용 및 그 정도, 변경의 착상의 난이도, 위 변경에 의한 형태적 효과 등을 종합적으로 고려해 볼 때, 피신청인의 위 각 포장은 그 변경에 따른 형태상의 특징이 명백히 나타나 있다 할 것이므로, 이 사건 포장과 피신청인의 포장을 실질적으로 동일한 형태라고 볼 수 없다. 따라서 원심이 이 사건 포장과 피신청인의 위

각 포장이 실질적으로 동일한 형태라고 볼 수 없다고 판단한 것은 정당하고, 거기에 재항고이유에서 주장하는 바와 같은 재판에 영향을 미친 상품 형태 모방행위의 판단에 관한 법리오해의 위법이 없다.

V. 검   토

우리 부정경쟁방지법은 "타인이 제작한 상품의 형태(형상·모양·색채·광택 또는 이들을 결합한 것을 말하며, 시제품 또는 상품소개서상의 형태를 포함함)를 모방한 상품을 양도·대여 또는 이를 위한 전시를 하거나 수입·수출하는 행위"에 대하여 부정경쟁방지행위로서 금지하고 있다(법 제2조 제1호 자목 참고). 본목은 2001년 부정경쟁방지법 개정 시 추가된 부정경쟁행위로서, 타인의 상품형태를 모방하는 이른바 '데드카피(Dead Copy)' 행위는 선행자(상품의 형태의 창작자)가 투자한 비용, 시간 등의 아무런 노력 없이 후행자가 영업상의 이익을 추구하는 것은 부당하며, 이러한 후행자의 부정행위를 제한 및 금지하기 위하여 입법된 것이다. 선행자의 상품의 형태가 모방될 경우 모방자는 상품화를 위한 비용이나 시장 리스크를 크게 줄일 수 있는 한편, 선행자의 시장 선점의 효과는 현저히 감퇴되기 때문에, 모방자와 선행자 간의 경업상 현저한 불공평이 발생하게 되며, 결국 선행자의 상품 개발 또는 시장 개척 의욕이 저해되어 전체의 산업 동력이 무너지게 된다. 따라서 선행자가 자금 및 인력을 투하한 성과(제품)를 정당한 이유 없이 오로지 자신의 이익을 목적으로 완전히 모방한 상태로 시장에 출시하여 선행자와 경쟁하는 행위는 부정한 행위로 규정할 필요가 있었고, 본목은 이러한 사정이 반영된 것이다.

상품형태의 모방행위는 본목의 규정 외에도 부정경쟁방지법 제2조 제1호 가목, 디자인보호법, 상표법, 저작권법 및 불법행위법(민법)에 의해서도 규제될 수 있으나, 부정경쟁방지법 제2조 제1호 가목은 상품표지성, 주지성, 혼동가능성의 요건이 모두 충족될 경우에 한하여 보호받을 수 있으며, 디자인보호법은 상품의 형태가 물품의 형상, 모양, 색채 혹은 그것의 결합으로 시각을 통해 미감을 일으키는 것으로서 특허청으로부터 디자인권을 부여받은 등록된 디자인에 한하여 보호되고, 상표법은 상품의 형태가 자타상품을 식별하는 표지로 기능할 경우에 한하여 입체상표로서 제한적으로 보호하고 있으나 이 역시 특허청의 등록이 필요하며, 저작권법의 경우에는 상품의 형태가 응용미술저작물로서 기존의 물품과 구분될 수 있는 독자성 내지는 창작성이 인정될 경우에 보호받을 수 있고, 민법 제

750조에 의한 일반불법행위는 상품의 형태를 모방하여 판매 등을 하는 행위가 타인의 영업상의 이익을 해한다고 해석되는 경우 성립될 수 있으나, 침해와 손해 사이의 인과관계를 증명하는 곤란함이 있으며, 침해금지청구가 인정되지 않는다는 한계가 있다.

본목은 타인의 상품의 형태를 모방할 경우에 성립되는 것으로, '상품의 형태'에 대하여 이 사건 판결은, "'상품의 형태'라 함은 일반적으로 상품 자체의 형상·모양·색채·광택 또는 이들을 결합한 것을 의미하고, '상품의 형태'의 범위에 당해 상품의 용기·포장이 당연히 포함되는 것은 아니라 할 것이나 상품의 용기·포장도 상품 자체와 일체로 되어 있는 용기·포장의 모방을 상품 자체의 모방과 실질적으로 동일시할 수 있는 경우에는 위 규정상의 상품의 형태에 포함된다"고 하여, 상품의 용기·포장은 원칙적으로 상품의 형태에 포함된다고 할 수 없으나, 상품의 용기·포장이 상품 자체와 일체로 되어 있어 용기·포장의 모방을 상품 자체의 모방과 실질적으로 동일시할 수 있는 경우에는 예외적으로 상품의 용기·포장 역시 상품의 형태에 포함된다는 입장을 취한 다음, 마가렛트 포장은 종이로 만든 직육면체 상자 형상으로서 그 안에 마가렛트 상품이 2개씩 포장된 봉지들이 여러 개 담긴 채 봉해져 일체로서 전시·판매되고 있어 포장을 뜯지 않으면 그 내용물이 실제로 외관에 나타나지 않기 때문에 마가렛트 비스켓 상품을 모방하는 것은 실질적으로 마가렛트 상품 자체를 모방하는 것과 동일시된다고 하였다. 그런데, 이 사건 판결과 같은 논리라면 이중 포장되었거나, 상품의 외형이 봉해져 있는 경우에 그 상품의 용기·포장은 모두 상품의 형태와 같다고 판단되어야 할 것인데, 이는 상품의 용기·포장에 대하여 그 허용범위를 지나치게 넓혔다는 점에서 비판의 여지가 있으며, 비스켓을 종이상자 및 비닐포장으로 봉한 것이 과연 상품자체와 사실상 동일시되었다고 볼 수 있는지도 의문이다. 일반 수요자의 관점에서 보았을 때, 마가렛트 포장자체를 마가렛트와 분리하는 것이 결코 어렵지도 않거니와 포장을 완전히 뜯은 마가렛트의 외형자체를 인식하지 못하는 것도 아니기 때문이다. 생각건대 포장이 상품 자체와 일체로 되어 있어 사실상 동일시되는 것이란 화장품이나 잼과 같이 상품 자체가 액체나 비정형상태로 되어 있어 상품 자체만으로 특정되기 어렵고 통상 일반 수요자의 관점에서 상품 용기·포장이 상품 자체와 분리인식되지 않을 경우만을 의미하는 것으로 이해하는 것이 타당하다고 본다.

사건으로, 마가렛트와 마로니에 상품 자체의 외형을 비교하여 보면, 양 상품 모두 원형 및 그 원형 내부에 마름모의 형상이 가지도록 선을 사선으로 교차하는 형태를 가지고 있어 동일하거나 극히 유사하다고 볼 수 있으며, 이러한 형태가 통상적이거나 불가피한 것이라고 할 수도 없다고 보이는바, 피신청인의 마로니에 제조·판매 행위는 본목 소정의 부정경쟁행위에 해당된다고 판단되나, 이 사건 판결에서는 위에서 살펴본 바와 같이 상품의 포장을 판단대상으로 하여 양 상품의 유사성을 비교한 후 양 상품 포장의 외형이 비유사하다고 판단하였는데, 굳이 양 상품의 모방 여부에 대하여 상품 자체의 외형을 비교하지 않고 상품의 포장을 비교한 이유가 무엇인지 의문이 아닐 수 없다.

사례 35 '호스 부품 모방' 사건 – 외관이 드러나지 않은 내부구조가 상품형태의 구성요소에 해당하는지 여부

Ⅰ. 기초사항

사건번호	서울남부지방법원 2008. 5. 29. 선고 2007가합15456 판결[확정]	
사 건 명	실용신안권침해금지등	
주 문	원고 청구 기각	
상 품	원고	피고
		좌동

Ⅱ. 사실관계

원고는 후렉시블 편조호스 등을 제작, 판매하는 주식회사 ○○호스의 대표자로서, 1998. 6. 22. 제20−0125198호로 명칭이 위생기용 조절대인 고안(이하 '이 사건 등록고안'이라 함)에 대해 실용신안등록을 마쳤다. 피고 고○건은 건우후렉시블이라는 후렉시블호스, 메탈호스 등을 제조, 판매하는 회사를 운영하는 자이며, 피고 주식회사 ○○(이하 '피고 회사'라 한다)은 연수기 생산을 위해 호스 생산업체로부터 호스를 납품받는 회사이다. 원고가 경영하던 주식회사 ○○호스는 이 사건 등록고안을 이용하여 만든 위생기용 조절대를 피고 회사에 공급하였으며, 피고 고○건 역시 2003. 4.부터 위생기용 조절대를 피고 회사에 공급하기 시작하였고, 2003. 10.경 피고 회사는 원고와의 거래관계를 중단하였다. 또한 피고 고○건은 이 사건 등록고안 및 제작 기술을 가지고 원고의 제품과 동일한 침해품을 제조하여 직접 판매하거나, 피고 회사에 납품하였다.

이에 원고는 자신이 시장선행자로서 자금과 노력을 들여 개발한 이 사건 등록고안을 피고 고○건이 모방하여 구조가 동일하며 동일한 성능을 가진 위생기용 조절대를 생산, 판매하는 행위는 부정경쟁방지법 제2조 제1호 자목이 정하고 있는 부정경쟁행위(타인이 제작한 상품의 형태를 모방한 상품을 양도·대여 또는 이를 위한 전시를 하거나 수입·수출하는 행위, 이하 '상품형태 모방행위'라고 함)에 해당하므로, 피고들은 2005. 1. 3.부터 2007. 4. 18.까지 원고에게 발생한 손해를 배상할 의무가 있다는 이유로 부정경쟁방지법에 따른 손해배상청구를 하였다.

Ⅲ. 사안의 쟁점

① 외관이 드러나지 않은 내부구조가 부정경쟁방지법상의 상품형태의 구성요소에 해당하는지 여부

② 상품에 나타난 아이디어 자체나 그에 따른 제품의 성능은 부정경쟁방지법 규정에 따른 보호대상이 될 수 있는지 여부

Ⅳ. 판단의 요지

1) 부정경쟁방지법상의 상품형태 모방행위란 타인이 제작한 상품의 형태(형상·모양·색채·광택 또는 이들을 결합한 것을 말하며, 시제품 또는 상품소개서상의 형태를 포함한다)를 모방한 상품을 양도·대여 또는 이를 위한 전시를 하거나 수입·수출하는 행위를 말하며, 위 규정은 상품개발에 자본·노력을 투자한 시장선행자의 개발이익을 보호하기 위하여 이른바 데드카피와 같이 복제나 그에 준하는 행위를 금지하는데 그 입법취지가 있다고 할 것이다. 한편 위 규정은 상품의 '형태'를 보호하는 것이므로, 상품의 형태를 모방한 것이 아니라 그 상품이 사용하고 있는 아이디어나 특징을 모방한 경우에는 상품형태 모방행위에 해당되지 않는다고 할 것이고, 또한 시장선행자의 상품에 대한 기능면에서가 아니라 형태면에서의 모방을 보호하고자 하는 입법취지 및 '형태'라는 용어의 통상적인 의미, 부정경쟁방지법이 상품의 형태와 관련하여 형상, 모양, 색채, 광택을 지칭한다고 규정하여 외관상 인식할 수 있는 것에 대한 보호임을 명시하고 있는 점 등을 종합하면, 내부구조가 외부로 나타나지 않고 시장수요자가 주목하는 것도 아닌 상품의 경우에는 외부로 나타나지 않는 내부구조는 부정경쟁방지법상의 상품형태의 구성요소에 해당하지 않는다고 하여야 할 것이다.

2) 이 사건 등록고안에 나타난 아이디어 자체나 그에 따른 제품의 성능은 부정경쟁방지법 규정에 따라 보호되는 대상이 아니라고 할 것이며, 이 사건 등록고안에 따라 제작된 위생기용 조절대의 내부구조 역시 외부로 나타나 그러한 내부구조에 대해 시장수요자가 주목하는 경우가 아니라고 할 것이므로, 이를 위 법규정에 따라 보호되는 상품형태라고 할 수 없다. 따라서 피고 고○건이 생산, 판매한 위생기용 조절대가 원고가 생산한 위생기용 조절대의 상품형태를 모방하였다는 점에 대한 구체적 증명이 없는 이 사건에 있어서, 이 사건 등록고안에 나타난 아이디어나 이 사건 등록고안에 따른 상품의 내부구조 및 성능을 모방하였음을 이유로 한 원고의 부정경쟁방지법상 상품형태모방 주장은 이유 없다.

Ⅴ. 검 토

이 사건 판결은 내부구조가 부정경쟁방지법 제2조 제1호 자목 소정의 상품의 형태에 해당하는지 여부에 대한 판단기준을 제시함과 동시에 상품에 나타난 아이디어나 특징의 모방 행위가 본목에서 제한하는 부정경쟁행위에 해당되는지 여부를 판단하였다는 점에서 그 의의가 있다.

아이디어나 특징을 모방한 경우에 있어서, 이 사건 판결은 "본목은 상품의 '형태'를 보호하는 것으로, 상품의 형태를 모방한 것이 아니라 그 상품이 사용하고 있는 아이디어나 특징을 모방한 경우에는 상품형태 모방행위에 해당되지 않는다"고 함으로써 상품에 나타난 아이디어나 특징의 모방행위는 본목에서 보호받지 못하는 것으로 판단하였다. 제품의 아이디어나 기능적 특징은 특허권이나 실용신안권이라는 제도를 통하여 보호받을 수 있으며, 만약 해당 제품이 특허권나 실용신안권을 획득하지 못하고(즉, 등록거절되고), 아울러 해당 제품의 아이디어나 특징이 공개[31]되었다면, 이는 더 이상 보호받지 못하는 아이디어에 해당된다 할 것인데, 만약 어떤 제품에 나타난 아이디어나 특징이 본목에 의해 보호된다면, 위와 같은 특허 제도 자체는 사실상 무의미하게 될 것이며, 설사 특허권을 받은 제품이라 하더라도 향후 무효심판을 통해서 무효가 될 수 있는데, 특허무효된(즉, 아이디어 자체가 특징적이지 않거나 특허권자의 것이 아닌) 아이디어까지도 본목에서

---

31 특허는 제3자에게 공개를 하는 조건으로 해당 기술에 대한 독점적 권리를 부여하는 것으로, 특허권 등록 여부와 상관없이 법에서 정한 일정한 기간이 도과하면 자동으로 공개되며, 이렇게 공개된 기술은 누구나 이용할 수 있다(이른바, 공지된 기술이라 함).

보호될 수 있으며, '아이디어'와 '형태'는 통상 구분되어 사용되고 있는 사정을 고려하여 본다면, 제품에 나타난 아이디어나 특징을 상품의 형태로서 보호하는 것은 본목의 입법취지나 법문언해석상 옳지 않다. 이와 관련하여, 일본 동경지방법원(東京地判平成9年6月27日 平成8年(ワ) 10648호)은 원고가 판매하는 동물을 모티브로 하는 키홀더, 동전 등의 소품정리함이 있는 봉제 인형과 기능적 특징에 공통성을 가진(인형 뒤에 지퍼를 가지는 점 등) 상품을 피고가 동물의 종류와 디자인만 원고 상품과 바꾸어 판매한 사례인, 이른바 '미니어처배낭 사건'에서, "법 제2조 제1항 제3호 소정의 '상품의 형태'란 상품의 구체적인 형태를 말하는 것으로, 구체적인 상품의 형태를 벗어난 상품의 아이디어나 추상적인 특징은 '상품의 형태'에 해당되지 않는바, 원고 주장처럼, 추상적인 특징의 동일성을 법 제2조 제1항 제3호 소정의 상품 형태의 모방에 포함시켜서 해석하는 것은 동호의 문언상으로도 곤란하다"고 함으로써, 이 사건 판결과 마찬가지로 상품의 아이디어와 추상적인 특징은 상품의 형태에 해당되지 않는다는 취지로 판시한 바 있다.

한편, 내부구조가 부정경쟁방지법 제2조 제1호 자목 소정의 상품의 형태에 해당하는지와 관련하여, 이 사건 판결은 "내부구조가 외부로 나타나지 않고 시장 수요자가 주목하는 것도 아닌 상품의 경우에는 외부로 나타나지 않는 내부구조는 부정경쟁방지법상의 상품형태의 구성요소에 해당하지 않는다"고 판시하여, 내부구조의 외부관찰 가능성 여부에 따라 내부구조가 본목 소정의 상품의 형태에 해당되거나 부정될 수 있다고 보았다. 본복의 입법취지는 일반 수요자에게 선행자와 후행자의 제품이 동일한 것으로 오인시켜 부당한 이익을 취하려는 후행자를 제재하려는데 있는바, 이 사건 판결에서와 같이 내부구조라 할지라도 일반 수요자가 그 부분을 주로 인식하는 부분에 해당하는지 여부에 따라 본목의 상품의 형태에 해당 여부가 결정된다고 보는 것이 타당하다. 일본 역시 이 사건 판결과 동일한 입장을 취하고 있는데, 이른바 '소형 숄더백 사건'(東京高判平成13年9月26日 平成13年(ネ) 1073호 等)에서, "실용적인 소형 숄더백에 있어서는, 수요자는 그 내부구조나 관찰, 확인한 후 구입할지를 결정하는 것이 일반적이라 생각되므로, 상품의 외형뿐 아니라 수요자에게 쉽게 인식될 수 있는 상품의 내부구조(형태)까지 '상품의 형태'에 포함된다"고 하여 내부구조가 수요자에게 쉽게 인식될 경우 내부구조 또한 상품의 형태에 해당된다고 판단하였고, 반면에 이른바 '드레인 호스 사건'(大阪地判平成8年11月28日 平成6年(ワ) 12186호)에서는, "상품의 기능, 성능을 실현하기 위한 내부구조는 그것의 외관이 나타나는 경우에는 상품의 형태가 될 수 있지만, 외관이 나타나지 않는 내부구조에 머무르는 한 상품의 형태에 해당하지 않는다"고 하면서, "이런 상품의 기능, 성능을 실현하기 위한 내부 구조는, 일정 요건을 갖춤으로써 특허법, 실용신안법 등에 의한 보호를 받을 수 있으므로 권리보호에 부족한 점은 없다"고 판시한 바 있다.

이 사건 판결 및 본목과 관련된 규정 및 기타 판례를 종합하여 보면, 형태모방의 범위는 다음 표와 같이 구분될 수 있다.

〈형태모방의 범위 [참고 : 일본 경제산업성지적재산정책실 '평성17년개정부정경쟁방지법(설명회자료)']〉

		외관의 비교		
		실질적으로 동일한 형태	기능상 불가결한 형태, 흔한 형태	실질적으로 동일하지 않은 형태
내부구조의 비교	실질적으로 동일한 형태	○ (형태모방이 될 수 있음)	○	× (형태모방이 되지 않음)
	기능상 불가결한 형태, 흔한 형태	○	×	×
	실질적으로 동일하지 않은 형태	○	×	×

〈大阪地判平成8年11月28日, 平成6年(ワ)12186号 사건의 원·피고 상품목록〉

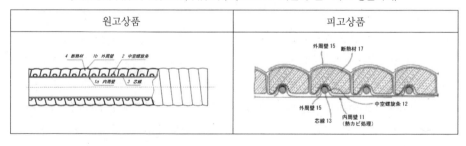

원고상품	피고상품

[심화 주제 : 상품형태모방행위의 형사처벌규정신설안]

1. 관련 법률

[부정경쟁방지 및 영업비밀에 관한 법률]

제2조(정의) 이 법에서 사용하는 용어의 뜻은 다음과 같다.

 1. "부정경쟁행위"란 다음 각 목의 어느 하나에 해당하는 행위를 말한다.

  <u>자. 타인이 제작한 상품의 형태(형상·모양·색채·광택 또는 이들을 결합한 것을</u>
  <u>말하며, 시제품 또는 상품소개서상의 형태를 포함한다. 이하 같다)를 모방한</u>
  <u>상품을 양도·대여 또는 이를 위한 전시를 하거나 수입·수출하는 행위.</u> 다만,
  다음의 어느 하나에 해당하는 행위는 제외한다.

  (1) 상품의 시제품 제작 등 상품의 형태가 갖추어진 날부터 3년이 지난 상품
   의 형태를 모방한 상품을 양도·대여 또는 이를 위한 전시를 하거나 수입·
   수출하는 행위

  (2) 타인이 제작한 상품과 동종의 상품(동종의 상품이 없는 경우에는 그 상품
   과 기능 및 효용이 동일하거나 유사한 상품을 말한다)이 통상적으로 가지
   는 형태를 모방한 상품을 양도·대여 또는 이를 위한 전시를 하거나 수입·
   수출하는 행위

제18조(벌칙)

 ③ 다음 각 호의 어느 하나에 해당하는 자는 3년 이하의 징역 또는 3천만원 이하의
벌금에 처한다.

 1. 제2조 제1호(**아목부터 차목까지는 제외한다**)에 따른 부정경쟁행위를 한 자

---

2. 현 황

　상품의 형태는 기본적으로 디자인보호법에서 보호하고 있다. 그러나 디자인
보호법은 '등록'받은 디자인에 대해서만 보호를 하고 있으며, '미등록' 디자인에
대해서는 부정경쟁방지 및 영업비밀에 관한 법률(이하 '부정경쟁법방지법'이라 함)에서
보호하고 있다(물론, 디자인보호법과 부정경쟁방지법의 입법취지 및 적용요건은 상이하다). 부
정경쟁방지법상 '타인의 상품의 형태를 모방하는 행위'는 부정경쟁방지법 제2조
제1호 자목에 의한 부정경쟁행위에 해당하며, '상품형태모방행위를 한 자'는 민사
상 금지청구 및 손해배상청구의 대상이 된다.

　한편 우리 부정경쟁방지법은 제2조(정의)에서 부정경쟁행위에 대하여 열거하

고 있으며 다음과 같다; ① 상품주체혼동야기행위(가목), ② 영업주체혼동행위(나목), ③ 저명표시의 부정사용행위(다목), ④ 원산지오인유발행위(라목), ⑤ 생산지등 오인유발행위(마목), ⑥ 상품의 품질, 내용, 수량의 오인유발행위(바목), ⑦ 상표권자의 동의 없는 대리인의 상표사용행위(사목), ⑧ 정당한 권한 없는 자의 도메인이름 선점행위(아목), ⑨ 상품형태모방행위(자목), ⑩ 일반규정(차목)

그런데, 우리 부정경쟁방지법은 부정경쟁행위 중『⑧ 정당한 권한 없는 자의 도메인이름 선점행위(아목), ⑨ 상품형태모방행위(자목), ⑩ 일반규정(차목)』에 대해서는 형사처벌에서 제외시키고 있다. 특히, 상품형태모방행위는 침해자(상품형태모방행위자)의 부정의 목적이 상당함에도 불구하고 형사처벌 규정에서 제외되어 상품형태모방행위자에 대한 형사처벌을 할 수 없는 실정이다. 따라서 상품형태모방행위자에 대한 형사처벌 규정을 마련하는 것이 필요하다고 본다.

3. 법개정의 필요성

가. 타인의 상품의 형태를 모방하는 행위에 대한 적용 가능한 법률은 특허법,[32] 상표법,[33] 저작권법,[34] 디자인보호법, 부정경쟁방지법 등이 있다. 이 중 특허법, 상표법, 저작권법, 디자인보호법은 모방행위에 대한 형사처벌규정을 두고 있으며, 특히 상품의 외형, 즉 디자인의 권리를 보호하는 디자인보호법은 디자인권침해행위에 대해 형사처벌규정을 두고 있으나, 부정경쟁방지법만 상품형태모방행위자에 대한 형사처벌규정을 두고 있지 않다. 그 결과 등록 디자인을 침해한 자는 형사처벌이 가능하고, 미등록 디자인을 침해한 자는 형사처벌하지 못하는 불합리한 결과가 발생한다.

나. 현재 부정경쟁방지법상 상품 또는 영업표지 혼동행위를 한 자는 형사처벌규정을 두고 있으나, 상품 형태 모방행위에 대해서는 형사처벌 규정을 두고 있지 않다. 양 행위 모두 동일한 법률 내에 부정경쟁행위로 규율받고 있음에도 불구하고, 어느 특정 행위만을 처벌하는 것은 불합리하다. 아울러 형사처벌 대상인 부정경쟁행위에 대한 행위의 특별성을 찾아보기도 힘들다.

---

32 상품의 형태가 '기능'으로서 작용할 경우 특허의 대상이 될 수 있다. 예를 들면, 독특한 외형을 가진 웨건형 유모차.

33 상품의 형태가 상품(또는 서비스)의 식별기능을 할 경우. 예를 들면, 대한항공 승무원 유니폼.

34 상품의 형태가 미술저작물과 같은 창작성을 가질 경우. 예를 들면, 독창적인 디자인의 한복.

다. 상품형태모방행위의 '모방'이란, 사실상 「동일」과 같은 개념으로 볼 수 있다. 즉 부정경쟁방지법 제2조 제1호 자목의 규정을 적용받기 위해서는 타인의 상품형태와 「유사」한 형태인 것을 초과하여 사실상 「동일」한 형태에 이르러야 한다. 반면에 부정경쟁방지법 제2조 제1호 가목 규정을 적용받기 위해서는 타인의 상품표지와 「유사」하기만 하여도 가목의 행위(상품주체혼동야기행위)가 적용될 수 있다. 만약 타인의 상품을 「동일」하게 차용하는 행위가 「유사」하게 차용하는 행위보다 부정성(부정의 정도)이 높다고 본다면, 부정성이 높은 행위에 대해서는 오히려 형사처벌하지 않는 불합리가 발생하게 된다.

라. 비교법적인 관점에서 살펴보면, 일본의 경우, 다음과 같이 상품형태모방행위에 대하여 법 제21조 제2항 제3호에 의해 5년 이하의 징역 또는 500만엔 이하의 벌금에 처할 수 있도록 형사처벌규정을 마련하고 있다.

[일본 부정경쟁방지법]

제2조(정의) 이 법률에서 「부정경쟁」이라 함은 다음에 열거하는 것을 말한다.
  3. 타인의 상품의 형태(해당 상품의 기능을 확보하기 위해 불가결한 형태를 제외)를 모방한 상품을 양도, 대여하고, 양도 혹은 대여를 위해 전시, 수출하거나 수입하는 행위
제21조(벌칙) ② 다음 각 호의 어느 하나에 해당하는 자는 5년 이하의 징역 혹은 500만 엔 이하의 벌금에 처하거나 이를 병과한다.
  3. 부정한 이익을 얻을 목적으로 제2조 제1항 제3호의 부정경쟁을 한 자

---

4. 개선방안

부정경쟁방지법 제18조 벌칙 규정의 개정을 통하여 위와 같은 문제점을 개선할 수 있다.

구체적인 법개정안은 다음과 같다.

현 행	개 정 의 견
제18조(벌칙) ③ 다음 각 호의 어느 하나에 해당하는 자는 3년 이하의 징역 또는 3천만원 이하의 벌금에 처한다. 1. 제2조 제1호(아목부터 차목까지는 제외한다)에 따른 부정경쟁행위를 한 자	제18조(벌칙) ③ 다음 각 호의 어느 하나에 해당하는 자는 3년 이하의 징역 또는 3천만원 이하의 벌금에 처한다. 1. 제2조 제1호(아목 및 차목은 제외한다)에 따른 부정경쟁행위를 한 자

10. 보충적 일반조항(제2조 제1호 차목)

사례 36 '포레스트 매니아' 사건 – 게임의 규칙과 표현형식의 모방이 부정경쟁행위에 해당하는지 여부

Ⅰ. 기초사항

사건번호	서울중앙지방법원 2015. 10. 30. 선고 2014가합567553 판결[35]		
사 건 명	저작권침해금지등		
주 문	원고 일부 승[36]		
게임장면	원고		피고	

---

35 이 사건은 2016. 2. 9. 현재 서울고등법원에서 항소심이 진행 중인 건이므로(2015나2063761), 추후 판결에 따라서 결론이 달라질 수 있음을 밝힌다.

36 1. 피고는 "**** 매니아 for Kakao"라는 이름으로 제공되거나 모바일 서비스를 위한 주소로서 "https://play.google.com/store/apps/details?id=생략" 또는 "https://itunes.apple.com/kr/app/**********maenia-for-kakao/생략"을 사용하는 게임을 직, 간접적으로 일반 사용자들에게 사용하게 하거나 이를 선전, 광고, 복제, 배포, 전송, 번안하여서는 아니 된다.

2. 피고는 원고에게,
   가. 1,168,114,291원과 이에 대하여 2015. 10. 31.부터 다 갚는 날까지 연 20%의 비율로 계산한 돈,
   나. 2015. 4. 1.부터 피고가 제1항의 게임을 일반 사용자에게 제공하는 행위를 중단하는 날까지 매월 83,436,735원의 비율로 계산한 돈을 각 지급하라.

3. 원고의 나머지 청구를 기각한다.

4. 소송비용 중 1/10은 원고가, 나머지는 피고가 부담한다.

5. 제1항 및 제2항은 각 가집행할 수 있다.

Ⅱ. 사실관계

원고는 2013. 4.경 '팜*** 사가'(Farm ***** Saga) 게임(이하 '이 사건 원고 게임'이라 함)을 개발하여 페이스북 플랫폼을 통하여 전 세계에 출시한 이후, 2013. 12.경에는 모바일 플랫폼으로, 2014. 6. 10.에는 카카오톡 플랫폼으로 이 사건 원고 게임을 각 출시한 자로, 이 사건 원고 게임의 기본 방식은, 특정한 타일들을 3개 이상 직선으로 연결하면 타일들이 사라지면서 그 수만큼 해당 타일의 점수를 획득하는 방법으로 각 단계마다 주어지는 목표 타일 수에 이르도록 하는 매치-3-게임의 기본 형식을 취하되, 위와 같이 타일들이 사라지는 경우 이웃하는 타일들의 점수 값이 높아지도록 하는 규칙 등 게임의 단계마다 새로운 규칙을 추가하고, 목표 달성을 방해하는 특정한 장애물을 추가함과 동시에 이러한 장애물을 무력화시키거나 그 밖에 특정한 성과를 낼 수 있도록 도와주는 아이템(부스터)을 제공하고 이를 구매할 수 있게 고안된 퍼즐 게임이다. 피고는 2014. 2. 11.경 카카오톡 플랫폼으로 매치-3-게임인 '포레스트 매니아'(Forest Mania) 게임(이하 '이 사건 피고 게임'이라 한다)을 개발·출시한 이래, 현재 'https://play.google.com/store/apps/details?id=생략' 또는 'https://itunes.apple.com/kr/app/**********maenia-for-kakao/생략'으로 하는 인터넷 주소(URL, 이하 '이 사건 인터넷 주소'라 함)를 통하여 이 사건 피고 게임을 제공하고 있다. 이 사건 피고 게임의 기본 방식 역시 매치-3-게임의 기본 형식을 취하되, 이웃하는 타일들의 점수 값이 높아지도록 하는 규칙 등과 같은 새로운 규칙을 추가하고, 그 밖에 특정한 표 달성을 방해하는 특정한 장애물 및 이를 제거할 수 있는 아이템(부스터)을 추가하는 등 이 사건 원고 게임의 기본 방식과 동일한 방식을 채택하고 있는 퍼즐 게임이다. 이에, 원고는 자신의 저작물을 피고가 무단으로 침해하였으며, 이 사건 원고 게임은 원고가 오랜 경험과 노하우, 인적·물적 자원 등을 투입하여 만들어낸 결과물인데, 피고는 이 사건 원고 게임이 본격적으로 국내 시장에 진출하기 이전에 이 사건 원고 게임의 새로운 규칙과 표현형식 등을 모방하거나 혹은 극히 일부만 변형한 이 사건 피고 게임을 출시하여 이를 제공하고 있으므로, 이와 같은 피고의 행위는 부정경쟁방지법 제2조 제1호 차목 소정의 부정경쟁행위에 해당함과 동시에 민법상 불법행위에 해당한다는 이유로 피고에 대하여 저작권침해, 부정경쟁행위 또는 불법행위의 금지 및 그로 인한 손해배상을 각 구하였다.

Ⅲ. 사안의 쟁점

게임의 규칙과 표현형식 등의 일부 모방행위가 부정경쟁방지법 제2조 제1호 차목의 부정경쟁행위에 해당하는지 여부

Ⅳ. 판단의 요지

1) 이 사건 원고 게임과 이 사건 피고 게임 중 중복되는 게임 규칙 부분은 저작권의 보호대상에 해당하지 아니하고, 이를 제외하고 저작권의 보호대상이 되는 구체적인 표현 부분 역시 실질적으로 유사하지 아니하므로, 이 사건 피고 게임은 이 사건 원고 게임의 저작권을 침해하지 않는다.

2) 원고가 2012. 9.경부터 디지털 제스터 등을 통하여 새로운 게임 개발에 착수한 후, 2013. 4.경 페이스북을 플랫폼으로 하여 이 사건 원고 게임을 출시하였고, 그 후에도 2013. 12.경에는 모바일 플랫폼으로, 2014. 6. 10.경에는 카카오톡 플랫폼으로 게임을 각 출시한 사실, 이 사건 원고 게임은 기존의 매치-3-게임에서는 존재하지 않았던 많은 규칙들을 새로 적용한 사실이 있으며, 이와 같은 매치-3-게임에서 다른 새로운 규칙을 추가하고 변형하여 이를 적용하기 위해서는 개발자의 창조성 및 그에 대한 노력이 필수적인 점에 비추어 보면, 원고가 이 사건 원고 게임 개발 과정에 많은 인력과 비용, 원고가 보유하고 있던 기술 및 노하우 등 유무형의 자산을 함께 투여하였음은 경험칙상 쉽게 알 수 있으므로, 이 사건 원고 게임은 원고의 상당한 투자 및 노력으로 만들어진 성과에 해당한다. 한편 피고는 부정경쟁방지법 제2조 제1호 차목 소정의 '상당한 투자나 노력'은 이전에는 존재하지 아니하였던 새로운 것을 창조하는 수준에 이르는 것만을 의미하므로, 이에 이르지 아니한 이 사건 원고 게임은 '상당한 투자나 노력으로 만들어진 성과'에 해당하지 않는다고 주장하나, 위와 같이 해석할 아무런 근거가 없는데다가, 만일 위와 같이 해석한다면 부정경쟁방지법 제2조 제1호 차목의 적용범위가 지나치게 좁아지게 되어, 종래의 지식재산권 관련 규정으로 규율할 수 없었던 새로운 형태의 부정경쟁행위를 규율한다는 이 조항의 입법목적에도 반하게 되므로, 피고의 이 부분 주장은 이유 없다. 아울러, 이 사건 원고 게임은 기존의 매치-3-게임에 더하여 '기본 보너스 규칙' 및 '추가 보너스 규칙' 등을 포함한 많은 규칙을 최초로 도입하였는데, 이 사건 피고 게임에도 위 규칙들이

동일하게 적용되고 있는 점, 이 사건 원고 게임은 2013. 4.경 개발되어 페이스북을 플랫폼으로 하여 출시되었는데, 이 사건 피고 게임은 그로부터 불과 10개월 정도 이후로서 이 사건 원고 게임이 국내 시장에 본격적으로 진출하기 이전인 2014. 2. 11.경 출시된 점, 위와 같은 출시 시점이나 이 사건 원고 게임과의 규칙 및 진행방식의 동일성 등에 비추어 보았을 때, 이 사건 피고 게임은 이 사건 원고 게임에 의거하여 개발된 것으로 봄이 상당한 점, 원고와 피고는 모두 모바일 게임 제작·공급업체로 경쟁관계에 있을 뿐만 아니라, 이 사건 원고 게임과 이 사건 피고 게임 역시 기본적으로 매치―3―게임 형식을 취하면서 추가적으로 동일한 각종 규칙을 적용한 동종의 게임인 점, 비록 원고의 저작권을 침해하는 정도에 이르렀다고는 볼 수 없으나 앞서 살펴본 각 게임의 구체적인 실행 형태 등을 살펴보면, 이 사건 원고 게임과 이 사건 피고 게임은 그 표현의 방식, 사용되는 효과, 그래픽 등도 상당히 유사한 점, 이에 따라 이용자들 역시 이 사건 원고 게임과 이 사건 피고 게임이 거의 동일하다고 지적하고 있는 점 등을 종합하여 보면, 이 사건 피고 게임을 출시하여 이를 일반인들에게 제공하는 피고의 행위는 부정경쟁방지법 제2조 제1호 차목 소정의 부정경쟁행위에 해당한다.

V. 검 토

우리 부정경쟁방지법은 기술의 변화 등으로 나타나는 새롭고 다양한 유형의 부정경쟁행위에 적절하게 대응하기 위하여 타인의 상당한 투자나 노력으로 만들어진 성과 등을 공정한 상거래 관행이나 경쟁질서에 반하는 방법으로 자신의 영업을 위하여 무단으로 사용함으로써 타인의 경제적 이익을 침해하는 행위에 대하여 부정경쟁행위 중 하나로서 규율하고 있다(법 제2조 제1항 차목). 부정경쟁방지법 제2조 제1항 차목은 2017. 7. 30. 신설되었고 2014. 1. 31.부터 시행되고 있다. 학계에서는 오래 전부터 부정경쟁방지법에 보충적 일반조항을 신설할 것인지에 대하여 논의가 있어 왔다. 보충적 일반조항을 긍정하는 입장은 현재의 열거적인 부정경쟁행위만으로는 기술의 발전과 산업의 확대로 인해서 발생하는 새로운 부정행위들에 대한 제재가 어렵기 때문에 보충적 일반조항을 도입하여 더욱 폭넓게 보호할 필요가 있다는 점에서 도입을 긍정하였다. 그러나 일부는 부정한 경쟁행위를 제한적으로 열거하면 구체적으로 어떠한 행위가 불법한 행위인지를 예측하기가 쉽고 이에 따라 법적안정성을 도모할 수 있으나, 불확정적인 일반조항을 도입할 경우 법적안정성이 저하될 수밖에 없으며, 계속 반복적으로 나타나는 유형의 부정한 경쟁행위에 대하여 필요시 법개정을 통하여 추가보완이 가능하고, 부정경쟁방지법 상의 부정경쟁행위에 해당하지 않는다고 하더라도 민법상 불법행위로 해결할 수 있다는 점을 들어 보충적 일반조항의 도입을 반대하였다.37 생각건대 새로운 유형의 부정경쟁행위가 입법으로써 적용되기까지는 그 공백이 너무 클 뿐만 아니라, 현재와 같이 제한적 열거주의 방식에서는 새로운 유형의 행위의 부정경쟁행위 여부 판단 시 법관의 무리한 법해석이 야기될 가능성이 높고, 일반조항을 보충적으로만 적용할 경우에는 법적안정성이 우려할만한 수준으로 저하될 것이라고 생각되지도 않은바, 보충적 일반조항의 도입은 부정경쟁방지법의 제정 취지 및 목적 실현을 위해서 필요하다고 본다. 다만, 일반조항을 적용할 경우 동일·유사한 행위라도 법관의 판단에 따라 어떤 행위는 부정경쟁행위가 되거나 그렇지 않은 경우가 발생할 수 있기 때문에 일반조항을 근거로 부정경쟁행위의 인정여부를 판단할 때에는 타법률과의 관계, 유사한 행위에 대한 기존 판례의 태도, 제출된 증거의 신뢰성 및 당해 행위를 부정경쟁행위로 인정할 때 산업계에 미치는 영향 등을 종합적으로 고려하되 다소 보수적인 관점 하에서 판단되어야 할 필요가 있다고 본다.

이 사건의 법원은 유사한 게임의 방식이나 규칙은 아이디어에 불과할 뿐 표현이라고 볼 수 없다는 이유로 저작권 침해행위에 대해서는 부정한 반면에, 원고는 상당한 노력에 의하여 새로운 규칙을 가지는 게임을 제작하였고, 이러한 원고 게임의 방식이나 규칙과 동일한 각종 규칙을 적용한 게임을 개발한 피고의 행위는 부정경쟁방지행위에 해당한다고 판단하였다. 결국 이 사건의 쟁점은 원고가 최초 개발한 게임의 일부 규칙을 사용하는 행위가 공정한 상거래 관행이나 경쟁질서에 반하는 방법으로 취득한 부정경쟁행위에 해당되는지 여부라 할 것이다.

한편 게임의 규칙은 '아이디어'의 일종으로, 아이디어 중 진보성이 인정되는 부분은 특허로서 특정한 권한을 부여받는다. 만약 원고가 이 사건의 핵심이 되는 게임의 규칙에 대하여 특허 출원을 하였으나, 진보성38(특허법 제29조 제2항)을 인정

---

37 한국지식재산연구원, 특허청 연구보고서 "현행 부정경쟁방지법의 문제점 및 개선방안," 특허청, 2011, 73면.

38 제29조(특허요건) ① 산업상 이용할 수 있는 발명으로서 다음 각 호의 어느 하나에 해당하는 것을 제외하고는 그 발명에 대하여 특허를 받을 수 있다.
   1. 특허출원 전에 국내 또는 국외에서 공지(公知)되었거나 공연(公然)히 실시된 발명

받지 못하여 최종 거절되었을 경우 또는 진보성이 인정되어 등록을 받긴 하였으나 특허권 보유기간인 20년이 도과한 이후에 원고가 이 사건을 청구한 것일 경우에도 법원은 이 사건 판결과 동일한 판단을 하였을지 의문이다. 물론 특허법과 부정경쟁방지법은 제정 목적과 적용 요건이 상이하기 때문에 반드시 양법의 적용 결과를 동일하게 할 필요는 없다. 하지만 타법률과의 관계를 고려하지 않은 채 본 법상 일반조항을 적용할 경우 자칫 본 법상 '보충적' 일반조항이 특허법이나 저작권법보다 더 강력한, 심지어 기한도 없이 무한대로 사용할 수 있는 이른바 '조커(joker)'39가 될 수 있기 때문에 본법의 일반조항을 적용할 때에는 매우 신중해야 할 필요가 있다.

　　참고로, 무등록상표는 부정경쟁방지법상 보호대상(법 제2조 제1호 가목 내지 다목 등)이 되기는 하나, 본법 가목 내지 다목 규정 등에서 보호하는 무등록상표의 경우 '주지성' 또는 '저명성'의 요건을 가지는 상표에 대해서만 보호하기 때문에 상표법보다 적용범위가 더 넓다고 볼 수 없으며, 부정경쟁방지법 자목 규정에서 보호하는 무등록디자인(상품의 형태)의 경우 '3년'의 제한규정을 두고 있기 때문에 이 역시 디자인보호법보다 적용범위가 더 넓다고 볼 수 없다. 더욱이, 미공개 정보는 부정경쟁방지법에서 영업비밀로서 보호하고 있으나, 영업비밀의 인정 요건이 매우 까다로울 뿐만 아니라, 우리 부정경쟁방지법은 영업비밀 보유자가 영업비밀 침해행위에 의하여 영업상의 이익이 침해되거나 침해될 우려가 있다는 사실 및 침해행위자를 안 날부터 3년 또는 침해행위가 시작된 날부터 10년이 지나면 영업비밀 침해행위의 금지 또는 예방을 청구할 수 있는 권리가 소멸되는 시효 규정을 두고 있다(법 제14조).

---

　　2. 특허출원 전에 국내 또는 국외에서 반포된 간행물에 게재되었거나 전기통신회선을 통하여 공중(公衆)이 이용할 수 있는 발명

② 특허출원 전에 그 발명이 속하는 기술분야에서 통상의 지식을 가진 사람이 제1항 각 호의 어느 하나에 해당하는 발명에 의하여 쉽게 발명할 수 있으면 그 발명에 대해서는 제1항에도 불구하고 특허를 받을 수 없다.

39 조커(joker)란 트럼프에서, 다이아몬드·하트 따위에 속하지 아니하며 가장 센 패가 되기도 하고 다른 패 대신으로 쓸 수 있는 패를 의미한다. [출처 : 네이버 국어사전]

부정경쟁행위에 대한 구제

1. 부정경쟁행위 금지청구권(제4조)

사례 37 '맥시칸치킨' 사건 – 부정경쟁방지법상의 부정경쟁행위에 대한 금지청구권자의 범위

I. 기초사항

사건번호	대법원 1997. 2. 5.자 96마364 심결	
사 건 명	부정경쟁행위중지가처분	
주 문	파기 환송	
표 지	신청인	피신청인
	맥시칸 치킨	**맥시칸 양념통닭**

II. 사실관계

신청인의 전신인 주식회사 경우식품은 1989. 6.경 이 사건 상표등의 주지권자인 위 윤종○로부터 그 사용권을 양도받아, 그 이후 전국적인 규모로 이 사건 상표 등을 널리 선전, 광고하여 왔고, 체인점의 관리를 통하여 소비자들에게 윤종○ 특유의 방식에 의하여 제조된 닭요리를 제공하여 왔는데 그 후 주식회사 경우식품이 신청인회사로 상호변경되었으므로 신청인은 이 사건 상표 등에 관하여 주지권[1]을 획득하였다는 전제하에, 피신청인들이 이 사건 상표 등과 동일 내지 유사한 상표 등을 사용하여 신청인의 영업과 동일 내지 유사한 영업을 하거나 상품을 판매하고 있으므로 그와 같은 영업과 상품판매 등으로 인하여 신청인의 영업상 이익이 침해되거나 침해될 우려가 있어 그 사용을 중지시키기 위하여 가처분신청을 하였다.

---

[1] 주지권은 법률 및 판례상 존재하지 않는 명칭이나, 신청인이 주장한 사항을 그대로 반영하기 위하여 본서에서도 주지권이라는 표현을 하였다. 본 판결에서도 주지권이라는 표현은 부적절하다고 지적하였다. 주지권은 주지된 표지를 가지는 자가 획득한 소정의 권리 정도로 이해하면 될 것이다.

Ⅲ. 사안의 쟁점

부정경쟁방지법상의 부정경쟁행위에 대한 금지청구권자의 범위

Ⅳ. 판단의 요지

1) 부정경쟁방지법 제2조 제1호 가목 및 나목 소정의 국내에 널리 인식된 상품표지 또는 영업표지에 관한 부정경쟁행위로 인하여 자신의 영업상의 이익이 침해되거나 침해될 우려가 있어 같은 법 제4조 제1항에 의하여 그 행위의 금지 또는 예방을 청구할 수 있는 자에는 그러한 표지의 소유자뿐만 아니라 그 사용권자 등 그 표지의 사용에 관하여 고유하고 정당한 이익을 가지고 있는 자도 포함된다고 할 것이다.

2) 신청인 회사는 맥시칸 치킨 등의 상표(이하 '이 사건 상표'라 함) 등의 사용을 개시할 당시부터 이 사건 상표 등의 소유자인 신청외 윤종○으로부터 그 사용승낙을 받아 이를 사용한 것이고, 그 설립목적에 따라 이 사건 상표 등과 위 체인점 영업에 대한 전국적인 광고선전을 하여 왔을 뿐만 아니라 위 윤종○나 위 주식회사 맥시칸의 지사의 지위에 있었지만 서울·인천·경기지역에 있어서는 독립적인 성격을 가진 체인점영업을 하여 왔으며, 1992. 6.경부터는 전국적으로 체인점영업을 위한 독자적인 지사를 개설하기까지 하였다는 것이므로, 신청인 회사의 이 사건 상표 등에 대한 주지노력의 효과인 주지성이 이 사건 상표 등의 소유자인 위 윤종○나 위 주식회사 맥시칸 등에게 귀속된다고 하더라도, 신청인 회사도 이 사건 상표 등의 사용에 관하여 고유하고 정당한 이익을 가지고 있다고 보아야 할 것이어서, 이 사건 상표 등과 동일 또는 유사한 표지의 사용으로 부정경쟁행위를 하거나 하고자 하는 자에 대하여 그 행위의 금지나 예방을 청구할 수 있다고 보아야 할 것이고, 위 주식회사 맥시칸이 그 영업을 신청외 대연맥시칸유통 주식회사에게 양도하였다고 하여도 특별한 사정이 없는 한 신청인 회사의 위와 같은 금지 등의 청구권 행사에는 영향이 없다고 보아야 할 것이다.

3) 그럼에도 불구하고 원심이 그 판시와 같은 이유로 신청인이 피신청인들의 부정경쟁행위에 대하여 금지청구를 할 수 있는 자가 아니라고 판단한 것은 부정경쟁방지법상의 금지청구권자에 관한 법리를 오해하여 결정에 영향을 미친 위법을 저지른 것이라 할 것이다.

V. 검 토

부정경쟁방지법 제4조에서 규정하고 있는 금지청구권 규정은 가처분신청을 함에 있어서 신청인에게 당해 가처분신청에 대한 피보전권리가 있음을 보여주는 직접적인 근거가 되므로, 위 명문규정은 신청인의 피보전권리 여부에 대한 다툼을 현저히 감소시킬 수 있다는 점에서 실무상 매우 중요한 규정이다. 이 사건 심결은 표지의 소유자뿐만 아니라 표지 사용에 관하여 고유하고 정당한 이익을 가지고 있는 자 역시 부정경쟁행위의 금지를 청구할 수 있는 신청인적격이 있다고 판단한 심결로, 우리 부정경쟁방지법은 '타인의 부정경쟁행위로 인하여 자신의 영업상의 이익이 침해되거나 침해될 우려가 있다고 인정되는 자'는 금지청구를 할 수 있다고 규정하고 있다는 점을 고려하여 보면, 이 사건 심결에서와 같이 영업상의 이익이 침해되거나 침해될 우려가 있는 자라면 누구라도 부정경쟁행위금지청구를 할 수 있다고 보는 것이 타당하다. 이 사건 심결과 유사한 판례로서, 서울지방법원은 97가합32678 판결에서 "부정경쟁방지법상 금지청구를 할 수 있는 자는 '타인의 부정경쟁행위로 인하여 자신의 영업상의 이익이 침해되거나 침해될 우려가 있다고 인정되는 자'이므로, 국내의 독점적인 수입·판매대리점업자에게 비록 상표권이나 전용사용권이 없다고 하더라도, 상대방의 부정경쟁행위로 인하여 영업상의 이익을 침해당할 우려가 있는 경우에는 그 행위의 금지를 청구할 원고적격이 있다"고 하여, 국내의 독점적 수입·판매대리점업자가 상표권이나 전용사용권이 없는 경우에도 법원에 부정경쟁행위의 금지청구를 할 수 있다고 판단한 바 있다. 이와 달리, 우리 상표법[2]상 금지청구권자는 상표권자 또는 전용사용권자이며 채권자적 권리에 불과한 통상사용권자는 금지청구권이 인정되지 않는다. 이는 우리 상표법이 '상표권이나 전용사용권'이라고 규정하고 있는 반면에, 부정경쟁방지법은 '자신의 영업상의 이익이 침해되거나 침해될 우려가 있는 자'

---

2 **상표법 제65조(권리침해에 대한 금지청구권등)** ① 상표권자 또는 전용사용권자는 자기의 권리를 침해한 자 또는 침해할 우려가 있는 자에 대하여 그 침해의 금지 또는 예방을 청구할 수 있다.
② 상표권자 또는 전용사용권자가 제1항에 따른 청구를 할 때에는 침해행위를 조성한 물건의 폐기, 침해행위에 제공된 설비의 제거나 그 밖에 필요한 조치를 청구할 수 있다.
③ 제1항에 따른 침해의 금지 또는 예방을 청구하는 소가 제기된 경우 법원은 원고 또는 고소인 (이 법에 따른 공소의 제기가 있는 경우만 해당한다)의 신청에 따라 임시로 침해행위의 금지, 침해행위에 사용된 물건 등의 압류나 그 밖에 필요한 조치를 명할 수 있다. 이 경우 법원은 원고 또는 고소인에게 담보를 제공하게 할 수 있다.

로 규정되어 있기 때문이다.

한편 우리 부정경쟁방지법은 부정경쟁행위의 금지 또는 예방청구뿐만 아니라, 이에 부대하여 위반행위를 조성한 물건의 폐기, 위반행위에 제공된 설비의 제거, 위반행위의 대상이 된 도메인이름의 등록말소 기타 금지 또는 예방을 위하여 필요한 조치를 청구할 수 있도록 규정하고 있다(법 제4조).

이처럼 부정경쟁방지법 제4조는 부정경쟁행위의 금지 또는 예방청구와 같은 부작위(不作爲)청구뿐만 아니라 물건의 폐기 등의 작위(作爲)청구까지 보장하고 있다는 점에 청구권자에게 있어서 매우 강력한 문제해결의 수단이 될 수 있다. 하지만 가처분신청에 의한 물건의 폐기와 같은 작위청구의 경우 한번 집행이 이루어지면 본안청구에서 그 결과가 번복될 경우 피청구권자에게 돌이킬 수 없는 손해를 안기게 되기 때문에 가처분신청에 있어서 작위청구의 인정 여부는 매우 신중하게 판단되어야 할 것이다. 실제로 법원은 가처분신청에 있어서 작위청구에 대한 인용결정을 매우 신중하게 하는 입장이며, 이는 가처분 사건의 지연(遲延)을 야기하는 주요한 요인이 되고 있다. 즉, 법원은 가처분 사건을 본안의 소에 준하는 정도의 판단을 하고 있다.3 이와 같은 이유로 현대의 지적재산권 소송은 이른바 '가처분의 본안화'가 되어가고 있다.

---

3 필자는 지적재산권 가처분 사건의 비신속성에 대하여는 다소 비판적인 입장이나, 가처분 사건을 신중하게 처리하는 법원의 입장은 적극 지지한다.

2. 부정경쟁행위의 손해배상청구권(제5조)

사례 38 '오장동함흥냉면' 사건 – 부정경쟁방지법상 손해배상책임을 인정함에 있어서 요구되는 고의 또는 과실

I. 기초사항

사건번호	서울동부지방법원 2007. 5. 18. 선고 2006가합15289 판결**4**	
사 건 명	부정경쟁행위중지등	
주 문	원고 일부 승**5**	
표 지	신청인	피신청인
	오장동함흥냉면	**오장동함흥냉면**

II. 사실관계

원고는 어머니인 망 소외 1의 대를 이어, 형인 망 소외 2와 함께 '오장동 함흥냉면'이라는 상호로 냉면전문 음식점을 경영하고 있는 자이다. 한편 피고 1은 1997. 8. 28. 특허청에 '오장동 함흥면옥'이라는 서비스표를 등록하고, 아직 법인

---

4 이 사건은 피고들이 항소(서울고등법원 2007나57819) 하였고, 종국적으로 화해권고결정이 확정 되었다.

5 【주 문】

1. 피고들은 피고들의 영업과 관련하여 "오장동함흥냉면"이라는 명칭 또는 그 명칭을 포함한 문 언을 사용하여서는 아니된다.
2. 피고들은 피고들의 간판, 광고선전물 및 거래서류 등에 "오장동함흥냉면"이라는 명칭을 사용 하거나, 광고·선전하여서는 아니된다.
3. 피고들은 보관하고 있는 "오장동함흥냉면"이라는 명칭을 표시한 간판, 광고선전물 및 거래서 류 등을 각 폐기하라.
4. 피고들은 각자 원고에게 20,000,000원 및 이에 대한 2006. 12. 13.부터 2007. 5. 18.까지는 연 5%, 그 다음날부터 다 갚는 날까지는 연 20%의 각 비율에 의한 금원을 지급하라.
5. 원고의 나머지 청구를 기각한다.
6. 소송비용 중 1/3은 원고가, 나머지는 피고들이 각 부담한다.
7. 제1 내지 4항은 가집행할 수 있다.

설립이 되지 아니한 '(주)오장동함흥냉면' 명의로 '(주)오장동함흥냉면 체인사업부'
라는 명칭을 사용하여 각지의 냉면업소를 상대로 "전통이 다르면 믿음도 다릅니
다. 저희 오장동함흥냉면은 다년간의 경영 노하우를 바탕으로…," "저희 함흥냉
면은 냉면 원조의 맛을 자랑하며…" 등의 광고 문안을 사용하여 오장동함흥냉면
체인점을 모집한 자이고, 피고 2는 2006. 7. 11. 피고 1로부터 위 서비스표에 관
하여 전용사용권을 설정받았고, 피고 3 주식회사는 '오장동함흥냉면 수원왕갈비'
라는 명칭으로 각지의 냉면업소를 상대로 "드디어 진정한 대박 사업이 왔습니다!
대한민국에서 가장 맛있고, 꾸준히 사랑받고 있는 음식 – 냉면 그 중에서도 오장
동함흥냉면은 오랜 세월동안 냉면의 대명사로 자리 잡고 있으며…, 50년 동안 대
를 이어온 맛과 품질의 비법전수…, 45년 전통의 맛…" 등의 광고 문안을 사용하
여 오장동함흥냉면의 체인점을 모집하였으며, 피고 4 주식회사도 '오장동함흥냉
면 수원왕갈비'라는 명칭으로 각지의 냉면업소를 상대로 "오랜 전통을 이어온 오
장동함흥냉면의 깊고 뛰어난 맛과 수원왕갈비의 부드럽고 고소한 맛을 손님들께
먼저 인정받았습니다. 5가지 성공법칙을 모두 보여드립니다!! 하나! 오랜 전통의
맛은 누구도 흉내낼 수 없습니다! 둘! 오장동함흥냉면만의 독특한 요리법 모두
전수!…" 등의 광고문안을 사용하여 오장동함흥냉면의 체인점을 모집한 자이다.

이에 원고는 '오장동 함흥냉면'은 원고의 영업표지로서 주지성을 획득한 표
지인데, 피고들이 원고 사용 표지와 동일 유사한 표지 및 '오장동함흥냉면 수원왕
갈비'라는 표지를 사용하여 체인점 모집 영업을 하는 것은 부정경쟁방지법 제2조
제1호 나목 소정의 부정경쟁행위에 해당하므로, 피고들을 상대로 부정경쟁행위
의 금지 및 손해배상 등을 청구하였다.

Ⅲ. 사안의 쟁점

부정경쟁방지법상 손해배상책임을 인정함에 있어서 요구되는 고의 또는
과실

Ⅳ. 판단의 요지

1) 원고의 '오장동 함흥냉면'이라는 표지는 국내의 일정 지역 범위 안에서
거래자나 수요자들 사이에 냉면전문 음식점을 표시하는 영업표지로 널리 알려져
주지성을 획득하였다고 할 것이므로, 피고들은 국내에 널리 인식된 원고의 상호

와 동일 유사한 것을 사용하여 원고의 영업상의 활동과 혼동을 일으키게 하는 이른바 부정경쟁행위를 하고 있다고 할 것이다.

　　2) 피고들은 상표권 등록과 서비스표 등록 및 전용사용권 등록을 믿고 영업을 한 것이기 때문에 부정경쟁행위에 관한 고의 또는 과실이 없다고 주장하나, 부정경쟁방지법 제2조 제1호 나목 및 제4조의 규정에 의하면, 부정경쟁방지법상의 금지청구권의 대상이 되는 부정경쟁행위의 성립에는 상법상의 상호권의 침해에서와 같은 '부정한 목적'이나 부정경쟁행위자의 '고의, 과실'은 요건이 아니다(대법원 1995. 9. 29. 선고 94다31365, 31372 판결 등 참조). 또한, 부정경쟁방지법 제5조에 의한 손해배상책임을 인정하기 위하여는 고의 또는 과실에 의한 부정경쟁행위를 할 것이 요구되지만, 여기에서의 고의는 부정경쟁행위의 의도나 타인의 영업에 대한 침해 의사까지를 포함하는 것이 아니고 위법행위에 대한 인식을 의미하는 것이다. 이 사건에 관하여 보건대, 피고 2는 피고 3 주식회사의 감사이고, 피고 1은 위 회사의 이사인 사실, 피고 4 주식회사는 '오장동함흥냉면 수원왕갈비'의 체인점을 모집하기 위하여 설립된 법인인 사실, 피고 2는 신문광고를 내기 전 원고와 원고의 대리인인 소외 4 변호사를 만나 동업을 제의하였지만 원고가 이를 거절한 사실을 인정할 수 있고, 망 소외 2가 1998. 9.경 피고 1을 상대로 부정경쟁행위중지가처분신청을 하여 서울지방법원 동부지원으로부터 인용결정을 받은 사실이 있다. 위 사실에 의하면, 피고들은 주지된 원고의 영업표지인 '오장동 함흥냉면'과 동일한 표지를 사용하여 프랜차이즈 영업을 한다는 사실을 인식하였거나, 적어도 인식하지 못한 것에 과실이 있다고 봄이 상당하다.

V. 검　토

부정경쟁방지법상 부정경쟁행위에 대한 손해배상을 청구하기 위해서는 부정경쟁행위자의 고의 또는 과실이 있어야 하며, 부정경쟁행위로 인하여 자신의 영업상 이익에 대한 손해가 발생하고, 부정경쟁행위와 손해의 발생 사이에 상당인과관계가 있어야 한다(법 제5조). 부정경쟁행위에 의한 손해배상청구를 인정할 것인지의 판단은 '침해행위 당시'를 기준으로 하여야 한다. 이때 '고의'란 부정경쟁행위라는 것을 알면서 감히 이를 행하는 심리상태를 말하며, '과실'이란 일정한 결과가 발생한다는 것을 알고 있어야 함에도 불구하고 부주의로 그것을 알지 못하고 어떤 행위를 하는 심리상태를 말한다.[6] 고의 또는 과실에 대한 증명책임은 청구권자에게 있다.

이 사건 판례는 부정경쟁행위의 고의는 '부정경쟁행위의 의도나 타인의 영업에 대한 침해 의사까지를 포함하는 것이 아니고 위법행위에 대한 인식을 의미하는 것'이라고 하면서, '피고들은 원고와 이 사건이 발생하기 전 동업을 제안하거나, 관련 가처분신청에 대하여 인용결정을 받은 점이 있다는 이유로 오장동함흥냉면 표지의 사용에 대한 고의 또는 과실이 있다'고 판단하였다. ① 특허권, 실용신안권, 디자인권은 권리 침해행위에 대한 과실추정 규정이 있는 반면에 부정경쟁방지법에는 부정경쟁행위에 대한 과실추정 규정이 없고, ② 상표권의 존재 및 그 내용은 상표공보 또는 상표등록원부 등에 의하여 공시되어 일반 공중도 통상의 주의를 기울이면 이를 알 수 있고, 업으로서 상표를 사용하는 사업자에게 해당 사업 분야에서 상표권의 침해에 대한 주의의무를 부과하는 것이 부당하다고 할 수 없으나(대법원 2013. 7. 25. 선고 2013다21666 판결 참고), 사용표지에 대한 공시를 요하지 아니하는 부정경쟁행위의 경우 타인이 당해 상품 또는 영업표지의 존재를 알기가 쉽지 않을 뿐만 아니라, 설사 상품 또는 영업표지의 존재를 확인하였다고 하더라도 스스로 그 표지에 대하여 식별력이 미약한 표지로 판단할 경우 반드시 당해 표지를 사용하지 아니할 이유도 없으므로 부정경쟁행위에 대한 엄격한 주의의무를 요하는 것은 선사용자에 대한 지나친 권한을 부여하여 주는 것과 같으며, ③ 부정경쟁행위의 성립에는 부정한 목적이나 부정경쟁행위자의 고의·과실은 요하지 아니하는 대법원 판단에 따르면 선의의 선사용자라 하더라도 부정경쟁행위자가 되는 점을 고려하여 보면, 부정경쟁행위에 대한 손해배상청구소송에 있어서 고의 또는 과실 여부는 일반적인 정황에 의한 추정이 아닌 원고의 적극적인 증명자료를 바탕으로 엄격하게 판단하는 것이 타당하다. 따라서 이 사건 판결에서와 같이 '사전 동업 제안' 및 '당사자 간 쟁송이력' 등의 근거로 부정경쟁행위자의 고의 또는 과실이 있음을 판단한 이 사건 판결은 타당하다.

한편, 상표권 침해와 관련한 사안에서, 우리 대법원은 "상표권을 침해한 자에게 과실이 없다고 하기 위해서는 상표권의 존재를 알지 못하였다는 점을 정당화할 수 있는 사정이 있다거나 자신이 사용하는 상표가 등록상표의 권리범위에 속하지 아니한다고 믿은 점을 정당화할 수 있는 사정이 있다는 것을 주장·증명하여야 한다"고 함으로써 마치 피고 측에 과실이 없음을 증명할 필요가 있다는

---

6 윤선희, 부정경쟁방지법, 법문사(2012), 314면.

취지로 판시하였으나, 이러한 해석은 공시의무가 있는 상표권에 한하여 적용되는 것이 타당하며, 상기 ①, ②, ③과 같은 이유로 부정경쟁행위에 대한 손해배상소송에 있어서 고의 또는 과실 판단에까지 적용될 수는 없을 것이다. 또한 청구권자의 표시가 널리 알려진 이상, 이에도 불구하고 동일·유사한 표시를 사용한 피고의 행위에는 적어도 과실이 있다고 보는 것이 원칙이라고 판단한 일본 재판례[7]가 있으나, 일본 부정경쟁방지법은 선의의 선사용자 등 부정한 목적이 없는 자에 대해서 손해배상규정의 적용을 배제하고 있기 때문에 위와 같은 재판례를 우리의 부정경쟁방지법의 판단 기준에 바로 적용하는 것도 무리라고 본다.

한편 불법행위로 인한 손해의 발생 또는 확대에 관하여 피해자에게도 과실이 있는 때에는 가해자의 손해배상의 범위를 정하면서 당연히 이를 참작하여야 하고, 양자의 과실비율을 교량함에 있어서는 손해의 공평부담이라는 제도의 취지에 비추어 불법행위에 관련된 제반 상황을 충분히 고려하여야 할 것이므로, 이러한 과실상계의 법리는 부정경쟁행위로 인한 손해액을 산정하는 경우에서도 마찬가지로 적용된다.

---

7 윤선희, 앞의 책, 법문사(2012), 316면에서 재인용.

3. 부정경쟁행위에 대한 손해배상의 범위(제14조의2)

사례 39 '동부' 사건 – 부정경쟁행위에 대한 손해배상의 범위

Ⅰ. 기초사항

사건번호	서울고등법원 2002. 5. 1. 선고 2001나14377 판결[확정]	
사 건 명	상호폐지등	
주 문	항소 기각	
표 지	원고	피고
	동부제강	**동부에스티**

Ⅱ. 사실관계

원고는 1982. 10. 27. 서울특별시에서 설립되면서 '東部製鋼 株式會社'란 명칭으로 상호등기를 경료하고, 냉연강판 등의 철강 및 비철금속의 제조 및 판매업, 철강구조물, 기계 및 플랜트 사업, 금속가구 및 철재구조물 제조 및 판매업 등을 영위하여 왔는데, 1985. 12.경에는 원고 주식의 상장을 위한 기업공개를 하였고, 1991.경에는 원고를 포함하여 '동부'라는 명칭을 공통으로 사용하는 11개의 계열회사들의 집단인 동부그룹이 공정거래위원회로부터 제23위의 대규모기업집단으로 지정되었으며, 1999.경에는 원고의 자본금이 약 1,263억 원, 매출액이 약 1조 1,756억 원에 이르러 철강업계 매출순위 4위를 기록하였고, 2000. 4.경에는 19개의 계열회사들의 집단인 위 동부그룹이 공정거래위원회로부터 제19위의 대규모기업집단으로 지정된 회사이고, 피고는 1986. 4.경 부산직할시에서 '동해철강상사'라는 상호로 출발하여 1991. 4. 15. 법인으로 설립되면서 '東部鐵鋼 株式會社'라는 상호로 등기를 마치고, 포항종합제철에서 철판을 구입, 이를 가공하여 열연강판, 후판, 냉연강판 등 철강제품을 제조, 부산지역에서 판매하여 오던, 1999년 당시 직원 14명, 자본금 3억 5천만 원, 매출액 31억 5,200여 만 원에 불과한

중소기업인데, 2000. 4. 25. '동부에스티 주식회사'로 상호변경등기를 마쳤으나, 부가가치세법상 체납 및 무단폐업을 이유로 2002. 1. 21.자로 사업자등록이 직권으로 말소되었다. 한편, 피고의 변경된 상호인 '동부에스티 주식회사' 중 '에스티'라는 상호의 부분은 철강을 뜻하는 영어 단어인 'steel'의 영어 약자를 한글로 표기한 것이고, 철강업계에서는 상호에 '에스티'라고 덧붙여 쓰는 경우 철강업에 종사하는 회사의 약칭으로 인식, 사용되고 있다. 이에 원고는 피고를 상대로 '동부에스티' 표지의 사용을 금지하고, 원고에게 10억 원의 금원을 지급하는 취지의 손해배상 등의 청구를 하였다.

Ⅲ. 사안의 쟁점

부정경쟁행위에 대한 손해배상의 범위

Ⅳ. 판단의 요지

1) 피고의 상호 '동부에스티 주식회사' 중 '동부에스티' 부분은 '동부'와 '에스티'의 두 단어로 구성되어 있으나 그 결합으로 인하여 새로운 관념을 낳는 것이라 할 수 없어 이를 분리 관찰할 수 있는데, 그 구성 중 '에스티'라는 문자 부분은 철강을 나타내는 영문자 'steel'의 약자인 'st'의 영어발음에 해당하는 것이어서 피고의 업종이 철강에 관련된 것임을 나타내는 것이고, '주식회사' 부분은 회사의 종류를 나타내는 것으로서 모두 식별력이 없으므로 나머지 '동부' 부분만이 피고 상호의 요부라 할 것이고, 한편 원고의 상호 '東部製鋼 株式會社' 중 '東部製鋼' 부분은 '東部'와 '製鋼'의 두 단어로 구성되어 있으나 피고의 상호와 마찬가지로 그 결합으로 인하여 새로운 관념을 낳는 것이라 할 수 없어 이를 분리 관찰할 수 있는데, 그 구성 중 '製鋼'이라는 문자 부분은 원고의 업종을 나타내는 용어 부분이고, '株式會社' 부분은 회사의 종류를 나타내는 것으로서 모두 식별력이 없으므로 나머지 '東部' 부분만이 원고 상호의 요부라 할 것인바, 피고의 상호의 요부인 '동부'와 원고 상호의 요부인 '東部'는 모두 '동부'로 발음되므로 이를 확연히 구별할 수 없어 일반인이 피고의 상호를 원고의 상호와 오인·혼동할 가능성도 있다고 할 것이어서 결국, 피고는 원고의 상품표지 및 영업표지인 상호를 침해하고 있다 할 것이다. 그렇다면 피고의 '동부에스티 주식회사'라는 상호를 사용하여 원고와 동종의 열연강판, 후판, 냉연강판 등 철강제품의 제조, 판매영업을 하는 행

위는 부정경쟁방지법 소정의 혼동초래행위에 해당한다고 할 것이므로 피고는, '동부에스티'라는 문자를 피고의 상호로 사용하여서는 아니되고, 원고에게 부산지방법원 상업등기소가 비치, 관리하는 피고의 법인등기부(등기번호 제11315호)의 상호 '동부에스티 주식회사' 중 '동부에스티' 부분에 관한 말소등기절차를 이행할 의무가 있다고 할 것이다.

2) 아울러 부정경쟁방지법에 규정된 손해액의 추정에 터 잡은 청구에 관하여 살펴보면, 구 부정경쟁방지법 제14조의2 제1항(현재의 같은 법률 제14조의2 제2항과 같다)의 규정은 부정경쟁행위 또는 영업비밀침해행위로 인하여 입은 영업상의 손해의 배상을 청구하는 경우에 그 손해의 액을 증명하는 것이 곤란한 점을 감안하여 권리를 침해한 자가 그 침해행위에 의하여 이익을 받은 때에는 그 이익의 액을 권리자가 입은 손해의 액으로 추정하는 것일 뿐이고, 침해가 있는 경우에 그로 인한 손해의 발생까지를 추정하는 취지라고 볼 수 없으므로, 권리자가 위 규정의 적용을 받기 위하여는 침해행위에 의하여 실제로 영업상의 손해를 입은 것을 주장·증명할 필요가 있으나, 위 규정의 취지에 비추어 보면, 위와 같은 손해의 발생에 관한 주장·증명의 정도에 있어서는 손해 발생의 염려 내지 개연성의 존재를 주장·증명하는 것으로 족하다고 보아야 하고, 따라서 권리자가 침해자와 동종의 업을 하고 있는 것을 증명한 경우라면 특별한 사정이 없는 한 그러한 침해에 의하여 영업상의 손해를 입었음이 사실상 추정된다고 할 것인데(대법원 1997. 9. 12. 선고 96다43119 판결 등 참조), 비록 피고가 원고가 영위하는 냉연강판 등 철강제품의 제조, 판매업과 동일, 유사한 열연강판, 후판, 냉연강판 등 철강제품의 제조, 판매업을 영위하고 있는 사실은 인정되나, 원·피고의 회사 규모, 생산제품의 종류와 수량, 거래의 상대방, 영업지역 이외에 원고의 전체 영업 중 피고의 영업과 중첩되는 제품의 비율 등에 비추어 보면, 원·피고의 영업이 동종영업으로서 경쟁관계에 있다고까지는 보여지지 아니하므로 손해 발생의 염려 내지 개연성이 있다고 보기는 어렵다고 할 것이다. 다음으로 부정경쟁방지법상의 영업주체 혼동행위와 상품출처 혼동행위로 인하여 침해를 당한 경우에도 민법 제750조에 규정된 불법행위에 터 잡은 손해배상청구나 영업표지 및 상품표지인 상호 사용을 허락하는 대가로 통상 받을 수 있는 실시료 상당의 손해배상청구를 하는 것 모두가 가능하다고 할 것이나, 이러한 점들에 관한 원고의 아무런 주장·증명이 없다. 따라서 원고의 손해배상청구 부분은 어느 모로 보나 이유 없다. 그렇다

면 피고는 원고의 상호인 '東部製鋼 株式會社'와 동일, 유사한 '동부에스티 주식
회사' 중 '동부에스티'라는 문자를 피고의 상호로 사용하여서는 아니되고, 원고에
게 부산지방법원 상업등기소가 비치, 관리하는 피고의 법인등기부(등기번호 제
11315호)의 상호 '동부에스티 주식회사' 중 '동부에스티' 부분에 관한 말소등기절차
를 이행할 의무가 있다고 할 것이므로 원고의 이 부분 청구는 이유 있다고 할 것
이나 원고의 나머지 청구는 이유 없어 이를 기각할 것인바, 원심판결은 이와 결
론을 같이 하여 정당하다.

V. 검   토

이 사건 판결은 부정경쟁방지법 제14조의2 제2항 규정에 의해 침해행위가
있는 경우 그로 인한 손해의 발생까지 추정되는지 여부 및 손해의 발생에 관한
주장·증명의 정도를 구체적으로 판단한 판결이라는 점에서 의의가 있다.

불법행위를 원인으로 하는 손해배상청구의 소에 있어서 손해액의 산정은 원
고가 증명하여야 하는 것이 원칙이다. 그러나 부정경쟁행위로 인한 손해배상청구
의 경우 유체물의 훼손과 같이 눈으로 볼 수 있는 형태로 피해가 발생하는 것만
은 아니므로 손해액의 산정에는 어려운 점이 있고, 손해액이 과도하게 산정된 경
우에는 원고(청구권자)에게 허락을 구하는 것보다도 침해를 하는 쪽이 유리하게
되고, 그렇지 않아도 용이한 위반행위가 더욱 유발될 수 있기 때문에 우리 부정
경쟁방지법은 일반법인 민법의 특칙으로 손해액의 추정에 관한 규정(제14조의2)을
두고 있다.[8] 부정경쟁방지법상 손해액 추정 규정을 구체적으로 살펴보면 다음과
같다.

1) 침해자의 양도이익에 의한 손해계산

부정경쟁행위(제3조의2 제1항이나 제2항을 위반한 행위 포함) 또는 영업비밀 침해행
위로 영업상의 이익을 침해당한 자가 손해배상을 청구하는 경우 영업상의 이익
을 침해한 자가 부정경쟁행위 또는 영업비밀 침해행위를 하게 한 물건을 양도하
였을 때에는 그 물건의 양도수량에 영업상의 이익을 침해당한 자가 그 침해행위
가 없었다면 판매할 수 있었던 물건의 단위수량당 이익액을 곱한 금액을 손해액
으로 할 수 있다. 이 경우 손해액은 영업상의 이익을 침해당한 자가 생산할 수
있었던 물건의 수량에서 실제 판매한 물건의 수량을 뺀 수량에 단위수량당 이익

---

8 윤선희, 부정경쟁방지법, 법문사(2012), 317면.

액을 곱한 금액을 한도로 한다. 다만, 영업상의 이익을 침해당한 자가 부정경쟁행위 또는 영업비밀 침해행위 외의 사유로 판매할 수 없었던 사정이 있는 경우에는 그 부정경쟁행위 또는 영업비밀 침해행위 외의 사유로 판매할 수 없었던 수량에 따른 금액을 빼야 한다(제14조의2 제1항). 본항은 제조 수량의 확인이 용이하고, 시장거래 구조가 단순하며, 침해자가 1인인 경우 용이하게 적용될 수 있다.

2) 손해액의 추정

부정경쟁행위(제3조의2 제1항이나 제2항을 위반한 행위 포함) 또는 영업비밀 침해행위로 영업상의 이익을 침해당한 자가 그 침해행위에 의하여 이익을 받은 때에는 그 이익액을 영업상의 이익을 침해당한 자의 손해액으로 추정한다(제14조의2 제2항). 이 사건 판결에서 보는 바와 같이 본항은 손해액의 추정규정에 불과하고 손해의 발생까지를 추정하는 취지라고 볼 수 없으므로, 영업상의 이익을 침해당한 자가 위 규정의 적용을 받기 위해서는 침해행위에 의하여 실제로 영업상의 손해를 입은 것을 주장·증명할 필요가 있다. 한편, 우리 대법원은 "부정경쟁방지법 제14조의2 제2항에 의하면, 부정경쟁행위로 인한 손해배상을 청구하는 경우에는 영업상의 이익을 침해한 자가 그 침해행위에 의하여 이익을 받은 것이 있는 때에는 그 이익액을 손해액으로 추정한다고 규정하고 있고, 이 경우 침해자가 받은 이익액은 침해제품의 총판매액에 그 순이익률을 곱하는 등의 방법으로 산출함이 원칙이지만 침해자의 판매액에 청구권자의 순이익률을 곱하는 방식에 의한 손해 산정도 적법하다"고 함으로써 침해자가 받은 이익액을 산정하는 경우, 침해자의 판매액에 청구권자의 순이익률을 곱하는 방식에 의한 손해산정을 허용한 바 있다(대법원 1997. 9. 12. 선고 96다43119 판결).

3) 통상사용료 상당액의 청구

부정경쟁행위(제3조의2 제1항이나 제2항을 위반한 행위 포함) 또는 영업비밀 침해행위로 영업상의 이익을 침해당한 자는 부정경쟁행위의 대상이 된 상품 등에 사용된 상표 등 표지의 사용 또는 영업비밀 침해행위의 대상이 된 영업비밀의 사용에 대하여 통상 받을 수 있는 금액에 상당하는 금액을 자기의 손해액으로 하여 손해배상을 청구할 수 있다(제14조의2 제3항). 다만 손해액이 통상 받을 수 있는 금액을 초과하는 경우에는 그 초과액에 대하여도 손해배상을 청구할 수 있으며 영업상의 이익을 침해한 자에게 고의 또는 중대한 과실이 없으면 법원은 손해배상의 액을 정함에 있어서 이를 고려할 수 있다(제14조의2 제4항). 본항과 관련한 판례로,

서울고등법원은 "영업비밀은 그 속성상 공연히 알려지지 아니하여야 그 가치를 가지는 것이라 할 것이므로, 그것이 실제로 사용되든 또는 사용되지 아니하든 상관없이 영업비밀 보유자 이외의 타인에게 공개되는 것만으로 재산적 가치가 감소되는 것인바, 부정하게 영업비밀을 취득하고 이를 공개하였다면 특별한 사정이 없는 한 그것만으로도 영업비밀 보유자는 침해행위자에게 영업비밀보호법 제14조의2 제3항에 따라 '영업비밀의 사용에 대하여 통상 받을 수 있는 금액에 상당하는 액'을 손해배상으로서 구할 수 있다고 보아야 한다"고 판시한 바 있다(서울고등법원 2006. 11. 14. 선고 2005나90379 판결). 한편, 본항의 통상 받을 수 있는 금액이란 청구권자가 제3자와의 표장의 사용권 계약을 하였다면 그 계약서에 적시된 금액 상당이 손해액이 될 수 있다.

4) 법원의 재량에 의한 손해액의 산정

법원은 부정경쟁행위(제3조의2 제1항이나 제2항을 위반한 행위 포함) 또는 영업비밀 침해행위에 관한 소송에서 손해가 발생된 것은 인정되나 그 손해액을 증명하기 위하여 필요한 사실을 증명하는 것이 해당 사실의 성질상 극히 곤란한 경우에는 제1항부터 제4항까지의 규정에도 불구하고 변론 전체의 취지와 증거조사의 결과에 기초하여 상당한 손해액을 인정할 수 있다(제14조의2 제5항). 본항 역시 손해에 대한 청구권자의 주장·증명 책임을 경감하기 위한 규정일 뿐 손해의 발생이 없는 경우까지 침해행위자에게 손해배상의무를 인정하는 취지는 아니다. 참고로, 제14조의2 제5항의 시행 전에 발생한 부정경쟁행위에 관한 소송에서 법원이 위 규정을 적용하여 손해배상액을 산정할 수 있는지 여부와 관련하여 우리 대법원은 "부정경쟁방지법 제14조의2 제5항에 따르면, 법원은 부정경쟁행위에 관한 소송에 있어서 손해가 발생된 것은 인정되나 그 손해액을 증명하기 위하여 필요한 사실을 증명하는 것이 해당 사실의 성질상 극히 곤란한 경우에는 변론 전체의 취지와 증거조사의 결과에 기초하여 상당한 손해액을 인정할 수 있다. 비록 위 규정은 2001. 2. 3. 법률 제6421호로 개정된 부정경쟁방지법에서 비로소 신설된 조항이기는 하나, 개정된 부정경쟁방지법 부칙은 '이 법은 2001년 7월 1일부터 시행하고, 제2조 다, 사목의 개정규정에 의한 부정경쟁행위를 한 자에 대하여는 2001. 12. 31.까지는 제18조 제3항의 벌칙을 적용하지 않는다'는 취지로 규정하고 있을 뿐 제14조의2 제5항과 관련하여 별도의 경과규정을 두고 있지 않은 점, 위 규정은 손해배상의 성립요건에 관한 것이 아니라 손해액의 산정 방법에 관한

것으로서 손해가 발생된 것은 인정되나 그 손해액을 증명하기 위하여 필요한 사
실을 증명하는 것이 해당 사실의 성질상 극히 곤란한 경우에 그 손해액의 증명을
용이하게 하기 위하여 마련된 것에 불과한 점 등을 고려하여 보면, 개정된 부정
경쟁방지법 시행 전에 발생한 부정경쟁행위에 관한 소송의 경우에도 법원은 제
14조의2 제5항을 적용할 수 있다고 봄이 타당하다"고 판시한 바 있다(대법원 2007.
4. 12. 선고 2006다10439 판결).

IV

다른 법률과의 관계

사례 40 '비제바노' 사건 – 등록상표의 부정경쟁방지법 제15조의 적용 여부

Ⅰ. 기초사항

사건번호	대법원 2000. 5. 12. 선고 98다49142 판결	
사 건 명	상표사용금지	
주 문	상고 기각[1]	
표 지	원고	피고
	비제바노	**비제바노**

Ⅱ. 사실관계

　원고 회사는 1954.경부터 구두의 제조, 판매업을 영위하기 시작하여 1969.경 현재의 주식회사로서의 법인격을 취득하고, 1972.경부터 '비제바노' 등을 요부로 하는 표장(이하 '이 사건 표지'라고 함)을 부착한 구두 등을 제조, 판매하다가, 1978. 3. 31.경 위 표장만을 부착한 구두 등의 제품을 생산하는 계열회사로서 소외 주식회사 비제바노(이하 '소외 회사'라고 함)를 설립하였고, 현재는 구두, 핸드백 기타 피혁제품을 비롯하여 각종 의류, 장신구 등의 제조, 판매업을 영위하고 있다. 피고 안정식은 시계 제조, 판매업에 종사하면서 1988. 3. 30.경 이 사건 표지와 동일 또는 유사한 표장에 관하여 소외 회사가 상표등록을 받은 바 없는 상품(상품류구분 제35류)을 지정상품으로 하는 상표등록을 출원하여, 1989. 5. 13. 등록번호 제169888호로 상표등록을 받은 다음, 위 표장 및 위 표장 중 영문 또는 한글 부분

---

1 【주 문】

　상고를 기각한다. 상고비용은 피고인수참가인의 부담으로 한다. 원심판결의 주문을 "피고인수참가인은 별지 1 목록 표시의 각 표장을 부착한 별지 2 목록 기재의 제품, 그 포장지, 포장용기, 선전광고물을 생산, 판매, 반포 또는 수출하여서는 아니되고, 그의 사무소, 공장, 창고, 영업소, 매장에 보관중인 별지 1 목록 표시의 각 표장이 부착된 별지 2 목록 기재의 완제품 및 반제품, 포장지, 포장용기, 선전광고물을 폐기하라. 인수참가 이후의 소송비용은 피고인수참가인의 부담으로 한다"라고 경정한다.

만을 표장으로 하는 표장을 부착한 시계제품(이하 '비제바노 시계'라고 함)을 생산, 판매하여 오다가 1997. 1. 8. 피고인수참가인 회사(이하 '피고 회사'라고 함)에게 위 시계제품 생산, 판매에 관한 영업상의 권리·의무 일체를 양도하고, 같은 해 2. 12. 위 등록상표에 관한 권리를 양도하여 그 이후로는 피고 회사가 비제바노 시계를 생산, 판매하여 오고 있다. 이에 원고 회사는 위 안정식이 국내에서 주지 저명한 원고 회사의 표장이 상품류구분 제35류에 상표등록되어 있지 아니한 사실을 알고 원고 회사의 표장의 주지저명성에 편승할 목적으로 상표등록을 한 다음 비제바노 시계를 제조, 판매하여 일반 수요자들로 하여금 상품주체의 혼동을 일으키는 부정경쟁행위를 하여 왔고, 피고 회사도 현재 그와 같은 부정경쟁행위를 함으로써 원고 회사의 영업상의 이익을 침해하고 있다고 주장하면서 피고 회사에 대하여 부정경쟁행위의 금지 및 그 조성물의 폐기를 구하였다.

Ⅲ. 사안의 쟁점

상표권의 등록이 자신의 상품을 타인의 상품과 식별시킬 목적이 아니고 국내에서 널리 인식되어 사용되고 있는 타인의 상표와 동일·유사한 상표를 사용하여 타인의 상품과 혼동을 일으키게 하여 이익을 얻을 목적인 경우, 구 부정경쟁방지법 제15조의 적용 여부

Ⅳ. 판단의 요지

1) 원고 회사의 상표는 안정식이 상표등록을 할 무렵인 1988년도에 이미 주지·저명성을 획득하였고, 세계 유명 피혁업체 및 패션업체에서는 1980년대 이전부터, 국내 제화업계 및 패션업체에서는 1980년대 중반부터 이른바 토탈패션의 경향에 따라 단순히 의류나 구두 또는 가방 등 그 업체 고유의 전문상품 생산·판매에만 그치지 아니하고 저명성을 가진 동일한 상표를 사용하여 의류, 구두, 피혁제품, 악세사리, 가방, 시계 등의 제품을 동시에 생산하여 동일 매장에서 판매하는 추세에 있는 실정이고, 원고 회사도 1980년대 중반부터 그와 같은 추세에 맞추어 위와 같은 토탈패션상품의 생산과 동일 매장에서의 판매 품목의 다양화를 추진하여 왔으며, 토탈패션의 일환으로 판매되는 시계류는 가격이 비교적 저렴한 패션용 시계로부터 고가의 예물용 시계까지도 포함되어 있고, 원고 회사의 경우도 그와 같이 패션용 시계뿐만 아니라 예물용 시계까지도 제조·판매하고 있

는 사실이 있는 점을 비추어 보면, 안정식이나 피고 회사가 그 등록상표를 사용
하여 시계 제품을 생산·판매하는 경우 일반의 거래자나 수요자가 그 시계 제품
이 원고 회사의 상표를 사용한 상품과 동일한 출처에서 나온 것으로 오인·혼동
할 우려가 있다고 판단한 것은 타당하다.

2) 구 부정경쟁방지법 제15조는 상표법 등 다른 법률에 부정경쟁방지법과
다른 규정이 있는 경우에는 부정경쟁방지법의 규정을 적용하지 아니하고 다른
법률의 규정을 적용하도록 규정하고 있으나, 상표권의 등록이 자기의 상품을 타
인의 상품과 식별시킬 목적으로 한 것이 아니고 국내에서 널리 인식되어 사용되
고 있는 타인의 상표와 동일 또는 유사한 상표를 사용하여 일반 수요자로 하여금
타인의 상품과 혼동을 일으키게 하여 이익을 얻을 목적으로 형식상 상표권을 취
득하는 것이라면 그 상표의 등록출원 자체가 부정경쟁행위를 목적으로 하는 것
으로서, 가사 권리행사의 외형을 갖추었다 하더라도 이는 상표법을 악용하거나
남용한 것이 되어 상표법에 의한 적법한 권리의 행사라고 인정할 수 없으므로 이
러한 경우에는 구 부정경쟁방지법 제15조의 적용이 배제된다고 할 것이다(대법원
1993. 1. 19. 선고 92도2054 판결, 1995. 11. 7. 선고 94도3287 판결 등 참조). 1988. 3. 30.경
안정식의 상표등록출원 당시 원고 회사의 상표들이 일반 수요자나 거래자 사이
에 원고 회사의 상표라고 인식될 정도로 널리 알려져 있었고 안정식의 상표등록
출원은 원고 회사 상표의 주지·저명성에 무단 편승하여 이를 부당히 이용할 의
도로 이루어진 것이므로, 안정식이나 피고 회사가 사용하고 있는 상표가 등록상
표라고 하더라도 그 사용은 상표권의 남용에 해당한다는 이유로 상표법상 상표
권자로서 보호받을 수 없다고 판단한 것은 정당하고, 이와 같은 판단에는 피고
회사의 상표권 행사를 권리남용이라고 보는 경우 피고 회사가 상실하게 되는 이
익의 형량에 대한 판단이 포함되어 있다고 보아야 할 것이므로, 거기에 채증법칙
을 위배하였거나 재산권 보장에 관한 헌법 위반, 상표권의 남용에 관한 법리오해
혹은 판단유탈의 위법이 없다.

V. 검 토

이 사건 판결은 상표권자가 자신의 상품을 타인의 상품과 식별시킬 목적이
아닌 국내에 주지된 타인의 상품표지와 동일·유사한 상표를 사용하여 타인의 상
품과 혼동을 일으키게 하여 이익을 얻을 목적인 경우에는 부정경쟁방지법 제15

조의 적용이 배제된다는 기존의 대법원의 입장을 재차 확인한 판결이다.

우리 부정경쟁방지법은 다른 법률과의 관계에 대하여 "특허법, 실용신안법, 디자인보호법, 상표법, 농수산물 품질관리법 또는 저작권법에 제2조부터 제6조까지 및 제18조 제3항과 다른 규정이 있으면 그 법에 따르며, 독점규제 및 공정거래에 관한 법률, 표시·광고의 공정화에 관한 법률 또는 형법 중 국기·국장에 관한 규정에 제2조 제1호 라목부터 바목까지 및 차목, 제3조부터 제6조까지 및 제18조 제3항과 다른 규정이 있으면 그 법에 따른다"고 규정하고 있다(제15조). 즉, 부정경쟁방지법 제15조의 규정은 상표법 등에 부정경쟁방지법의 규정과 달리 규정이 있는 경우에는 그 법에 의하도록 한 것에 지나지 아니하므로, 상표법 등 다른 법률에 의하여 보호되는 권리일지라도 그 법에 저촉되지 아니하는 범위 안에서는 부정경쟁방지법을 적용할 수 있다(대법원 1993. 1. 19. 선고 92도2054 판결). 같은 취지로 헌법재판소는 구 부정경쟁방지법 제15조 위헌소원에서 "이 사건 법률조항(구 부정경쟁방지법 제15조)이 청구인의 주장과 같이 상표법상 상표나 서비스표로 등록될 수 없는 표지는 부정경쟁방지법의 보호대상도 될 수 없다거나, 상표법상 상표나 서비스표로 일단 등록이 된 표지에 관한 권리 침해 여부에 대해서는 상표법만 적용되고 부정경쟁방지법은 적용될 수 없다는 의미로 해석될 여지는 없다"고 한 바 있다(헌법재판소 2001. 9. 27.자 99헌바77 결정).

이 사건 판결은 민법의 일반원칙인 이른바 '권리남용의 법리'를 등록상표와 부정경쟁행위와의 관계에서 적용한 것이다. 권리남용의 법리란, 형식상은 권리의 행사로서의 외형을 갖추고 있지만 그 권리의 본래의 역할을 벗어났기 때문에 실질적으로는 권리의 행사로 시인되지 않는 행위를 말한다. 권리의 남용으로 인정될 경우 권리행사의 결과는 발생하지 않고 권리남용자의 요구에 따르지 않더라도 책임을 지지 않는다.[2] 이와 같은 법리에 따르면, 비록 상표를 등록받은 자라 하더라도 자타상품식별이 목적이 아니라 일반 수요자로 하여금 타인의 상품과 혼동을 일으키게 하여 이익을 얻을 목적으로 등록받은 것이라면, 이는 상표권의 본래의 역할을 벗어난 것이므로 등록상표권자는 자신의 상표가 등록되었음을 주장하지 못한다. 다만, ① 상표권자는 특허청으로부터 형식적인 심사가 아닌 '실질적인 심사'를 거쳐 정당한 권리를 부여받은 것이라는 점, ② 타인의 주지상표와 동일·유사한 상표는 상표법상 상표등록을 받을 수 없고, 설사 특허청의 착오나

---

2 네이버 지식백과, "권리남용," 경찰학사전, 법문사(2012. 11. 20) 참고 및 정리.

오인으로 이러한 상표가 등록되었다 하더라도 무효확인심판을 통해 해당 상표가
무효가 되기 전까지는 원칙적으로 상표권자가 자신의 상표를 독점적으로 사용할
수 있는 권리가 있다는 점, ③ 상표법과 부정경쟁방지법은 이른바 특별법과 일반
법의 관계에 있다는 것이 통설이며, 이에 따르면 상표법과 부정경쟁방지법이 저
촉되는 경우 특별법 우선의 원칙에 따라 상표법이 우선 적용된다는 점을 고려하
면, 등록상표권자의 등록상표 사용행위에 대하여 부정경쟁행위를 인정하기 위해
서는 비등록 상표 사용행위에 대한 부정경쟁행위의 인정 여부 판단보다 더 높은
수준의 판단 기준을 적용하여야 하는 것이 타당하다고 본다. 즉, 상표무효사유가
명백하다고 판단되는 경우에 한하여 등록상표권자의 상표 사용행위가 부정경쟁
행위로서 제한될 수 있다. 그러나 우리 대법원은 "부정경쟁방지법 제2조 제1호
가목 소정의 부정경쟁행위에 있어서는 '부정경쟁행위자의 악의' 또는 '부정경쟁행
위자의 부정경쟁의 목적' 등 부정경쟁행위자의 주관적 의사를 그 요건으로 하고
있지 아니할 뿐더러 부정경쟁방지법상 선의의 선사용자의 행위를 부정경쟁행위
에서 배제하는 명문의 규정이 없으므로, 가령 원고가 그 상호에 관한 주지성을
획득하기 이전부터 피고가 원고의 상호의 존재를 알지 못한 채 또는 부정경쟁의
목적이 없는 상태에서 '옥시화이트' 상표를 사용하여 왔다고 하더라도 원고의 상
호가 주지성을 획득한 상품의 표지가 되었고, 피고의 그 상표가 주지된 원고의
상호와 혼동될 위험이 존재한다고 인정되는 이 사건에서는 피고의 위와 같은 행
위는 부정경쟁방지법 제2조 제1호 가목 소정의 부정경쟁행위를 구성한다는 취지
로 판단하였다"고 하여 부정경쟁행위 여부 판단에 있어서 주관적 요건을 배제하
고 있는데 반하여, 주지상표와 동일 또는 유사한 등록상표는 "부당한 이익을 얻
으려 하거나 그 특정인에게 손해를 가하려고 하는 등 부정한 목적"이 있을 경우
에만 상표무효가 된다. 즉, 주지상표와 동일 또는 유사한 등록상표가 명백히 무
효인 상표이므로 부정경쟁방지법 제15조의 적용을 받지 아니하고 그 등록상표의
사용행위를 부정경쟁행위라고 판단하기 위해서는 '부정한 목적이 있을 것'이 필
수적으로 요구될 수밖에 없으나, 주지상표와 동일 또는 유사한 무등록상표의 사
용행위를 부정경쟁행위로 판단하기 위해서는 '부정한 목적'이 있는지 여부는 고
려대상이 아니게 된다. 결국 무효가 명백한 등록상표의 상표사용행위가 무등록상
표의 사용행위보다 더 넓게 보호받게 되는 것과 같다. 그렇다고 상표무효사유가
명백하다고 판단되는 경우가 아닌 경우에도 등록상표권자의 상표 사용행위가 부

정경쟁행위로서 제한될 수 있다고 한다면, 상표법 우선의 원칙에 현저히 반하는 결과가 야기된다. 이러한 문제를 해결하기 위한 하나의 방안은, '주관적 요건'을 부정경쟁행위의 판단 요건에 포함시키는 것이다. 부정경쟁행위의 판단 요건에 '주관적 요건'을 포함시키는 것은 선의의 선사용자를 더욱 폭넓게 보호할 수 있다는 점에서도 긍정적이다.

한편, 통설 및 판례는 상품 및 영업표지의 주지성의 판단 시점은 사실심변론 종결시를 기준으로 판단하여야 하는 것으로 보고 있으나, 이 사건 판례와 같이 등록상표의 사용행위가 부정경쟁행위에 해당하는 여부를 판단할 경우에는 주지성의 판단 시점은 필연적으로 등록상표권자의 상표출원시를 기준으로 될 수밖에 없을 것이다.

Ⅵ. 관련문헌

정상조, "상표법과 부정경쟁방지법의 조화," 민사판례연구 25권(박영사), 민사판례연구회(2003. 2. 15.)

V

한·일 부정경쟁방지법 비교

[한·일 부정경쟁방지법 조문 비교표]

일본법률 번역 참고 : 세계법제정보센터(world.moleg.go.kr)

일본 부정경쟁방지법 : 평성27년(2015년)7월10일 법률 제54호

한국 부정경쟁방지법 : 법률 제13081호, 2015. 1. 28., 일부개정

	한 국	일 본
목적	이 법은 국내에 널리 알려진 타인의 상표·상호(商號) 등을 부정하게 사용하는 등의 부정경쟁행위와 타인의 영업비밀을 침해하는 행위를 방지하여 건전한 거래질서를 유지함을 목적으로 한다(제1조).	이 법률은 사업자간의 공정한 경쟁 및 '이에 관한 국제적 양속의 확실한 실시를 확보하기 위해 부정경쟁의 방지 및 부정경쟁에 대한 손해배상에 관한 조치 등을 강구하고, 이로써 국민경제의 건전한 발전에 기여하는 것을 목적으로 한다(제2조).
정의 - 가목 행위	국내에 널리 인식된 타인의 성명, 상호, 상표, 상품의 용기·포장, 그 밖에 타인의 상품임을 표시한 표지(標識)와 동일하거나 유사한 것을 사용하거나 이러한 것을 사용한 상품을 판매·반포(頒布) 또는 수입·수출하여 타인의 상품과 혼동하게 하는 행위(제2조 제1호 가목)	타인의 상품 등 표시(개인의 업무에 관한 성명, 상호, 상표, 표장, 상품의 용기 혹은 포장 등 상품 또는 영업을 표시하는 것을 말함. 이하 같음)로써 수요자들 사이에 널리 인식되어 있는 것과 동일 혹은 유사한 상품 등 표시를 사용하거나 그 상품 등 표시를 사용한 상품을 양도, 인도하고, 양도 혹은 인도를 위해전시, 수출, 수입하거나 전기통신회선을 통하여 제공하여 타인의 상품 또는 영업과 혼동하게 하는 행위(제2조 제1호)
정의 - 나목 행위	국내에 널리 인식된 타인의 성명, 상호, 표장(標章), 그 밖에 타인의 영업임을 표시하는 표지와 동일하거나 유사한 것을 사용하여 타인의 영업상의 시설 또는 활동과 혼동하게 하는 행위	상동 (제2조 제1호)
정의 - 다목 행위	가목 또는 나목의 혼동하게 하는 행위 외에 비상업적 사용 등 대통령령으로 정하는 정당한 사유 없이 국내에 널리 인식된 타인의 성명, 상호, 상표, 상품의 용기·포장, 그 밖에 타인의 상품 또는 영업임을	자기의 상품 등 표시로써 타인의 저명한 상품 등 표시와 동일하거나 유사한 것을 사용하거나 그 상품 등 표시를 사용한 상품을 양도, 인도하고, 양도 혹은 인도를 위해 전시, 수출, 수입하거나 전기통신회

	표시한 표지와 동일하거나 유사한 것을 사용하거나 이러한 것을 사용한 상품을 판매·반포 또는 수입·수출하여 타인의 표지의 식별력이나 명성을 손상하는 행위 (제2조 제1호 다목)	선을 통하여 제공하는 행위(제2조 제2호)
정의 – 라목 행위	상품이나 그 광고에 의하여 또는 공중이 알 수 있는 방법으로 거래상의 서류 또는 통신에 거짓의 원산지의 표지를 하거나 이러한 표지를 한 상품을 판매·반포 또는 수입·수출하여 원산지를 오인(誤認) 하게 하는 행위(제2조 제1호 라목)	상표·용역 혹은 그 광고 혹은 거래에서 사용하는 서류 혹은 통신에 그 상품의 원산지, 품질, 내용, 제조방법, 용도·수량 혹은 그 용역의 질, 내용, 용도 혹은 수량에 대하여 오인하게 하는 듯한 표시를 하거나 그러한 표시를 한 상품을 양도, 인도하고, 양도 혹은 인도를 위해 전시, 수출, 수입하거나 전기통신회선을 통하여 제공하거나 그러한 표시를 하여 용역을 제공하는 행위(제2조 제13호)
정의 – 마목 행위	상품이나 그 광고에 의하여 또는 공중이 알 수 있는 방법으로 거래상의 서류 또는 통신에 그 상품이 생산·제조 또는 가공된 지역 외의 곳에서 생산 또는 가공된 듯이 오인하게 하는 표지를 하거나 이러한 표지를 한 상품을 판매·반포 또는 수입·수출하는 행위(제2조 제1호 마목)	관련 규정 없음
정의 – 바목	타인의 상품을 사칭(詐稱)하거나 상품 또는 그 광고에 상품의 품질, 내용, 제조방법, 용도 또는 수량을 오인하게 하는 선전 또는 표지를 하거나 이러한 방법이나 표지로써 상품을 판매·반포 또는 수입·수출하는 행위(제2조 제1호 바목)	상동 (제2조 제13호)
정의 – 사목	다음의 어느 하나의 나라에 등록된 상표 또는 이와 유사한 상표에 관한 권리를 가진 자의 대리인이나 대표자 또는 그 행위일 전 1년 이내에 대리인이나 대표자이었던 자가 정당한 사유 없이 해당 상표를 그 상표의 지정상품과 동일하거나 유사한 상품에 사용하거나 그 상표를 사용한 상품을 판매·반포 또는 수입·수출하는 행위	파리조약(상표법(1959년법률제127호) 제4조 제1항 제2호에서 규정하는 파리조약을 말함)의 동맹국, 세계무역기구의 가맹국 또는 상표법조약의 체약국에서 상표에 관한 권리(상표권에 상당하는 권리에 한함. 이하 본 호에서 「권리」라 말함)가 있는 자의 대리인 혹은 대표자 또는 그 행위일 전 1년 이내에 대리인 혹은 대표자였던 자가 정당한 이유 없이 그러한 권리

	(1) 「공업소유권의 보호를 위한 파리협약」 (이하 "파리협약"이라 한다) 당사국 (2) 세계무역기구 회원국 (3) 「상표법 조약」의 체약국(締約國) (제2조 제1호 사목)	가 있는 자의 승낙을 얻지 않고 그 권리에 관련된 상표와 동일하거나 유사한 상표를 그러한 권리에 관련된 상표 혹은 용역과 동일하거나 유사한 상품 혹은 용역에 사용하거나, 그 상표를 사용한 권리와 관련된 상품과 동일하거나 유사한 상품을 양도, 인도하고, 양도·인도를 위해 전시, 수출, 수입하거나 전기통신회선을 통하여 제공하거나 해당 상표를 사용하여 그 권리에 관련된 용역과 동일하거나 유사한 용역을 제공하는 행위(제2조 제15호)
정의 – 아목 행위	정당한 권원이 없는 자가 다음의 어느 하나의 목적으로 국내에 널리 인식된 타인의 성명, 상호, 상표, 그 밖의 표지와 동일하거나 유사한 도메인이름을 등록·보유·이전 또는 사용하는 행위 (1) 상표 등 표지에 대하여 정당한 권원이 있는 자 또는 제3자에게 판매하거나 대여할 목적 (2) 정당한 권원이 있는 자의 도메인이름의 등록 및 사용을 방해할 목적 (3) 그 밖에 상업적 이익을 얻을 목적 (제2조 제1호 아목)	부정한 이익을 얻을 목적으로 또는 타인에게 손해를 가할 목적으로 타인의 특정 상품 등 표시(개인의 업무에 관련된 성명, 상호, 상표, 표장 등 상품 또는 용역을 표시하는 것을 말함)와 동일하거나 유사한 도메인명을 사용할 권리를 취득 혹은 보유하거나 그 도메인명을 사용하는 행위(제2조 제12호)
정의 – 자목	타인이 제작한 상품의 형태(형상·모양·색채·광택 또는 이들을 결합한 것을 말하며, 시제품 또는 상품소개서상의 형태를 포함한다. 이하 같다)를 모방한 상품을 양도·대여 또는 이를 위한 전시를 하거나 수입·수출하는 행위. 다만, 다음의 어느 하나에 해당하는 행위는 제외한다. (1) 상품의 시제품 제작 등 상품의 형태가 갖추어진 날부터 3년이 지난 상품의 형태를 모방한 상품을 양도·대여 또는 이를 위한 전시를 하거나 수입·수출하는 행위 (2) 타인이 제작한 상품과 동종의 상품(동종의 상품이 없는 경우에는 그 상품과 기능 및 효용이 동일하거나 유사한 상품	타인의 상품의 형태(해당 상품의 기능을 확보하기 위해 불가결한 형태를 제외)를 모방한 상품을 양도, 대여하고, 양도 혹은 대여를 위해 전시, 수출하거나 수입하는 행위(제2조 제3호)

	을 말한다)이 통상적으로 가지는 형태를 모방한 상품을 양도·대여 또는 이를 위한 전시를 하거나 수입·수출하는 행위 (제2조 제1호 자목)	
정의 – 차목	그 밖에 타인의 상당한 투자나 노력으로 만들어진 성과 등을 공정한 상거래 관행이나 경쟁질서에 반하는 방법으로 자신의 영업을 위하여 무단으로 사용함으로써 타인의 경제적 이익을 침해하는 행위	관련 규정 없음
정의 – 영업비밀	"영업비밀"이란 공공연히 알려져 있지 아니하고 독립된 경제적 가치를 가지는 것으로서, 합리적인 노력에 의하여 비밀로 유지된 생산방법, 판매방법, 그 밖에 영업활동에 유용한 기술상 또는 경영상의 정보를 말한다(제2조 제2호).	이 법률에서 「영업비밀」이라 함은 비밀로써 관리되고 있는 생산방법, 판매방법 등의 사업 활동에 유용한 기술상 또는 영업상의 정보로써 공연하게 알려져 있지 않은 것을 말한다(제2조 제6항).
정의 – 영업비밀침해행위 (가목)	절취(竊取), 기망(欺罔), 협박, 그 밖의 부정한 수단으로 영업비밀을 취득하는 행위(이하 "부정취득행위"라 한다) 또는 그 취득한 영업비밀을 사용하거나 공개(비밀을 유지하면서 특정인에게 알리는 것을 포함한다. 이하 같다)하는 행위(제2조 제3호 가목)	절취, 사기, 강박 등 부정한 수단으로 영업비밀을 취득하는 행위(이하 「부정취득행위」라 함) 또는 부정취득행위로 취득한 영업비밀을 사용하거나 개시하는 행위(비밀을 유지하면서 특정한 자에게 제시하는 것을 포함. 이하 같음)(제2조 제4호)
정의 – 영업비밀침해행위 (나목)	영업비밀에 대하여 부정취득행위가 개입된 사실을 알거나 중대한 과실로 알지 못하고 그 영업비밀을 취득하는 행위 또는 그 취득한 영업비밀을 사용하거나 공개하는 행위(제2조 제3호 나목)	그 영업비밀에 대하여 부정취득행위가 개재한 것을 알거나 중대한 과실로 알지 못하고 영업비밀을 취득하거나 취득한 영업비밀을 사용하거나 개시하는 행위(제2조 제5호)
정의 – 영업비밀침해행위 (다목)	영업비밀을 취득한 후에 그 영업비밀에 대하여 부정취득행위가 개입된 사실을 알거나 중대한 과실로 알지 못하고 그 영업비밀을 사용하거나 공개하는 행위(제2조 제3호 다목)	취득한 후에 영업비밀에 대하여 부정취득행위가 개재한 것을 알고, 또는 중대한 과실로 알지 못하고 취득한 영업비밀을 사용하거나 개시하는 행위(제2조 제6호)
정의 – 영업비밀침해행위 (라목)	계약관계 등에 따라 영업비밀을 비밀로서 유지하여야 할 의무가 있는 자가 부정한 이익을 얻거나 그 영업비밀의 보유자에게 손해를 입힐 목적으로 그 영업비밀을 사용하거나 공개하는 행위(제2조 제3	영업비밀을 보유하는 사업자(이하 「보유자」라 함)로부터 영업비밀이 제시된 경우에 부정한 이익을 얻을 목적으로 또는 그 보유자에게 손해를 가할 목적으로 그 영업비밀을 사용하거나 개시하는 행위(제2

	호 라목)	조 제7호)
정의 - 영업비밀 침해행위 (마목)	영업비밀이 라목에 따라 공개된 사실 또는 그러한 공개행위가 개입된 사실을 알거나 중대한 과실로 알지 못하고 그 영업비밀을 취득하는 행위 또는 그 취득한 영업비밀을 사용하거나 공개하는 행위(제2조 제3호 마목)	그 영업비밀에 대하여 부정개시행위(전호에서 규정하는 경우에 동호에서 규정하는 목적으로 그 영업비밀을 개시하는 행위 또는 비밀을 지킬 법률상의 의무에 위반하여 그 영업비밀을 개시하는 행위를 말함. 이하 같음)인 것 혹은 그 영업비밀에 대하여 부정개시행위가 개재한 것을 알거나 중대한 과실로 알지 못하고 영업비밀을 취득하거나 취득한 영업비밀을 사용하거나 개시하는 행위(제2조 제8호)
정의 - 영업비밀 침해행위 (바목)	영업비밀을 취득한 후에 그 영업비밀이 라목에 따라 공개된 사실 또는 그러한 공개행위가 개입된 사실을 알거나 중대한 과실로 알지 못하고 그 영업비밀을 사용하거나 공개하는 행위(제2조 제3호 바목)	취득한 후에 그 영업비밀에 대하여 부정개시행위가 있었던 것 혹은 그 영업비밀에 대하여 부정개시행위가 개재한 것을 알고 또는 중대한 과실로 알지 못하고 취득한 영업비밀을 사용하거나 개시하는 행위(제2조 제9호)
정의 - 도메인 이름	"도메인이름"이란 인터넷상의 숫자로 된 주소에 해당하는 숫자·문자·기호 또는 이들의 결합을 말한다.	이 법률에서 「도메인명」이라 함은 인터넷에서 개개의 전자계산기를 식별하기 위해 할당되는 번호, 기호 또는 문자의 조합에 대응하는 문자, 번호, 기호 등의 부호 또는 이들의 결합을 말한다.
부정경쟁 방지 및 영업비밀 보호 사업	특허청장은 부정경쟁행위의 방지 및 영업비밀보호를 위하여 연구·교육 및 홍보, 부정경쟁방지를 위한 정보관리시스템 구축 및 운영, 그 밖에 대통령령으로 정하는 사업을 할 수 있다(제2조의2).	관련 규정 없음
국기·국장 등의 사용 금지	① 파리협약 당사국, 세계무역기구 회원국 또는 「상표법 조약」 체약국의 국기·국장(國章), 그 밖의 휘장이나 국제기구의 표지와 동일하거나 유사한 것은 상표로 사용할 수 없다. 다만, 해당 국가 또는 국제기구의 허락을 받은 경우에는 그러하지 아니하다. ② 파리협약 당사국, 세계무역기구 회원국 또는 「상표법 조약」 체약국 정부의 감독용 또는 증명용 표지와 동일하거나 유	① 누구라도 외국의 국기 혹은 국가의 문장 등의 기장으로써 경제산업성령에서 정하는 것(이하 「외국국기 등」이라 함)과 동일하거나 유사한 것(이하 「외국국기 등 유사기장」이라 함)을 상표로써 사용하거나 외국국기 등 유사기장을 상표로써 사용한 상품을 양도, 인도하거나 양도·인도를 위해 전시, 수출, 수입하거나 전기통신회선을 통하여 제공하거나 외국국기 등 유사기장을 상표로써 사용하여 용역을 제

	사한 것은 상표로 사용할 수 없다. 다만, 해당 정부의 허락을 받은 경우에는 그러하지 아니하다(제3조).	공해서는 아니 된다. 다만, 그 외국국기 등의 사용허가(허가와 유사한 행정처분을 포함. 이하 같음)를 할 권한이 있는 외국 관청의 허가를 받은 때에는 그러하지 아니한다. ② 전항에서 규정하는 것 외에, 누구라도 상품의 원산지를 오인하게 하는 방법으로 동항의 경제산업성령에서 정하는 외국의 국가의 문장(이하 「외국문장」이라 함)을 사용하거나 외국문장을 사용한 상품을 양도, 인도하거나 양도·인도를 위해 전시, 수출, 수입하거나 전기통신회선을 통하여 제공하거나 외국문장을 사용하여 용역을 제공하여서는 아니 된다. 다만, 그 외국문장의 사용을 허가하는 권한이 있는 외국 관청의 허가를 받은 때에는 그러하지 아니하다. ③ 누구라도, 외국의 정부 혹은 지방공공단체의 감독용 혹은 증명서의 인장·기로로써 경제산업성령에서 정하는 것(이하 「외국정부 등 기호」라 함)과 동일하거나 유사한 것(이하 「외국정부 등 유사기호」라 함)을 그 외국정부 등 기호가 사용되고 있는 상품 혹은 용역과 동일하거나 유사한 상품 혹은 용역의 상표로써 사용하거나 외국정부 등 유사기호를 그 상표로 사용한 상품을 양도, 인도하거나, 양도·인도를 위해 전시, 수출, 수입하거나 전기통신회선을 통하여 제공하거나 외국정부 등 유사기호를 그 상표로써 사용하여 용역을 제공하여서는 아니 된다. 다만, 그 외국정부 등 기호의 사용을 허가할 권한이 있는 외국관청의 허가를 받은 때에는 그러하지 아니하다(제16조).
자유무역협정에 따라 보호하는 지리적	① 정당한 권원이 없는 자는 대한민국이 외국과 양자간(兩者間) 또는 다자간(多者間)으로 체결하여 발효된 자유무역협정에 따라 보호하는 지리적 표시(이하 이 조에	관련 규정 없음

표시의 사용금지 등	서 "지리적 표시"라 한다)에 대하여는 제2조 제1호 라목 및 마목의 부정경쟁행위 이외에도 지리적 표시에 나타난 장소를 원산지로 하지 아니하는 상품(지리적 표시를 사용하는 상품과 동일하거나 동일하다고 인식되는 상품으로 한정한다)에 관하여 다음 각 호의 행위를 할 수 없다. 1. 진정한 원산지 표시 이외에 별도로 지리적 표시를 사용하는 행위 2. 지리적 표시를 번역 또는 음역하여 사용하는 행위 3. "종류," "유형," "양식" 또는 "모조품" 등의 표현을 수반하여 지리적 표시를 사용하는 행위 ② 정당한 권원이 없는 자는 다음 각 호의 행위를 할 수 없다. 1. 제1항 각 호에 해당하는 방식으로 지리적 표시를 사용한 상품을 양도·인도 또는 이를 위하여 전시하거나 수입·수출하는 행위 2. 제2조 제1호 라목 또는 마목에 해당하는 방식으로 지리적 표시를 사용한 상품을 인도하거나 이를 위하여 전시하는 행위 ③ 제1항 각 호에 해당하는 방식으로 상표를 사용하는 자로서 다음 각 호의 요건을 모두 갖춘 자는 제1항에도 불구하고 해당 상표를 그 사용하는 상품에 계속 사용할 수 있다. 1. 국내에서 지리적 표시의 보호개시일 이전부터 해당 상표를 사용하고 있을 것 2. 제1호에 따라 상표를 사용한 결과 해당 지리적 표시의 보호개시일에 국내 수요자 간에 그 상표가 특정인의 상품을 표시하는 것이라고 인식되어 있을 것 (제3조의2)	
부정경쟁 행위의 금지청구권	① 부정경쟁행위나 제3조의2 제1항 또는 제2항을 위반하는 행위로 자신의 영업상의 이익이 침해되거나 침해될 우려가 있	① 부정경쟁에 의해 영업상의 이익이 침해되거나 침해될 우려가 있는 자는 그 영업상의 이익을 침해하는 자 또는 침해할

	는 자는 부정경쟁행위나 제3조의2 제1항 또는 제2항을 위반하는 행위를 하거나 하려는 자에 대하여 법원에 그 행위의 금지 또는 예방을 청구할 수 있다. ② 제1항에 따른 청구를 할 때에는 다음 각 호의 조치를 함께 청구할 수 있다. 1. 부정경쟁행위나 제3조의2 제1항 또는 제2항을 위반하는 행위를 조성한 물건의 폐기 2. 부정경쟁행위나 제3조의2 제1항 또는 제2항을 위반하는 행위에 제공된 설비의 제거 3. 부정경쟁행위나 제3조의2 제1항 또는 제2항을 위반하는 행위의 대상이 된 도메인이름의 등록말소 4. 그 밖에 부정경쟁행위나 제3조의2 제1항 또는 제2항을 위반하는 행위의 금지 또는 예방을 위하여 필요한 조치 (제4조)	우려가 있는 자에 대하여 그 침해의 정지 또는 예방을 청구할 수 있다. ② 부정경쟁에 의해 영업상의 이익이 침해되거나 침해될 우려가 있는 자는 전항 규정에 따른 청구를 하는 때에 침해행위를 조성한 물건(침해행위로 생긴 물건을 포함. 제5조 제1항에서 같음)의 폐기, 침해행위에 제공한 설비의 제거 등 침해의 정지 또는 예방에 필요한 행위를 청구할 수 있다(제3조).
부정경쟁행위의 손해배상책임	고의 또는 과실에 의한 부정경쟁행위나 제3조의2 제1항 또는 제2항을 위반한 행위(제2조 제1호 다목의 경우에는 고의에 의한 부정경쟁행위만을 말한다)로 타인의 영업상 이익을 침해하여 손해를 입힌 자는 그 손해를 배상할 책임을 진다(제5조).	고의 또는 과실로 부정경쟁을 하여 타인의 영업상의 이익을 침해한 자는 이로 인해 발생한 손해를 배상할 책임을 진다. 다만, 제15조 규정에 따라 동조에서 규정하는 권리가 소멸한 후에 그 영업비밀을 사용하는 행위로 인해 발생한 손해에 대해서는 그러하지 아니하다(제4조).
부정경쟁행위에 대한 신용회복조치	법원은 고의 또는 과실에 의한 부정경쟁행위나 제3조의2 제1항 또는 제2항을 위반한 행위(제2조 제1호 다목의 경우에는 고의에 의한 부정경쟁행위만을 말한다)로 타인의 영업상의 신용을 실추시킨 자에게는 부정경쟁행위나 제3조의2 제1항 또는 제2항을 위반한 행위로 인하여 자신의 영업상의 이익이 침해된 자의 청구에 의하여 제5조에 따른 손해배상을 갈음하거나 손해배상과 함께 영업상의 신용을 회복하는 데에 필요한 조치를 명할 수 있다(제6조).	고의 또는 과실로 부정경쟁을 하여 타인의 영업상의 신용 을 해한 자에 대해서는, 법원은 그 영업상의 신용이 침해된 자의 청구에 의해 손해배상을 대신하거나 손해배상과 함께 그 자의 영업상의 신용을 회복하는데 필요한 조치를 명할 수 있다(제14조).

부정경쟁행위 등의 조사	① 특허청장, 특별시장·광역시장·도지사·특별자치도지사(이하 "시·도지사"라 한다) 또는 시장·군수·구청장(자치구의 구청장을 말한다. 이하 같다)은 제2조 제1호 가목부터 사목까지의 부정경쟁행위나 제3조, 제3조의2 제1항 또는 제2항을 위반한 행위를 확인하기 위하여 필요하다고 인정하면 관계 공무원에게 영업시설 또는 제조시설에 출입하여 관계 서류나 장부·제품 등을 조사하게 하거나 조사에 필요한 최소분량의 제품을 수거하여 검사하게 할 수 있다. ② 특허청장, 시·도지사 또는 시장·군수·구청장이 제1항에 따른 조사를 할 때에는 「행정조사기본법」 제15조에 따라 그 조사가 중복되지 아니하도록 하여야 한다. ③ 제1항에 따라 조사 등을 하는 공무원은 그 권한을 표시하는 증표를 지니고 이를 관계인에게 내보여야 한다. (제7조)	관련 규정 없음
위반행위의 시정권고	특허청장, 시·도지사 또는 시장·군수·구청장은 제2조 제1호 가목부터 사목까지의 부정경쟁행위나 제3조, 제3조의2 제1항 또는 제2항을 위반한 행위가 있다고 인정되면 그 위반행위를 한 자에게 30일 이내의 기간을 정하여 그 행위를 중지하거나 표지를 제거 또는 폐기할 것 등 그 시정에 필요한 권고를 할 수 있다(제8조).	관련 규정 없음
의견청취	특허청장, 시·도지사 또는 시장·군수·구청장은 제8조에 따른 시정권고를 하기 위하여 필요하다고 인정하면 대통령령으로 정하는 바에 따라 당사자·이해관계인 또는 참고인의 의견을 들어야 한다(제9조).	관련 규정 없음
영업비밀 침해행위에 대한 금	① 영업비밀의 보유자는 영업비밀 침해행위를 하거나 하려는 자에 대하여 그 행위에 의하여 영업상의 이익이 침해되거나	상동 (제3조)

지청구권	침해될 우려가 있는 경우에는 법원에 그 행위의 금지 또는 예방을 청구할 수 있다. ② 영업비밀 보유자가 제1항에 따른 청구를 할 때에는 침해행위를 조성한 물건의 폐기, 침해행위에 제공된 설비의 제거, 그 밖에 침해행위의 금지 또는 예방을 위하여 필요한 조치를 함께 청구할 수 있다(제10조).	
영업비밀 침해에 대한 손해배상책임	고의 또는 과실에 의한 영업비밀 침해행위로 영업비밀 보유자의 영업상 이익을 침해하여 손해를 입힌 자는 그 손해를 배상할 책임을 진다.	상동 (제4조)
영업비밀 보유자의 신용회복조치	법원은 고의 또는 과실에 의한 영업비밀 침해행위로 영업비밀 보유자의 영업상의 신용을 실추시킨 자에게는 영업비밀 보유자의 청구에 의하여 제11조에 따른 손해배상을 갈음하거나 손해배상과 함께 영업상의 신용을 회복하는 데에 필요한 조치를 명할 수 있다(제12조).	상동 (제14조)
선의자의 특례	① 거래에 의하여 영업비밀을 정당하게 취득한 자가 그 거래에 의하여 허용된 범위에서 그 영업비밀을 사용하거나 공개하는 행위에 대하여는 제10조부터 제12조까지의 규정을 적용하지 아니한다. ② 제1항에서 "영업비밀을 정당하게 취득한 자"란 제2조 제3호 다목 또는 바목에서 영업비밀을 취득할 당시에 그 영업비밀이 부정하게 공개된 사실 또는 영업비밀의 부정취득행위나 부정공개행위가 개입된 사실을 중대한 과실 없이 알지 못하고 그 영업비밀을 취득한 자를 말한다(제13조).	제2조 제1항 제4호 내지 제9호의 부정경쟁 거래로 인해 영업비밀을 취득한 자(취득한 때에 그 영업비밀에 대하여 부정개시행위라는 것 또는 영업비밀에 대하여 부정취득행위 혹은 부정개시행위가 개재한 것을 알지 못하고, 알지 못한데 대하여 중대한 과실이 없는 자에 한함)가 그 거래로 인해 취득한 권원의 범위 내에서 그 영업비밀을 사용하거나 개시하는 행위 (제19조 제6호)
시효	제10조 제1항에 따라 영업비밀 침해행위의 금지 또는 예방을 청구할 수 있는 권리는 영업비밀 침해행위가 계속되는 경우에 영업비밀 보유자가 그 침해행위에 의하여 영업상의 이익이 침해되거나 침해될	제2조 제1항 제4호 내지 제9호의 부정경쟁 중, 영업비밀을 사용하는 행위에 대한 제3조 제1항 규정에 따른 침해의 정지 또는 예방을 청구할 권리는 그러한 행위를 하는 자가 그 행위를 계속하는 경우에, 그

	우려가 있다는 사실 및 침해행위자를 안 날부터 3년간 행사하지 아니하면 시효(時效)로 소멸한다. 그 침해행위가 시작된 날부터 10년이 지난 때에도 또한 같다(제14조).	행위로 인해 영업상의 이익이 침해되거나 침해될 우려가 있는 보유자가 그 사실 및 행위를 하는 자를 안 때로부터 년간 3 이를 하지 않는 때에는 시효로써 소멸한다. 그 행위의 개시로부터 10년이 경과한 때에도 이와 같다(제15조).
손해액의 추정	① 부정경쟁행위, 제3조의2 제1항이나 제2항을 위반한 행위 또는 영업비밀 침해행위로 영업상의 이익을 침해당한 자가 제5조 또는 제11조에 따른 손해배상을 청구하는 경우 영업상의 이익을 침해한 자가 부정경쟁행위, 제3조의2 제1항이나 제2항을 위반한 행위 또는 영업비밀 침해행위를 하게 한 물건을 양도하였을 때에는 제1호의 수량에 제2호의 단위수량당 이익액을 곱한 금액을 영업상의 이익을 침해당한 자의 손해액으로 할 수 있다. 이 경우 손해액은 영업상의 이익을 침해당한 자가 생산할 수 있었던 물건의 수량에서 실제 판매한 물건의 수량을 뺀 수량에 단위수량당 이익액을 곱한 금액을 한도로 한다. 다만, 영업상의 이익을 침해당한 자가 부정경쟁행위, 제3조의2 제1항이나 제2항을 위반한 행위 또는 영업비밀 침해행위 외의 사유로 판매할 수 없었던 사정이 있는 경우에는 그 부정경쟁행위, 제3조의2 제1항이나 제2항을 위반한 행위 또는 영업비밀 침해행위 외의 사유로 판매할 수 없었던 수량에 따른 금액을 빼야 한다. 1. 물건의 양도수량 2. 영업상의 이익을 침해당한 자가 그 부정경쟁행위, 제3조의2 제1항이나 제2항을 위반한 행위 또는 영업비밀 침해행위가 없었다면 판매할 수 있었던 물건의 단위수량당 이익액 ② 부정경쟁행위, 제3조의2 제1항이나 제2항을 위반한 행위 또는 영업비밀 침해행위로 영업상의 이익을 침해당한 자가 제5	① 제2조 제1항 제1호 내지 제9호 또는 제15호의 부정경쟁 동항(제4호 내지 제9호의 경우에는 기술상의 비밀(비밀로써 관리되고 있는 생산방법 등의 사업 활동에 유용한 기술상의 정보로써 공연히 알려져 있지 않은 것을 말함)에 관한 것에 한)으로 인해 영업상의 이익이 침해된 자(이하 본항에서 「피침해자」라 함)가 고의 또는 과실로 자기의 영업상의 이익을 침해한 자에 대하여 그 침해로 인해 자기가 입은 손해의 배상을 청구하는 경우에, 그 자가 침해행위를 조성한 물건을 양도한 때에는 양도한 물건의 수량(이하 본항에서 「양도수량」이라 함)에 피침해자가 그 침해행위가 없었다면 판매할 수 있었던 물건의 단위수량 당의 이익액을 곱하여 구한 금액을 피침해자의 물건에 대한 판매 등의 행위를 하는 능력에 따른 금액을 초과하지 않는 한도에서 피침해자가 입은 손해액으로 할 수 있다. 다만, 양도수량의 전부 또는 일부에 상당하는 수량을 피침해자가 판매할 수 없다고 하는 사정이 있는 때에는 그 사정에 상당하는 수량에 따른 금액을 공제하는 것으로 한다. ② 부정경쟁으로 인해 영업상의 이익이 침해된 자가 고의 또는 과실로 자기의 영업상의 이익을 침해한 자에 대하여 그 침해로 자기가 입은 손해의 배상을 청구하는 경우에, 그 자가 그 침해행위로 이익을 얻고 있는 때에는 그 이익액은 영업상의 이익이 침해된 자가 입은 손해액으로 추정한다.

조 또는 제11조에 따른 손해배상을 청구하는 경우 영업상의 이익을 침해한 자가 그 침해행위에 의하여 이익을 받은 것이 있으면 그 이익액을 영업상의 이익을 침해당한 자의 손해액으로 추정한다.

③ 부정경쟁행위, 제3조의2 제1항이나 제2항을 위반한 행위 또는 영업비밀 침해행위로 영업상의 이익을 침해당한 자는 제5조 또는 제11조에 따른 손해배상을 청구하는 경우 부정경쟁행위 또는 제3조의2 제1항이나 제2항을 위반한 행위의 대상이 된 상품 등에 사용된 상표 등 표지의 사용 또는 영업비밀 침해행위의 대상이 된 영업비밀의 사용에 대하여 통상 받을 수 있는 금액에 상당하는 금액을 자기의 손해액으로 하여 손해배상을 청구할 수 있다.

④ 부정경쟁행위, 제3조의2 제1항이나 제2항을 위반한 행위 또는 영업비밀 침해행위로 인한 손해액이 제3항에 따른 금액을 초과하면 그 초과액에 대하여도 손해배상을 청구할 수 있다. 이 경우 그 영업상의 이익을 침해한 자에게 고의 또는 중대한 과실이 없으면 법원은 손해배상 금액을 산정할 때 이를 고려할 수 있다.

⑤ 법원은 부정경쟁행위, 제3조의2 제1항이나 제2항을 위반한 행위 또는 영업비밀 침해행위에 관한 소송에서 손해가 발생된 것은 인정되나 그 손해액을 입증하기 위하여 필요한 사실을 입증하는 것이 해당 사실의 성질상 극히 곤란한 경우에는 제1항부터 제4항까지의 규정에도 불구하고 변론 전체의 취지와 증거조사의 결과에 기초하여 상당한 손해액을 인정할 수 있다(제14조의2).

③ 제2조 제1항 내지 제9호, 제12호 또는 제15호의 부정경쟁으로 인해 영업상의 이익이 침해된 자는 고의 또는 과실로 자기의 영업상의 이익을 침해한 자에 대하여 다음 각 호의 부정경쟁의 구분에 따라 각 호에서 정하는 행위에 대하여 받아야 하는 금전액에 상당하는 금액의 금전을 자기가 받은 손해액으로 하여 그에 대한 배상을 청구할 수 있다.

1. 제2조 제1항 제1호 또는 제2호의 부정경쟁 침해와 관련된 상표 등 표시의 사용

2. 제2조 제1항 제3호의 부정경쟁 침해와 관련된 상품형태의 사용

3. 제2조 제1항 제4호 내지 제9호의 부정경쟁 침해와 관련된 영업비밀의 사용

4. 제2조 제1항 제12호의 부정경쟁 침해와 관련된 도메인명의 사용

5. 제2조 제1항 제15호의 부정경쟁 침해와 관련된 상표의 사용

④ 전항의 규정은 동항에서 규정하는 금액을 초과하는 손해배상의 청구를 방해하지 아니한다. 이 경우에, 그 영업상의 이익을 침해한 자에게 고의 또는 중대한 과실이 없었던 때에 법원은 손해배상액을 정하는데 있어 이를 참작할 수 있다(제5조).

| 자료의 제출 | 법원은 부정경쟁행위, 제3조의2 제1항이나 제2항을 위반한 행위 또는 영업비밀 침해행위로 인한 영업상 이익의 침해에 관한 소송에서 당사자의 신청에 의하여 | ① 법원은 부정경쟁으로 인한 영업상의 이익침해에 관한 소송에서는 당사자의 신청으로 당사자에 대하여 그 침해행위에 대하여 입증하기 위해 또는 그 침해행위 |

상대방 당사자에 대하여 해당 침해행위로 인한 손해액을 산정하는 데에 필요한 자료의 제출을 명할 수 있다. 다만, 그 자료의 소지자가 자료의 제출을 거절할 정당한 이유가 있는 경우에는 그러하지 아니하다(제14조의3).

에 따른 손해를 계산하기 위해 필요한 서류의 제출을 명할 수 있다. 다만, 그 서류의 소지자에게 제출을 거부하는 것에 대하여 정당한 이유가 있는 때에는 그러하지 아니하다.
② 법원은 전항 단서에서 규정하는 정당한 이유가 있는가에 대한 판단을 하기 위해 필요하다고 인정하는 때에는 서류의 소지자에게 서류를 제시하게 할 수 있다. 이 경우에는 누구라도 제시된 서류의 개시를 요구할 수 없다.
③ 법원은 전항의 경우에, 제1항 단서에서 규정하는 정당한 이유가 있는가에 대하여 전항 후단의 서류를 개시하여 그 의견을 듣는 것이 필요하다고 인정하는 때에는, 당사자 등(당사자가 법인인 경우에는 그 대표자) 또는 당사자의 대리인(소송대리인 및 보좌인 제외), 사용인 등의 종업원을 말함. 이하 같음), 소송대리인 또는 보좌인에 대하여 해당 서류를 개시할 수 있다.
④ 전 3항의 규정은 부정경쟁으로 인한 영업상 이익의 침해에 관한 소송에서 그 침해행위에 대하여 입증하기 위해 필요한 검증목적의 제시에 대하여 준용한다(제7조).

비밀유지명령

① 법원은 부정경쟁행위, 제3조의2 제1항이나 제2항을 위반한 행위 또는 영업비밀 침해행위로 인한 영업상 이익의 침해에 관한 소송에서 그 당사자가 보유한 영업비밀에 대하여 다음 각 호의 사유를 모두 소명한 경우에는 그 당사자의 신청에 따라 결정으로 다른 당사자(법인인 경우에는 그 대표자), 당사자를 위하여 소송을 대리하는 자, 그 밖에 해당 소송으로 인하여 영업비밀을 알게 된 자에게 그 영업비밀을 해당 소송의 계속적인 수행 외의 목적으로 사용하거나 그 영업비밀에 관계된

① 법원은 부정경쟁으로 인한 영업상 이익의 침해에 관한 소송에서, 그 당사자가 보유한 영업비밀에 대하여 다음 사유의 어디에 해당하는지에 대해 소명이 있는 경우에는 당사자의 신청에 의해 결정으로, 당사자 등, 소송대리인 또는 보좌인에 대하여 그 영업비밀을 소송추행의 목적 이외의 목적으로 사용하거나 그 영업비밀에 관한 본 항 규정에 따른 명령을 받은 자 지외의 자에게 개시해서는 않된다는 것을 명할 수 있다. 다만, 그 신청시까지 당사자 등, 소송대리인 또는 보좌인이 제

	이 항에 따른 명령을 받은 자 외의 자에게 공개하지 아니할 것을 명할 수 있다. 다만, 그 신청 시점까지 다른 당사자(법인인 경우에는 그 대표자), 당사자를 위하여 소송을 대리하는 자, 그 밖에 해당 소송으로 인하여 영업비밀을 알게 된 자가 제1호에 규정된 준비서면의 열람이나 증거 조사 외의 방법으로 그 영업비밀을 이미 취득하고 있는 경우에는 그러하지 아니하다. 1. 이미 제출하였거나 제출하여야 할 준비서면 또는 이미 조사하였거나 조사하여야 할 증거에 영업비밀이 포함되어 있다는 것 2. 제1호의 영업비밀이 해당 소송 수행 외의 목적으로 사용되거나 공개되면 당사자의 영업에 지장을 줄 우려가 있어 이를 방지하기 위하여 영업비밀의 사용 또는 공개를 제한할 필요가 있다는 것 ② 제1항에 따른 명령(이하 "비밀유지명령"이라 한다)의 신청은 다음 각 호의 사항을 적은 서면으로 하여야 한다. 1. 비밀유지명령을 받을 자 2. 비밀유지명령의 대상이 될 영업비밀을 특정하기에 충분한 사실 3. 제1항 각 호의 사유에 해당하는 사실 ③ 법원은 비밀유지명령이 결정된 경우에는 그 결정서를 비밀유지명령을 받은 자에게 송달하여야 한다. ④ 비밀유지명령은 제3항의 결정서가 비밀유지명령을 받은 자에게 송달된 때부터 효력이 발생한다. ⑤ 비밀유지명령의 신청을 기각 또는 각하한 재판에 대하여는 즉시항고를 할 수 있다(제14조의4).	1호에서 규정하는 준비서면의 열독 또는 동호에서 규정하는 증거조사 혹은 개시 이외의 방법으로 그 영업비밀을 취득하거나 보유하고 있던 경우는 그러하지 아니하다. 1. 이미 제출되거나 제출되어야 하여야 하는 준비서면에 당사자가 보유하는 영업비밀이 기재되거나 아니 조사되거나 조사되어야 하는 증거(제7조 제3항 규정에 따라 개시된 서류 또는 제13조 제4항 규정에 따라 개시된 서면을 포함)의 내용에 당사자가 보유하는 영업비밀이 포함될 것 2. 전호의 영업비밀이 그 소송추행의 목적 이외의 목적으로 사용되거나 그 영업비밀이 개시됨으로써 영업비밀에 근거한 당사자의 사업활동에 지장이 생길 우려가 있어 이를 방지하기 위해 그 영업비밀의 사용 또는 개시를 제한할 필요가 있을 것 ② 전항 규정에 따른 명령(이하 「비밀유지명령」이라 함)의 신청은 다음의 사항을 기재한 서면으로 하여야 한다. 1. 비밀유지명령을 받아야 하는 자 2. 비밀유지명령의 대상이 되어야 하는 영업비밀을 특정하기에 충분한 사실 3. 전 항 각 호의 사유에 해당하는 사실 ③ 비밀유지명령이 발해진 경우에는 그 결정서를 비밀유지명령을 받는 자에게 송달하여야 한다. ④ 비밀유지명령은 비밀유지명령을 받는 자에 대한 결정서가 송달된 때부터 효력이 생긴다. ⑤ 비밀유지명령의 신청을 각하한 법원에 대해서는 즉시항고할 수 있다(제10조).
비밀유지명령의 취소	① 비밀유지명령을 신청한 자 또는 비밀유지명령을 받은 자는 제14조의4 제1항에 따른 요건을 갖추지 못하였거나 갖추지 못하게 된 경우 소송기록을 보관하고 있	① 비밀유지명령의 신청을 한 자 또는 비밀유지명령을 받은 자는 소송기록의 있는 법원(소송기록이 있는 법원이 없는 경우에는 비밀유지명령을 발한 법원)에 대하

	는 법원(소송기록을 보관하고 있는 법원이 없는 경우에는 비밀유지명령을 내린 법원)에 비밀유지명령의 취소를 신청할 수 있다. ② 법원은 비밀유지명령의 취소 신청에 대한 재판이 있는 경우에는 그 결정서를 그 신청을 한 자 및 상대방에게 송달하여야 한다. ③ 비밀유지명령의 취소 신청에 대한 재판에 대하여는 즉시항고를 할 수 있다. ④ 비밀유지명령을 취소하는 재판은 확정되어야 그 효력이 발생한다. ⑤ 비밀유지명령을 취소하는 재판을 한 법원은 비밀유지명령의 취소 신청을 한 자 또는 상대방 외에 해당 영업비밀에 관한 비밀유지명령을 받은 자가 있는 경우에는 그 자에게 즉시 비밀유지명령의 취소 재판을 한 사실을 알려야 한다(제14조의5).	여 전조 제1항에서 규정하는 요건을 결하거나 이를 결하게 된 것을 이유로 비밀유지명령의 취소신청을 할 수 있다. ② 비밀유지명령의 취소신청에 대한 재판이 있는 경우에는 그 결정서를 신청을 한 자 및 상대방에게 송달하여야 한다. ③ 비밀유지명령의 취소신청에 대한 재판에 대해서는 즉시항고할 수 있다. ④ 비밀유지명령을 취소하는 재판은 확정하지 않으면 그 효력이 발생하지 아니한다. ⑤ 법원은 비밀유지명령을 취소한 재판을 한 경우에, 비밀유지명령의 취소신청을 한 자 또는 상대방 이외에 그 비밀유지명령이 발하여진 소송에서 그 영업비밀에 관한 비밀유지명령을 받은 자가 있는 때에는 그 자에 대하여 즉시 비밀유지명령을 취소하는 재판을 한 사실을 통지하여야 한다(제11조).
소송기록 열람 등의 청구 통지 등	① 비밀유지명령이 내려진 소송(모든 비밀유지명령이 취소된 소송은 제외한다)에 관한 소송기록에 대하여 「민사소송법」 제163조 제1항의 결정이 있었던 경우, 당사자가 같은 항에서 규정하는 비밀 기재 부분의 열람 등의 청구를 하였으나 그 청구절차를 해당 소송에서 비밀유지명령을 받지 아니한 자가 밟은 경우에는 법원서기관, 법원사무관, 법원주사 또는 법원주사보(이하 이 조에서 "법원사무관등"이라 한다)는 「민사소송법」 제163조 제1항의 신청을 한 당사자(그 열람 등의 청구를 한 자는 제외한다. 이하 제3항에서 같다)에게 그 청구 직후에 그 열람 등의 청구가 있었다는 사실을 알려야 한다. ② 제1항의 경우에 법원사무관등은 제1항의 청구가 있었던 날부터 2주일이 지날 때까지(그 청구절차를 행한 자에 대한 비밀유지명령신청이 그 기간 내에 행하여진	① 비밀유지명령이 발하여진 소송(모든 비밀유지명령이 취소된 소송을 제외)에 관한 소송기록에 대해 민사소송법(1996년 법률 제109호) 제92조 제1항의 결정이 있는 경우에, 당사자로부터 동항에서 규정하는 비밀기재부분의 열람 등의 청구가 있고, 그러한 청구절차를 진행한 자가 그 소송에서 비밀유지명령을 받고 있지 않은 자가 있는 때에, 법원서기관은 동항의 신청을 한 당사자(청구를 한 자를 제외. 제3항에서 같음)에 대하여 그 청구 후 즉시 청구가 있었다는 사실을 통지하여야 한다. ② 전항의 경우에, 법원서기관은 동항의 청구가 있었던 날부터 2주일이 경과하는 날까지(그 청구절차를 진행한 자에 대한 비밀유지명령의 신청이 그 날까지 이루어진 경우에는 그 신청에 대한 재판이 확정할 때까지), 그 청구절차를 진행한 자에게

	경우에는 그 신청에 대한 재판이 확정되는 시점까지) 그 청구절차를 행한 자에게 제1항의 비밀 기재 부분의 열람 등을 하게 하여서는 아니 된다. ③ 제2항은 제1항의 열람 등의 청구를 한 자에게 제1항의 비밀 기재 부분의 열람 등을 하게 하는 것에 대하여「민사소송법」제163조 제1항의 신청을 한 당사자 모두의 동의가 있는 경우에는 적용되지 아니한다(제14조의6).	동항의 비밀기재부분의 열람 등을 하게 하여서는 아니 된다. ③ 전 2항의 규정은 제1항의 청구를 한 자에게 동항의 비밀기재부분의 열람 등을 하게 하는 것에 대하여 민사소송법 제92조 제1항의 신청을 한 당사자 전부의 동의가 있는 때에는 적용하지 아니한다(제12조).
타 법률과의 관계	①「특허법」,「실용신안법」,「디자인보호법」,「상표법」,「농수산물 품질관리법」또는「저작권법」에 제2조부터 제6조까지 및 제18조 제3항과 다른 규정이 있으면 그 법에 따른다. ②「독점규제 및 공정거래에 관한 법률」,「표시·광고의 공정화에 관한 법률」또는「형법」중 국기·국장에 관한 규정에 제2조 제1호 라목부터 바목까지 및 차목, 제3조부터 제6조까지 및 제18조 제3항과 다른 규정이 있으면 그 법에 따른다(제15조).	관련 규정 없음
벌칙 － 영업비밀 침해(국외 사용)	부정한 이익을 얻거나 영업비밀 보유자에게 손해를 입힐 목적으로 그 영업비밀을 외국에서 사용하거나 외국에서 사용될 것임을 알면서 취득·사용 또는 제3자에게 누설한 자는 10년 이하의 징역 또는 1억원 이하의 벌금에 처한다. 다만, 벌금형에 처하는 경우 위반행위로 인한 재산상 이득액의 10배에 해당하는 금액이 1억원을 초과하면 그 재산상 이득액의 2배 이상 10배 이하의 벌금에 처한다(제18조 제1항). 제1항과 제2항의 징역과 벌금은 병과(倂科)할 수 있다(제18조 제5항).	① 다음 각 호의 어느 하나에 해당하는 자는 10년 이하의 징역 혹은 천만엔 이하의 벌금에 처하거나 이를 병과한다. 1. 부정한 이익을 얻을 목적으로 또는 보유자에게 손해를 가할 목적으로 사기 등 행위(사람을 속이거나, 사람에게 폭력을 가하거나 사람을 협박하는 행위를 말함. 이하 본 조에서 같음) 또는 관리침해행위(재물의 절취, 시설침입, 부정접근행위(부정접근행위의 금지 등에 관한 법률(1999년 법률 제128호) 제3조에서 규정하는 부정접근행위를 말함) 등 보유자의 관리를 침해하는 행위를 말함. 이하 본 조에서 같음)로 영업비밀을 취득한 자 2. 사기 등 행위 또는 관리침해행위로 취득한 영업비밀을 부정한 이익을 얻을 목

적으로 또는 보유자에게 손해를 가할 목
적으로 사용하거나 개시한 자
3. 영업비밀이 보유자로부터 제시된 자로
써, 부정한 이익을 얻을 목적으로 또는 보
유자에게 손해를 가할 목적으로 그 영업
비밀의 관리에 관한 임무에 반하여 다음
어느 하나의 방법으로 그 영업비밀을 영
득한 자
가. 영업비밀기록매체 등(영업비밀이 기
재되거나 기록된 문서, 도면 또는 기록매
체를 말함. 이하 본 호에서 같음) 또는 영
업비밀이 체화된 물건을 횡령하는 것
나. 영업비밀기록매체 등의 기재 혹은 기
록에 대하여 또는 영업비밀이 체화된 물
건에 대하여 이를 복제하는 것
다. 영업비밀기록매체 등의 기재 또는 기
록으로써, 소거해야하는 것을 소거하지
않고, 그 기재 또는 기록을 소거한 것처럼
가장하는 것
4. 영업비밀이 보유자로부터 제시된 자로
써, 그 영업비밀의 관리에 관한 임무에 반
하여 전호 가 내지 다의 방법으로 영득한
영업비밀을 부정한 이익을 얻을 목적으로
또는 그 보유자에게 손해를 가할 목적으
로 영업비밀의 관리에 관한 임무에 반하
여 사용하거나 개시한 자
5. 영업비밀이 보유자로부터 제시된 그
임원(이사, 중역, 집행임원, 업무집행사
원, 감사 혹은 감사중역 또는 이에 준하는
말함. 다음 호에서 같음) 또는 종업원으로
써 부정한 이익을 얻을 목적으로 또는 그
보유자에게 손해를 가할 목적으로 그 영
업비밀의 관리에 관한 임무에 반하여 영
업비밀을 사용하거나 개시한 자(전 호의
자를 제외)
6. 영업비밀이 보유자로부터 제시된 그
임원 또는 종업원이었던 자로써, 부정한
이익을 얻을 목적으로 또는 보유자에게

		손해를 가할 목적으로, 재직 중에 그 영업비밀의 관리에 관한 임무에 반하여 그 영업비밀의 개시신청을 하거나 영업비밀의 사용 혹은 개시에 대하여 청탁을 받고 그 영업비밀을 퇴직한 후에 사용하거나 개시한 자(제4호의 자를 제외) 7. 부정한 이익을 얻을 목적으로 또는 보유자에게 손해를 가할 목적으로 제2호 또는 전 3호의 죄에 해당하는 개시로써 영업비밀을 취득하여 그 영업비밀을 사용하거나 개시한 자 ④ 제1항 제2호 또는 제4호 내지 제7호의 죄는 사기 등 행위 혹은 관리침해행위가 있었던 때 또는 보유자로부터 제시된 때에 일본국내에서 관리되고 있던 영업비밀에 대하여, 일본국외에서 이러한 죄를 범한 자에게도 적용한다. ⑤ 제2항 제5호의 죄는 일본국외에서 동호의 죄를 범한 자에게도 적용한다(제21조 제1, 4, 5항).
벌칙 – 영업비밀 침해	부정한 이익을 얻거나 영업비밀 보유자에게 손해를 입힐 목적으로 그 영업비밀을 취득·사용하거나 제3자에게 누설한 자는 5년 이하의 징역 또는 5천만원 이하의 벌금에 처한다. 다만, 벌금형에 처하는 경우 위반행위로 인한 재산상 이득액의 10배에 해당하는 금액이 5천만원을 초과하면 그 재산상 이득액의 2배 이상 10배 이하의 벌금에 처한다(제18조 제2항). 제1항과 제2항의 징역과 벌금은 병과(倂科)할 수 있다(제18조 제5항).	상동 (제21조 제1항)
벌칙 – 부정경쟁 행위 등	다음 각 호의 어느 하나에 해당하는 자는 3년 이하의 징역 또는 3천만원 이하의 벌금에 처한다. 1. 제2조 제1호(아목부터 차목까지는 제외한다)에 따른 부정경쟁행위를 한 자 2. 제3조를 위반하여 다음 각 목의 어느 하나에 해당하는 휘장 또는 표지와 동일	다음 각 호의 어느 하나에 해당하는 자는 5년 이하의 징역 혹은 500만엔 이하의 벌금에 처하거나 이를 병과한다. 1. 부정한 목적으로 제2조 제1항 제1호 또는 제13호의 부정경쟁을 한 자 2. 타인의 저명한 상표 등 표시에 대한 신용 혹은 명성을 이용하여 부정한 이익을

	하거나 유사한 것을 상표로 사용한 자 가. 파리협약 당사국, 세계무역기구 회원국 또는 「상표법 조약」 체약국의 국기·국장, 그 밖의 휘장 나. 국제기구의 표지 다. 파리협약 당사국, 세계무역기구 회원국 또는 「상표법 조약」 체약국 정부의 감독용·증명용 표지 (제18조 제3항)	얻을 목적으로 또는 그 신용 혹은 명성을 해할 목적으로 제2조 제1항 제2호의 부정경쟁을 한 자 3. 부정한 이익을 얻을 목적으로 제2조 제1항 제3호의 부정경쟁을 한 자 4. 상품·용역 혹은 그에 대한 광고 혹은 거래에 사용하는 서류 혹은 통신에 그 상품의 원산지, 품질, 내용, 제조방법, 용도 혹은 수량 또는 그 용역의 질, 내용, 용도 혹은 수량에 대하여 오인하게 하는 허위의 표시를 한 자(제1호의 자를 제외) 5. 비밀유지명령에 위반한 자 6. 제16조, 제17조 또는 제18조 제1항의 규정에 위반한 자 (제21조 제2항)
벌칙 – 친고죄	관련 규정 없음	③ 제1항 및 전항 제5호의 죄는 고소가 없으면 공소를 제기할 수 없다(제21조 제3항).
벌칙 – 미수	제18조 제1항 및 제2항의 미수범은 처벌한다(제18조의2).	관련 규정 없음
벌칙 – 예비·음모	① 제18조 제1항의 죄를 범할 목적으로 예비 또는 음모한 자는 3년 이하의 징역 또는 2천만원 이하의 벌금에 처한다. ② 제18조 제2항의 죄를 범할 목적으로 예비 또는 음모한 자는 2년 이하의 징역 또는 1천만원 이하의 벌금에 처한다(제20조의3).	관련 규정 없음
양벌규정	법인의 대표자나 법인 또는 개인의 대리인, 사용인, 그 밖의 종업원이 그 법인 또는 개인의 업무에 관하여 제18조 제1항부터 제4항까지의 어느 하나에 해당하는 위반행위를 하면 그 행위자를 벌하는 외에 그 법인 또는 개인에게도 해당 조문의 벌금형을 과(科)한다. 다만, 법인 또는 개인이 그 위반행위를 방지하기 위하여 해당 업무에 관하여 상당한 주의와 감독을 게을리하지 아니한 경우에는 그러하지 아니	① 법인의 대표자 또는 법인 혹은 개인의 대리인, 사용인 등의 종업원이 그 법인 또는 개인의 업무에 관하여 전조 제1항 제1호, 제2호 혹은 제7호 또는 제2항에서 열거하는 규정의 위반행위를 한 때에는 행위자를 벌하는 외에, 그 법인에 대해서 3억엔 이하의 벌금형을, 개인에 대하여 각 조의 벌금형을 부과한다. ② 전항의 경우에, 행위자에 대하여 한 전조 제1항 제1호, 제2호 및 제7호와 제2항

	하다(제19조).	제5호의 죄에 관한 동조 제3항의 고소는 그 법인 또는 개인에 대해서도 효력이 발생하고, 그 법인 또는 개인에 대하여 한 고소는 행위에 대해서도 효력이 발생하는 것으로 한다. ③ 제1항 규정에 따라 전조 제1항 제1호, 제2호 혹은 제7호 또는 제2항의 위반행위에 대해 법인 또는 개인에게 벌금형을 부과하는 경우의 시효기간은 이들 규정의 죄에 대한 시효기간에 따른다.
예외조항	관련 규정 없음	① 제3조 내지 제15조, 제21조(제2항 제6호에 관한 부분을 제외) 및 제22조의 규정은 다음 각 호의 부정경쟁의 구분에 따라서 각 호에서 정하는 행위에 대해서는 적용하지 아니한다. 1. 제2조 제1항 제1호, 제2호, 제13호 및 제15호의 부정경쟁 상품 혹은 영업의 보통명칭(포도를 원료 또는 재료로 하는 물건의 원산지의 명칭으로써 보통명칭이 된 것을 제외) 혹은 동일하거나 유사한 상품 혹은 영업에 대하여 관용되어 있는 상품 등 표시(이하 「보통명칭 등」으로 총칭함)를 보통 사용되는 방법으로 사용하거나 표시를 하거나 보통명칭 등을 보통 사용되는 방법으로 사용하거나 표시를 한 상품을 양도, 인도하고, 양도·인도하기 위해 전시, 수출, 수입하거나 전기통신회선을 통하여 제공하는 행위(동항 제13호 및 제15호 부정행위의 경우에는 보통명칭 등을 보통 사용되는 방법으로 표시를 하거나 사용하여 용역을 제공하는 행위를 포함) 2. 제2조 제1항 제1호, 제2호 및 제15호의 부정경쟁 자기의 성명을 부정한 목적(부정한 이익을 얻을 목적, 타인에게 손해를 가할 목적 등 부정한 목적을 말함. 이하 같음)이 아닌데 사용하거나 자기의 성명을 부정한 목적이 아닌데 사용한 상품을

양도, 인도하거나, 양도·인도하기 위해 전시, 수출, 수입하거나 전기통신회선을 통하여 제공하는 행위(동호의 부정경쟁의 경우에는 자기의 성명을 부정한 목적이 아닌데 사용하여 용역을 제공하는 행위를 포함)

3. 제2조 제1항 제1호의 부정경쟁 타인의 상품 등 표시가 수요자들 사이에 널리 인식되기 전부터 그 상품 등 표시와 동일하거나 유사한 상품 등 표시를 사용하는 자 또는 그 상품 등 표시에 관련된 업무를 승계한 자가 그 상품 등 표시를 부정한 목적이 아닌데 사용하거나 그 상품 등 표시를 부정한 목적이 아닌데 사용한 상품을 양도, 인도하거나, 양도·인도를 위해 전시, 수출, 수입하거나 전기통신회선을 통하여 제공하는 행위

4. 제2조 제1항 제2호의 부정경쟁 타인의 상품 등 표시가 저명하게 되기 전부터 그 상품 등 표시와 동일하거나 유사한 상품 등 표시를 사용하는 자 또는 그 상품 등 표시에 관련된 업무를 승계한 자가 이를 부정한 목적이 아닌데 사용하거나 부정한 목적이 아닌데 사용한 상품을 양도, 인도하거나 양도·인도를 위해 전시, 수출, 수입하거나 전기통신회선을 통하여 제공하는 행위

5. 제2조 제1항 제3호의 부정행위 다음 어느 하나의 행위
가. 일본국내에서 최초로 판매된 날부터 기산하여 3년이 경과한 상품에 대하여그 상품의 형태를 모방한 상품을 양도, 대여, 양도 혹은 대여를 위해 전시, 수출 또는 수입하는 행위
나. 타인의 상품 형태를 모방한 상품을 양수한 자(양수 받은 때에 그 상품이 타인의 상품 형태를 모방한 상품인 것을 알지 못하고, 알지 못한 것에 대하여 중대한 과

		실이 없는 자에 한함)가 그 상품을 양도, 대여, 양도 혹은 대여를 위해 전시, 수출 또는 수입하는 행위 6. 제2조 제1항 제4호 내지 제9호의 부정 경쟁 거래로 인해 영업비밀을 취득한 자 (취득한 때에 그 영업비밀에 대하여 부정 개시행위라는 것 또는 영업비밀에 대하여 부정취득행위 혹은 부정개시행위가 개재 한 것을 알지 못하고, 알지 못한데 대하여 중대한 과실이 없는 자에 한함)가 그 거 래로 인해 취득한 권원의 범위 내에서 그 영업비밀을 사용하거나 개시하는 행위 7. 제2조 제1항 제10호 및 제11호의 부정 경쟁 기술적 제한수단의 시험 또는 연구 를 위해 사용되는 제2조 제1항 제10호 및 제11호에서 규정하는 장치 혹은 이에서 규정하는 프로그램을 기록한 기록매체 혹 은 기억한 기기를 양도, 인도하거나 양도 혹은 인도를 위해 전시, 수출하거나 수입 하거나 해당 프로그램을 전기통신회선을 통하여 제공하는 행위 (제19조 제1항)

부정경쟁방지 및 영업비밀에 관한 법률 전문

부정경쟁방지 및 영업비밀보호에 관한 법률

[시행 2016. 1. 27.] [법률 제13844호, 2016. 1. 27., 일부개정]

특허청(산업재산보호정책과) 042-481-3310

제 1 장 총칙 〈개정 2007.12.21.〉

제1조(목적) 이 법은 국내에 널리 알려진 타인의 상표·상호(商號) 등을 부정하게 사용하는 등의 부정경쟁행위와 타인의 영업비밀을 침해하는 행위를 방지하여 건전한 거래질서를 유지함을 목적으로 한다.

[전문개정 2007.12.21.]

제2조(정의) 이 법에서 사용하는 용어의 뜻은 다음과 같다. <개정 2011.12.2., 2013.7.30., 2015.1.28.>

1. "부정경쟁행위"란 다음 각 목의 어느 하나에 해당하는 행위를 말한다.

　　가. 국내에 널리 인식된 타인의 성명, 상호, 상표, 상품의 용기·포장, 그 밖에 타인의 상품임을 표시한 표지(標識)와 동일하거나 유사한 것을 사용하거나 이러한 것을 사용한 상품을 판매·반포(頒布) 또는 수입·수출하여 타인의 상품과 혼동하게 하는 행위

　　나. 국내에 널리 인식된 타인의 성명, 상호, 표장(標章), 그 밖에 타인의 영업임을 표시하는 표지와 동일하거나 유사한 것을 사용하여 타인의 영업상의 시설 또는 활동과 혼동하게 하는 행위

　　다. 가목 또는 나목의 혼동하게 하는 행위 외에 비상업적 사용 등 대통령령으로 정하는 정당한 사유 없이 국내에 널리 인식된 타인의 성명, 상호, 상표, 상품의 용기·포장, 그 밖에 타인의 상품 또는 영업임을 표시한 표지와 동일하거나 유사한 것을 사용하거나 이러한 것을 사용한 상품을 판매·반포 또는 수입·수출하여 타인의 표지의 식별력이나 명성을 손상하는 행위

　　라. 상품이나 그 광고에 의하여 또는 공중이 알 수 있는 방법으로 거래상의 서류 또는 통신에 거짓의 원산지의 표지를 하거나 이러한 표지를 한 상품을 판매·반포 또는 수입·수출하여 원산지를 오인(誤認)하게 하는 행위

　　마. 상품이나 그 광고에 의하여 또는 공중이 알 수 있는 방법으로 거래상의 서류 또는 통신에 그 상품이 생산·제조 또는 가공된 지역 외의 곳에서 생산 또는 가공된 듯이 오인하게 하는 표지를 하거나 이러한 표지를 한 상품을 판매·반포 또는 수입·수출하는 행위

　　바. 타인의 상품을 사칭(詐稱)하거나 상품 또는 그 광고에 상품의 품질, 내용, 제조방

법, 용도 또는 수량을 오인하게 하는 선전 또는 표지를 하거나 이러한 방법이나 표지로써 상품을 판매·반포 또는 수입·수출하는 행위

사. 다음의 어느 하나의 나라에 등록된 상표 또는 이와 유사한 상표에 관한 권리를 가진 자의 대리인이나 대표자 또는 그 행위일 전 1년 이내에 대리인이나 대표자이었던 자가 정당한 사유 없이 해당 상표를 그 상표의 지정상품과 동일하거나 유사한 상품에 사용하거나 그 상표를 사용한 상품을 판매·반포 또는 수입·수출하는 행위

　　(1) 「공업소유권의 보호를 위한 파리협약」(이하 "파리협약"이라 한다) 당사국

　　(2) 세계무역기구 회원국

　　(3) 「상표법 조약」의 체약국(締約國)

아. 정당한 권원이 없는 자가 다음의 어느 하나의 목적으로 국내에 널리 인식된 타인의 성명, 상호, 상표, 그 밖의 표지와 동일하거나 유사한 도메인이름을 등록·보유·이전 또는 사용하는 행위

　　(1) 상표 등 표지에 대하여 정당한 권원이 있는 자 또는 제3자에게 판매하거나 대여할 목적

　　(2) 정당한 권원이 있는 자의 도메인이름의 등록 및 사용을 방해할 목적

　　(3) 그 밖에 상업적 이익을 얻을 목적

자. 타인이 제작한 상품의 형태(형상·모양·색채·광택 또는 이들을 결합한 것을 말하며, 시제품 또는 상품소개서상의 형태를 포함한다. 이하 같다)를 모방한 상품을 양도·대여 또는 이를 위한 전시를 하거나 수입·수출하는 행위. 다만, 다음의 어느 하나에 해당하는 행위는 제외한다.

　　(1) 상품의 시제품 제작 등 상품의 형태가 갖추어진 날부터 3년이 지난 상품의 형태를 모방한 상품을 양도·대여 또는 이를 위한 전시를 하거나 수입·수출하는 행위

　　(2) 타인이 제작한 상품과 동종의 상품(동종의 상품이 없는 경우에는 그 상품과 기능 및 효용이 동일하거나 유사한 상품을 말한다)이 통상적으로 가지는 형태를 모방한 상품을 양도·대여 또는 이를 위한 전시를 하거나 수입·수출하는 행위

차. 그 밖에 타인의 상당한 투자나 노력으로 만들어진 성과 등을 공정한 상거래 관행이나 경쟁질서에 반하는 방법으로 자신의 영업을 위하여 무단으로 사용함으로써 타인의 경제적 이익을 침해하는 행위

2. "영업비밀"이란 공공연히 알려져 있지 아니하고 독립된 경제적 가치를 가지는 것으로서, 합리적인 노력에 의하여 비밀로 유지된 생산방법, 판매방법, 그 밖에 영업활동에 유용한 기술상 또는 경영상의 정보를 말한다.

3. "영업비밀 침해행위"란 다음 각 목의 어느 하나에 해당하는 행위를 말한다.

　가. 절취(竊取), 기망(欺罔), 협박, 그 밖의 부정한 수단으로 영업비밀을 취득하는 행위(이하 "부정취득행위"라 한다) 또는 그 취득한 영업비밀을 사용하거나 공개(비밀을 유지하면서 특정인에게 알리는 것을 포함한다. 이하 같다)하는 행위

　나. 영업비밀에 대하여 부정취득행위가 개입된 사실을 알거나 중대한 과실로 알지 못하고 그 영업비밀을 취득하는 행위 또는 그 취득한 영업비밀을 사용하거나 공개하는 행위

　다. 영업비밀을 취득한 후에 그 영업비밀에 대하여 부정취득행위가 개입된 사실을 알거나 중대한 과실로 알지 못하고 그 영업비밀을 사용하거나 공개하는 행위

　라. 계약관계 등에 따라 영업비밀을 비밀로서 유지하여야 할 의무가 있는 자가 부정한 이익을 얻거나 그 영업비밀의 보유자에게 손해를 입힐 목적으로 그 영업비밀을 사용하거나 공개하는 행위

　마. 영업비밀이 라목에 따라 공개된 사실 또는 그러한 공개행위가 개입된 사실을 알거나 중대한 과실로 알지 못하고 그 영업비밀을 취득하는 행위 또는 그 취득한 영업비밀을 사용하거나 공개하는 행위

　바. 영업비밀을 취득한 후에 그 영업비밀이 라목에 따라 공개된 사실 또는 그러한 공개행위가 개입된 사실을 알거나 중대한 과실로 알지 못하고 그 영업비밀을 사용하거나 공개하는 행위

4. "도메인이름"이란 인터넷상의 숫자로 된 주소에 해당하는 숫자·문자·기호 또는 이들의 결합을 말한다.

[전문개정 2007.12.21.]

제2조의2(부정경쟁방지 및 영업비밀보호 사업) 특허청장은 부정경쟁행위의 방지 및 영업비밀보호를 위하여 연구·교육 및 홍보, 부정경쟁방지를 위한 정보관리시스템 구축 및 운영, 그 밖에 대통령령으로 정하는 사업을 할 수 있다.

[본조신설 2009.3.25.]

제2장 부정경쟁행위의 금지 등 〈개정 2007.12.21.〉

제3조(국기·국장 등의 사용 금지) ① 파리협약 당사국, 세계무역기구 회원국 또는 「상표법 조약」 체약국의 국기·국장(國章), 그 밖의 휘장이나 국제기구의 표지와 동일하거나 유사한 것은 상표로 사용할 수 없다. 다만, 해당 국가 또는 국제기구의 허락을 받은 경우에는 그러하지 아니하다.

② 파리협약 당사국, 세계무역기구 회원국 또는 「상표법 조약」 체약국 정부의 감독용 또는 증명용 표지와 동일하거나 유사한 것은 상표로 사용할 수 없다. 다만, 해당 정부의 허락을 받은 경우에는 그러하지 아니하다.

[전문개정 2007.12.21.]

제3조의2(자유무역협정에 따라 보호하는 지리적 표시의 사용금지 등) ① 정당한 권원이 없는 자는 대한민국이 외국과 양자간(兩者間) 또는 다자간(多者間)으로 체결하여 발효된 자유무역협정에 따라 보호하는 지리적 표시(이하 이 조에서 "지리적 표시"라 한다)에 대하여는 제2조 제1호 라목 및 마목의 부정경쟁행위 이외에도 지리적 표시에 나타난 장소를 원산지로 하지 아니하는 상품(지리적 표시를 사용하는 상품과 동일하거나 동일하다고 인식되는 상품으로 한정한다)에 관하여 다음 각 호의 행위를 할 수 없다.

1. 진정한 원산지 표시 이외에 별도로 지리적 표시를 사용하는 행위
2. 지리적 표시를 번역 또는 음역하여 사용하는 행위
3. "종류," "유형," "양식" 또는 "모조품" 등의 표현을 수반하여 지리적 표시를 사용하는 행위

② 정당한 권원이 없는 자는 다음 각 호의 행위를 할 수 없다.

1. 제1항 각 호에 해당하는 방식으로 지리적 표시를 사용한 상품을 양도·인도 또는 이를 위하여 전시하거나 수입·수출하는 행위
2. 제2조 제1호 라목 또는 마목에 해당하는 방식으로 지리적 표시를 사용한 상품을 인도하거나 이를 위하여 전시하는 행위

③ 제1항 각 호에 해당하는 방식으로 상표를 사용하는 자로서 다음 각 호의 요건을 모두 갖춘 자는 제1항에도 불구하고 해당 상표를 그 사용하는 상품에 계속 사용할 수 있다.

1. 국내에서 지리적 표시의 보호개시일 이전부터 해당 상표를 사용하고 있을 것
2. 제1호에 따라 상표를 사용한 결과 해당 지리적 표시의 보호개시일에 국내 수요자 간에 그 상표가 특정인의 상품을 표시하는 것이라고 인식되어 있을 것

[본조신설 2011.6.30.]

제4조(부정경쟁행위 등의 금지청구권 등) ① 부정경쟁행위나 제3조의2 제1항 또는 제2항을 위반하는 행위로 자신의 영업상의 이익이 침해되거나 침해될 우려가 있는 자는 부정경쟁행위나 제3조의2 제1항 또는 제2항을 위반하는 행위를 하거나 하려는 자에 대하여 법원에 그 행위의 금지 또는 예방을 청구할 수 있다. <개정 2011.6.30.>

② 제1항에 따른 청구를 할 때에는 다음 각 호의 조치를 함께 청구할 수 있다. <개정 2011.6.30.>

1. 부정경쟁행위나 제3조의2 제1항 또는 제2항을 위반하는 행위를 조성한 물건의 폐기
2. 부정경쟁행위나 제3조의2 제1항 또는 제2항을 위반하는 행위에 제공된 설비의 제거
3. 부정경쟁행위나 제3조의2 제1항 또는 제2항을 위반하는 행위의 대상이 된 도메인이름의 등록말소
4. 그 밖에 부정경쟁행위나 제3조의2 제1항 또는 제2항을 위반하는 행위의 금지 또는 예방을 위하여 필요한 조치

[전문개정 2007.12.21.]

[제목개정 2011.6.30.]

제5조(부정경쟁행위 등에 대한 손해배상책임) 고의 또는 과실에 의한 부정경쟁행위나 제3조의2 제1항 또는 제2항을 위반한 행위(제2조 제1호 다목의 경우에는 고의에 의한 부정경쟁행위만을 말한다)로 타인의 영업상 이익을 침해하여 손해를 입힌 자는 그 손해를 배상할 책임을 진다. <개정 2011.6.30.>

[전문개정 2007.12.21.]

[제목개정 2011.6.30.]

제6조(부정경쟁행위 등으로 실추된 신용의 회복) 법원은 고의 또는 과실에 의한 부정경쟁행위나 제3조의2 제1항 또는 제2항을 위반한 행위(제2조 제1호 다목의 경우에는 고의에 의한 부정경쟁행위만을 말한다)로 타인의 영업상의 신용을 실추시킨 자에게는 부정경쟁행위나 제3조의2 제1항 또는 제2항을 위반한 행위로 인하여 자신의 영업상의 이익이 침해된 자의 청구에 의하여 제5조에 따른 손해배상을 갈음하거나 손해배상과 함께 영업상의 신용을 회복하는 데에 필요한 조치를 명할 수 있다.

[전문개정 2007.12.21.]

[제목개정 2011.6.30.]

제7조(부정경쟁행위 등의 조사 등) ① 특허청장, 특별시장·광역시장·특별자치시장·도지사·특별자치도지사(이하 "시·도지사"라 한다) 또는 시장·군수·구청장(자치구의 구청장을 말한다. 이하 같다)은 제2조 제1호 가목부터 사목까지의 부정경쟁행위나 제3조, 제3조의2 제1항 또는 제2항을 위반한 행위를 확인하기 위하여 필요한 경우로서 다른 방법으로는 그 행위 여부를 확인하기 곤란한 경우에는 관계 공무원에게 영업시설 또는 제조시설에 출입하여 관계 서류나 장부·제품 등을 조사하게 하거나 조사에 필요한 최소분량의 제품을 수거하여 검사하게 할 수 있다. <개정 2011.6.30., 2016.1.27.>

② 특허청장, 시·도지사 또는 시장·군수·구청장이 제1항에 따른 조사를 할 때에는 「행정조사기본법」 제15조에 따라 그 조사가 중복되지 아니하도록 하여야 한다. <신설 2011.6.30.>

③ 제1항에 따라 조사 등을 하는 공무원은 그 권한을 표시하는 증표를 지니고 이를 관계인에게 내보여야 한다. <개정 2011.6.30.>

[전문개정 2007.12.21.]

[제목개정 2011.6.30.]

제8조(위반행위의 시정권고) 특허청장, 시·도지사 또는 시장·군수·구청장은 제2조 제1호 가목부터 사목까지의 부정경쟁행위나 제3조, 제3조의2 제1항 또는 제2항을 위반한 행위가 있다고 인정되면 그 위반행위를 한 자에게 30일 이내의 기간을 정하여 그 행위를 중지하거나 표지를 제거 또는 폐기할 것 등 그 시정에 필요한 권고를 할 수 있다.

<개정 2011.6.30.>

[전문개정 2007.12.21.]

제9조(의견청취) 특허청장, 시·도지사 또는 시장·군수·구청장은 제8조에 따른 시정권고를 하기 위하여 필요하다고 인정하면 대통령령으로 정하는 바에 따라 당사자·이해관계인 또는 참고인의 의견을 들어야 한다. <개정 2011.6.30.>

[전문개정 2007.12.21.]

제3장 영업비밀의 보호 〈개정 2007.12.21.〉

제9조의2(영업비밀 원본 증명) ① 영업비밀 보유자는 영업비밀이 포함된 전자문서의 원본 여부를 증명받기 위하여 제9조의3에 따른 영업비밀 원본증명기관에 그 전자문서로부터 추출된 고유의 식별값[이하 "전자지문"(電子指紋)이라 한다]을 등록할 수 있다.

② 제9조의3에 따른 영업비밀 원본증명기관은 제1항에 따라 등록된 전자지문과 영업비밀 보유자가 보관하고 있는 전자문서로부터 추출된 전자지문이 같은 경우에는 그 전자문서가 전자지문으로 등록된 원본임을 증명하는 증명서(이하 "원본증명서"라 한다)를 발급할 수 있다.

③ 제2항에 따라 원본증명서를 발급받은 자는 제1항에 따른 전자지문의 등록 당시에 해당 전자문서의 기재 내용대로 정보를 보유한 것으로 추정한다. <신설 2015.1.28.>

[본조신설 2013.7.30.]

제9조의3(원본증명기관의 지정 등) ① 특허청장은 전자지문을 이용하여 영업비밀이 포함된 전자문서의 원본 여부를 증명하는 업무(이하 "원본증명업무"라 한다)에 관하여 전문성이 있는 자를 중소기업청장과 협의하여 영업비밀 원본증명기관(이하 "원본증명기관"이라 한다)으로 지정할 수 있다.

② 원본증명기관으로 지정을 받으려는 자는 대통령령으로 정하는 전문인력과 설비 등의 요건을 갖추어 특허청장에게 지정을 신청하여야 한다.

③ 특허청장은 원본증명기관에 대하여 원본증명업무를 수행하는 데 필요한 비용의 전부 또는 일부를 보조할 수 있다.

④ 원본증명기관은 원본증명업무의 안전성과 신뢰성을 확보하기 위하여 다음 각 호에 관하여 대통령령으로 정하는 사항을 지켜야 한다.

1. 전자지문의 추출·등록 및 보관

2. 영업비밀 원본 증명 및 원본증명서의 발급

3. 원본증명업무에 필요한 전문인력의 관리 및 설비의 보호

4. 그 밖에 원본증명업무의 운영·관리 등

⑤ 원본증명기관 지정의 기준 및 절차에 필요한 사항은 대통령령으로 정한다.

[본조신설 2013.7.30.]

제9조의4(원본증명기관에 대한 시정명령 등) ① 특허청장은 원본증명기관이 다음 각 호의 어느 하나에 해당하는 경우에는 6개월 이내의 기간을 정하여 그 시정을 명할 수 있다.

1. 원본증명기관으로 지정을 받은 후 제9조의3 제2항에 따른 요건에 맞지 아니하게 된 경우

2. 제9조의3 제4항에 따라 대통령령으로 정하는 사항을 지키지 아니한 경우

② 특허청장은 원본증명기관이 제9조의3 제3항에 따른 보조금을 다른 목적으로 사용한 경우에는 기간을 정하여 그 반환을 명할 수 있다.

③ 특허청장은 원본증명기관이 다음 각 호의 어느 하나에 해당하는 경우에는 그 지정을 취소하거나 6개월 이내의 기간을 정하여 원본증명업무의 전부 또는 일부의 정지를 명할 수 있다. 다만, 제1호 또는 제2호에 해당하는 경우에는 그 지정을 취소하여야 한다.

1. 거짓이나 그 밖의 부정한 방법으로 지정을 받은 경우

2. 원본증명업무의 전부 또는 일부의 정지명령을 받은 자가 그 명령을 위반하여 원본증명업무를 한 경우

3. 정당한 이유 없이 원본증명기관으로 지정받은 날부터 6개월 이내에 원본증명업무를 시작하지 아니하거나 6개월 이상 계속하여 원본증명업무를 중단한 경우

4. 제1항에 따른 시정명령을 정당한 이유 없이 이행하지 아니한 경우

5. 제2항에 따른 보조금 반환명령을 이행하지 아니한 경우

④ 제3항에 따라 지정이 취소된 원본증명기관은 지정이 취소된 날부터 3개월 이내에 등록된 전자지문이나 그 밖에 전자지문의 등록에 관한 기록 등 원본증명업무에 관한 기록을 특허청장이 지정하는 다른 원본증명기관에 인계하여야 한다. 다만, 다른 원본증명기관이 인수를 거부하는 등 부득이한 사유로 원본증명업무에 관한 기록을 인계할 수 없는 경우에는 그 사실을 특허청장에게 지체 없이 알려야 한다.

⑤ 특허청장은 제3항에 따라 지정이 취소된 원본증명기관이 제4항을 위반하여 원본증명업무에 관한 기록을 인계하지 아니하거나 그 기록을 인계할 수 없는 사실을 알리지 아니한 경우에는 6개월 이내의 기간을 정하여 그 시정을 명할 수 있다.

⑥ 제3항에 따른 처분의 세부 기준 및 절차, 제4항에 따른 인계·인수에 필요한 사항은 대통령령으로 정한다.

[본조신설 2013.7.30.]

제9조의5(과징금) ① 특허청장은 제9조의4 제3항에 따라 업무정지를 명하여야 하는 경우로서 그 업무정지가 원본증명기관을 이용하는 자에게 심한 불편을 주거나 공익을 해칠 우려가 있는 경우에는 업무정지명령을 갈음하여 1억원 이하의 과징금을 부과할 수 있다.

② 특허청장은 제1항에 따라 과징금 부과처분을 받은 자가 기한 내에 과징금을 납부하지 아니하는 경우에는 국세 체납처분의 예에 따라 징수한다.

③ 제1항에 따라 과징금을 부과하는 위반행위의 종류·정도 등에 따른 과징금의 금액

및 산정방법, 그 밖에 필요한 사항은 대통령령으로 정한다.

[본조신설 2013.7.30.]

제9조의6(청문) 특허청장은 제9조의4 제3항에 따라 지정을 취소하거나 업무정지를 명하려
면 청문을 하여야 한다.

[본조신설 2013.7.30.]

제9조의7(비밀유지 등) ① 누구든지 원본증명기관에 등록된 전자지문이나 그 밖의 관련
정보를 없애거나 훼손·변경·위조 또는 유출하여서는 아니 된다.

② 원본증명기관의 임직원이거나 임직원이었던 사람은 직무상 알게 된 비밀을 누설하
여서는 아니 된다.

[본조신설 2013.7.30.]

제10조(영업비밀 침해행위에 대한 금지청구권 등) ① 영업비밀의 보유자는 영업비밀 침해
행위를 하거나 하려는 자에 대하여 그 행위에 의하여 영업상의 이익이 침해되거나 침해
될 우려가 있는 경우에는 법원에 그 행위의 금지 또는 예방을 청구할 수 있다.

② 영업비밀 보유자가 제1항에 따른 청구를 할 때에는 침해행위를 조성한 물건의 폐기,
침해행위에 제공된 설비의 제거, 그 밖에 침해행위의 금지 또는 예방을 위하여 필요한
조치를 함께 청구할 수 있다.

[전문개정 2007.12.21.]

제11조(영업비밀 침해에 대한 손해배상책임) 고의 또는 과실에 의한 영업비밀 침해행위로
영업비밀 보유자의 영업상 이익을 침해하여 손해를 입힌 자는 그 손해를 배상할 책임을
진다.

[전문개정 2007.12.21.]

제12조(영업비밀 보유자의 신용회복) 법원은 고의 또는 과실에 의한 영업비밀 침해행위로
영업비밀 보유자의 영업상의 신용을 실추시킨 자에게는 영업비밀 보유자의 청구에 의
하여 제11조에 따른 손해배상을 갈음하거나 손해배상과 함께 영업상의 신용을 회복하
는 데에 필요한 조치를 명할 수 있다.

[전문개정 2007.12.21.]

제13조(선의자에 관한 특례) ① 거래에 의하여 영업비밀을 정당하게 취득한 자가 그 거래
에 의하여 허용된 범위에서 그 영업비밀을 사용하거나 공개하는 행위에 대하여는 제10
조부터 제12조까지의 규정을 적용하지 아니한다.

② 제1항에서 "영업비밀을 정당하게 취득한 자"란 제2조 제3호 다목 또는 바목에서 영
업비밀을 취득할 당시에 그 영업비밀이 부정하게 공개된 사실 또는 영업비밀의 부정취
득행위나 부정공개행위가 개입된 사실을 중대한 과실 없이 알지 못하고 그 영업비밀을
취득한 자를 말한다.

[전문개정 2007.12.21.]

제14조(시효) 제10조 제1항에 따라 영업비밀 침해행위의 금지 또는 예방을 청구할 수 있
는 권리는 영업비밀 침해행위가 계속되는 경우에 영업비밀 보유자가 그 침해행위에 의
하여 영업상의 이익이 침해되거나 침해될 우려가 있다는 사실 및 침해행위자를 안 날부
터 3년간 행사하지 아니하면 시효(時效)로 소멸한다. 그 침해행위가 시작된 날부터 10
년이 지난 때에도 또한 같다.
[전문개정 2007.12.21.]

제4장 보칙 〈개정 2007.12.21.〉

제14조의2(손해액의 추정 등) ① 부정경쟁행위, 제3조의2 제1항이나 제2항을 위반한 행위
또는 영업비밀 침해행위로 영업상의 이익을 침해당한 자가 제5조 또는 제11조에 따른
손해배상을 청구하는 경우 영업상의 이익을 침해한 자가 부정경쟁행위, 제3조의2 제1항
이나 제2항을 위반한 행위 또는 영업비밀 침해행위를 하게 한 물건을 양도하였을 때에
는 제1호의 수량에 제2호의 단위수량당 이익액을 곱한 금액을 영업상의 이익을 침해당
한 자의 손해액으로 할 수 있다. 이 경우 손해액은 영업상의 이익을 침해당한 자가 생
산할 수 있었던 물건의 수량에서 실제 판매한 물건의 수량을 뺀 수량에 단위수량당 이
익액을 곱한 금액을 한도로 한다. 다만, 영업상의 이익을 침해당한 자가 부정경쟁행위,
제3조의2 제1항이나 제2항을 위반한 행위 또는 영업비밀 침해행위 외의 사유로 판매할
수 없었던 사정이 있는 경우에는 그 부정경쟁행위, 제3조의2 제1항이나 제2항을 위반한
행위 또는 영업비밀 침해행위 외의 사유로 판매할 수 없었던 수량에 따른 금액을 빼야
한다. 〈개정 2011.6.30.〉
1. 물건의 양도수량
2. 영업상의 이익을 침해당한 자가 그 부정경쟁행위, 제3조의2 제1항이나 제2항을 위반
한 행위 또는 영업비밀 침해행위가 없었다면 판매할 수 있었던 물건의 단위수량당
이익액
② 부정경쟁행위, 제3조의2 제1항이나 제2항을 위반한 행위 또는 영업비밀 침해행위로
영업상의 이익을 침해당한 자가 제5조 또는 제11조에 따른 손해배상을 청구하는 경우
영업상의 이익을 침해한 자가 그 침해행위에 의하여 이익을 받은 것이 있으면 그 이익
액을 영업상의 이익을 침해당한 자의 손해액으로 추정한다. 〈개정 2011.6.30.〉
③ 부정경쟁행위, 제3조의2 제1항이나 제2항을 위반한 행위 또는 영업비밀 침해행위로
영업상의 이익을 침해당한 자는 제5조 또는 제11조에 따른 손해배상을 청구하는 경우
부정경쟁행위 또는 제3조의2 제1항이나 제2항을 위반한 행위의 대상이 된 상품 등에
사용된 상표 등 표지의 사용 또는 영업비밀 침해행위의 대상이 된 영업비밀의 사용에
대하여 통상 받을 수 있는 금액에 상당하는 금액을 자기의 손해액으로 하여 손해배상을
청구할 수 있다. 〈개정 2011.6.30.〉

④ 부정경쟁행위, 제3조의2 제1항이나 제2항을 위반한 행위 또는 영업비밀 침해행위로 인한 손해액이 제3항에 따른 금액을 초과하면 그 초과액에 대하여도 손해배상을 청구할 수 있다. 이 경우 그 영업상의 이익을 침해한 자에게 고의 또는 중대한 과실이 없으면 법원은 손해배상 금액을 산정할 때 이를 고려할 수 있다. <개정 2011.6.30.>

⑤ 법원은 부정경쟁행위, 제3조의2 제1항이나 제2항을 위반한 행위 또는 영업비밀 침해행위에 관한 소송에서 손해가 발생된 것은 인정되나 그 손해액을 입증하기 위하여 필요한 사실을 입증하는 것이 해당 사실의 성질상 극히 곤란한 경우에는 제1항부터 제4항까지의 규정에도 불구하고 변론 전체의 취지와 증거조사의 결과에 기초하여 상당한 손해액을 인정할 수 있다. <개정 2011.6.30.>

[전문개정 2007.12.21.]

제14조의3(자료의 제출) 법원은 부정경쟁행위, 제3조의2 제1항이나 제2항을 위반한 행위 또는 영업비밀 침해행위로 인한 영업상 이익의 침해에 관한 소송에서 당사자의 신청에 의하여 상대방 당사자에 대하여 해당 침해행위로 인한 손해액을 산정하는 데에 필요한 자료의 제출을 명할 수 있다. 다만, 그 자료의 소지자가 자료의 제출을 거절할 정당한 이유가 있는 경우에는 그러하지 아니하다. <개정 2011.6.30.>

[전문개정 2007.12.21.]

제14조의4(비밀유지명령) ① 법원은 부정경쟁행위, 제3조의2 제1항이나 제2항을 위반한 행위 또는 영업비밀 침해행위로 인한 영업상 이익의 침해에 관한 소송에서 그 당사자가 보유한 영업비밀에 대하여 다음 각 호의 사유를 모두 소명한 경우에는 그 당사자의 신청에 따라 결정으로 다른 당사자(법인인 경우에는 그 대표자), 당사자를 위하여 소송을 대리하는 자, 그 밖에 해당 소송으로 인하여 영업비밀을 알게 된 자에게 그 영업비밀을 해당 소송의 계속적인 수행 외의 목적으로 사용하거나 그 영업비밀에 관계된 이 항에 따른 명령을 받은 자 외의 자에게 공개하지 아니할 것을 명할 수 있다. 다만, 그 신청 시점까지 다른 당사자(법인인 경우에는 그 대표자), 당사자를 위하여 소송을 대리하는 자, 그 밖에 해당 소송으로 인하여 영업비밀을 알게 된 자가 제1호에 규정된 준비서면의 열람이나 증거 조사 외의 방법으로 그 영업비밀을 이미 취득하고 있는 경우에는 그러하지 아니하다.

1. 이미 제출하였거나 제출하여야 할 준비서면 또는 이미 조사하였거나 조사하여야 할 증거에 영업비밀이 포함되어 있다는 것

2. 제1호의 영업비밀이 해당 소송 수행 외의 목적으로 사용되거나 공개되면 당사자의 영업에 지장을 줄 우려가 있어 이를 방지하기 위하여 영업비밀의 사용 또는 공개를 제한할 필요가 있다는 것

② 제1항에 따른 명령(이하 "비밀유지명령"이라 한다)의 신청은 다음 각 호의 사항을 적은 서면으로 하여야 한다.

1. 비밀유지명령을 받을 자
2. 비밀유지명령의 대상이 될 영업비밀을 특정하기에 충분한 사실
3. 제1항 각 호의 사유에 해당하는 사실

③ 법원은 비밀유지명령이 결정된 경우에는 그 결정서를 비밀유지명령을 받은 자에게 송달하여야 한다.

④ 비밀유지명령은 제3항의 결정서가 비밀유지명령을 받은 자에게 송달된 때부터 효력이 발생한다.

⑤ 비밀유지명령의 신청을 기각 또는 각하한 재판에 대하여는 즉시항고를 할 수 있다.
[본조신설 2011.12.2.]

제14조의5(비밀유지명령의 취소) ① 비밀유지명령을 신청한 자 또는 비밀유지명령을 받은 자는 제14조의4 제1항에 따른 요건을 갖추지 못하였거나 갖추지 못하게 된 경우 소송기록을 보관하고 있는 법원(소송기록을 보관하고 있는 법원이 없는 경우에는 비밀유지명령을 내린 법원)에 비밀유지명령의 취소를 신청할 수 있다.

② 법원은 비밀유지명령의 취소 신청에 대한 재판이 있는 경우에는 그 결정서를 그 신청을 한 자 및 상대방에게 송달하여야 한다.

③ 비밀유지명령의 취소 신청에 대한 재판에 대하여는 즉시항고를 할 수 있다.

④ 비밀유지명령을 취소하는 재판은 확정되어야 그 효력이 발생한다.

⑤ 비밀유지명령을 취소하는 재판을 한 법원은 비밀유지명령의 취소 신청을 한 자 또는 상대방 외에 해당 영업비밀에 관한 비밀유지명령을 받은 자가 있는 경우에는 그 자에게 즉시 비밀유지명령의 취소 재판을 한 사실을 알려야 한다.
[본조신설 2011.12.2.]

제14조의6(소송기록 열람 등의 청구 통지 등) ① 비밀유지명령이 내려진 소송(모든 비밀유지명령이 취소된 소송은 제외한다)에 관한 소송기록에 대하여 「민사소송법」 제163조 제1항의 결정이 있었던 경우, 당사자가 같은 항에서 규정하는 비밀 기재 부분의 열람 등의 청구를 하였으나 그 청구절차를 해당 소송에서 비밀유지명령을 받지 아니한 자가 밟은 경우에는 법원서기관, 법원사무관, 법원주사 또는 법원주사보(이하 이 조에서 "법원사무관등"이라 한다)는 「민사소송법」 제163조 제1항의 신청을 한 당사자(그 열람 등의 청구를 한 자는 제외한다. 이하 제3항에서 같다)에게 그 청구 직후에 그 열람 등의 청구가 있었다는 사실을 알려야 한다.

② 제1항의 경우에 법원사무관등은 제1항의 청구가 있었던 날부터 2주일이 지날 때까지(그 청구절차를 행한 자에 대한 비밀유지명령신청이 그 기간 내에 행하여진 경우에는 그 신청에 대한 재판이 확정되는 시점까지) 그 청구절차를 행한 자에게 제1항의 비밀 기재 부분의 열람 등을 하게 하여서는 아니 된다.

③ 제2항은 제1항의 열람 등의 청구를 한 자에게 제1항의 비밀 기재 부분의 열람 등을

하게 하는 것에 대하여 「민사소송법」 제163조 제1항의 신청을 한 당사자 모두의 동의
가 있는 경우에는 적용되지 아니한다.

[본조신설 2011.12.2.]

제15조(다른 법률과의 관계) ① 「특허법」, 「실용신안법」, 「디자인보호법」, 「상표법」, 「농
수산물 품질관리법」 또는 「저작권법」에 제2조부터 제6조까지 및 제18조 제3항과 다른
규정이 있으면 그 법에 따른다. <개정 2011.6.30., 2013.7.30.>

② 「독점규제 및 공정거래에 관한 법률」, 「표시·광고의 공정화에 관한 법률」 또는 「형
법」 중 국기·국장에 관한 규정에 제2조 제1호 라목부터 바목까지 및 차목, 제3조부터
제6조까지 및 제18조 제3항과 다른 규정이 있으면 그 법에 따른다. <개정 2013.7.
30.>

[전문개정 2007.12.21.]

제16조(신고포상금 지급) ① 특허청장은 제2조 제1호 가목에 따른 부정경쟁행위(「상표법」
제2조 제1항 제6호에 따른 등록상표에 관한 것으로 한정한다)를 한 자를 신고한 자에게
예산의 범위에서 신고포상금을 지급할 수 있다.

② 제1항에 따른 신고포상금 지급의 기준·방법 및 절차에 필요한 사항은 대통령령으로
정한다.

[본조신설 2013.7.30.]

제17조(업무의 위탁 등) ① 삭제 <2011.6.30.>

② 특허청장은 제2조의2에 따른 연구·교육·홍보 및 정보관리시스템의 구축·운영에
관한 업무를 대통령령으로 정하는 산업재산권 보호 또는 부정경쟁방지 업무와 관련된
법인이나 단체(이하 이 조에서 "전문단체"라 한다)에 위탁할 수 있다. <신설 2009.3.
25.>

③ 특허청장, 시·도지사 또는 시장·군수·구청장은 제7조나 제8조에 따른 업무를 수행
하기 위하여 필요한 경우에 전문단체의 지원을 받을 수 있다. <신설 2009.3.25., 2011.
6.30.>

④ 제3항에 따른 지원업무에 종사하는 자에 관하여는 제7조 제3항을 준용한다. <신설
2009.3.25., 2011.6.30.>

⑤ 특허청장은 예산의 범위에서 제2항에 따른 위탁업무 및 제3항에 따른 지원업무에 사
용되는 비용의 전부 또는 일부를 지원할 수 있다. <신설 2009.3.25.>

[전문개정 2007.12.21.]

[제목개정 2011.6.30.]

제17조의2(규제의 재검토) 특허청장은 다음 각 호의 사항에 대하여 2015년 1월 1일을 기
준으로 3년마다(매 3년이 되는 해의 기준일과 같은 날 전까지를 말한다) 그 타당성을
검토하여 개선 등의 조치를 하여야 한다.

1. 제9조의4에 따른 원본증명기관에 대한 행정처분 기준

2. 제20조에 따른 과태료 부과기준

[본조신설 2016.1.27.]

[종전 제17조의2는 제17조의3으로 이동 ＜2016.1.27.＞]

제17조의3(벌칙 적용에서의 공무원 의제) 제17조 제3항에 따른 지원업무에 종사하는 자는 「형법」제127조 및 제129조부터 제132조까지의 규정에 따른 벌칙의 적용에서는 공무원으로 본다.

[본조신설 2009.3.25.]

[제17조의2에서 이동 ＜2016.1.27.＞]

제18조(벌칙) ① 부정한 이익을 얻거나 영업비밀 보유자에게 손해를 입힐 목적으로 그 영업비밀을 외국에서 사용하거나 외국에서 사용될 것임을 알면서 취득·사용 또는 제3자에게 누설한 자는 10년 이하의 징역 또는 1억원 이하의 벌금에 처한다. 다만, 벌금형에 처하는 경우 위반행위로 인한 재산상 이득액의 10배에 해당하는 금액이 1억원을 초과하면 그 재산상 이득액의 2배 이상 10배 이하의 벌금에 처한다. ＜개정 2009.12.30., 2013.7.30.＞

② 부정한 이익을 얻거나 영업비밀 보유자에게 손해를 입힐 목적으로 그 영업비밀을 취득·사용하거나 제3자에게 누설한 자는 5년 이하의 징역 또는 5천만원 이하의 벌금에 처한다. 다만, 벌금형에 처하는 경우 위반행위로 인한 재산상 이득액의 10배에 해당하는 금액이 5천만원을 초과하면 그 재산상 이득액의 2배 이상 10배 이하의 벌금에 처한다. ＜개정 2013.7.30.＞

③ 다음 각 호의 어느 하나에 해당하는 자는 3년 이하의 징역 또는 3천만원 이하의 벌금에 처한다. ＜개정 2013.7.30.＞

1. 제2조 제1호(아목부터 차목까지는 제외한다)에 따른 부정경쟁행위를 한 자

2. 제3조를 위반하여 다음 각 목의 어느 하나에 해당하는 휘장 또는 표지와 동일하거나 유사한 것을 상표로 사용한 자

　가. 파리협약 당사국, 세계무역기구 회원국 또는 「상표법 조약」 체약국의 국기·국장, 그 밖의 휘장

　나. 국제기구의 표지

　다. 파리협약 당사국, 세계무역기구 회원국 또는 「상표법 조약」 체약국 정부의 감독용·증명용 표지

④ 다음 각 호의 어느 하나에 해당하는 자는 1년 이하의 징역 또는 1천만원 이하의 벌금에 처한다. ＜신설 2013.7.30.＞

1. 제9조의7 제1항을 위반하여 원본증명기관에 등록된 전자지문이나 그 밖의 관련 정보를 없애거나 훼손·변경·위조 또는 유출한 자

2. 제9조의7 제2항을 위반하여 직무상 알게 된 비밀을 누설한 사람

⑤ 제1항과 제2항의 징역과 벌금은 병과(倂科)할 수 있다. <개정 2013.7.30.>

[전문개정 2007.12.21.]

제18조의2(미수) 제18조 제1항 및 제2항의 미수범은 처벌한다.

[전문개정 2007.12.21.]

제18조의3(예비·음모) ① 제18조 제1항의 죄를 범할 목적으로 예비 또는 음모한 자는 3년 이하의 징역 또는 2천만원 이하의 벌금에 처한다.

② 제18조 제2항의 죄를 범할 목적으로 예비 또는 음모한 자는 2년 이하의 징역 또는 1천만원 이하의 벌금에 처한다.

[전문개정 2007.12.21.]

제18조의4(비밀유지명령 위반죄) ① 국내외에서 정당한 사유 없이 제14조의4 제1항에 따른 비밀유지명령을 위반한 자는 5년 이하의 징역 또는 5천만원 이하의 벌금에 처한다.

② 제1항의 죄는 비밀유지명령을 신청한 자의 고소가 없으면 공소를 제기할 수 없다.

[본조신설 2011.12.2.]

제19조(양벌규정) 법인의 대표자나 법인 또는 개인의 대리인, 사용인, 그 밖의 종업원이 그 법인 또는 개인의 업무에 관하여 제18조 제1항부터 제4항까지의 어느 하나에 해당하는 위반행위를 하면 그 행위자를 벌하는 외에 그 법인 또는 개인에게도 해당 조문의 벌금형을 과(科)한다. 다만, 법인 또는 개인이 그 위반행위를 방지하기 위하여 해당 업무에 관하여 상당한 주의와 감독을 게을리하지 아니한 경우에는 그러하지 아니하다. <개정 2013.7.30.>

[전문개정 2008.12.26.]

제20조(과태료) ① 다음 각 호의 어느 하나에 해당하는 자에게는 2천만원 이하의 과태료를 부과한다. <개정 2013.7.30.>

1. 제7조 제1항에 따른 관계 공무원의 조사나 수거를 거부·방해 또는 기피한 자

2. 제9조의4 제5항을 위반하여 시정명령을 이행하지 아니한 자

② 제1항에 따른 과태료는 대통령령으로 정하는 바에 따라 특허청장, 시·도지사 또는 시장·군수·구청장이 부과·징수한다. <개정 2011.6.30.>

③ 삭제 <2009.12.30.>

④ 삭제 <2009.12.30.>

⑤ 삭제 <2009.12.30.>

[전문개정 2007.12.21.]

부칙 <제13844호, 2016.1.27.>

이 법은 공포한 날부터 시행한다.

[판례색인]

저자 약력

김 동 훈

고려대학교 졸업(공학, 미술학)
원광대학교 법학전문대학원 졸업
변호사, 변리사
법무법인 민후, 특허법인 코리아나 변호사
한국상사판례학회 간사
현, 특허청 심사관
    국회입법지원위원

■ E-mail : wannai@hanmail.net

부정경쟁방지법 사례연구

초판인쇄	2016년 8월 10일
초판발행	2016년 8월 20일
지은이	김동훈
펴낸이	안종만
편 집	김선민
기획/마케팅	조성호
표지디자인	조아라
제 작	우인도·고철민
펴낸곳	(주) **박영사**
	서울특별시 종로구 새문안로3길 36, 1601
	등록 1959. 3. 11. 제300-1959-1호(倫)
전 화	02)733-6771
f a x	02)736-4818
e-mail	pys@pybook.co.kr
homepage	www.pybook.co.kr
ISBN	979-11-303-2921-5 93360

copyright©김동훈, 2016, Printed in Korea

정 가   24,000원